O

第一推动丛书：综合系列
The Polytechnique Series

疯狂年代的精确思考
Exact Thinking in Demented Times

[奥] 卡尔·西格蒙德 著　唐璐 译
Karl Sigmund

湖南科学技术出版社
·长沙·

THE
FIRST
MOVER

总序

《第一推动丛书》编委会

科学，特别是自然科学，最重要的目标之一，就是追寻科学本身的原动力，或曰追寻其第一推动。同时，科学的这种追求精神本身，又成为社会发展和人类进步的一种最基本的推动。

科学总是寻求发现和了解客观世界的新现象，研究和掌握新规律，总是在不懈地追求真理。科学是认真的、严谨的、实事求是的，同时，科学又是创造的。科学的最基本态度之一就是疑问，科学的最基本精神之一就是批判。

的确，科学活动，特别是自然科学活动，比起其他的人类活动来，其最基本特征就是不断进步。哪怕在其他方面倒退的时候，科学却总是进步着，即使是缓慢而艰难的进步。这表明，自然科学活动中包含着人类的最进步因素。

正是在这个意义上，科学堪称人类进步的"第一推动"。

科学教育，特别是自然科学的教育，是提高人们素质的重要因素，是现代教育的一个核心。科学教育不仅使人获得生活和工作所需的知识和技能，更重要的是使人获得科学思想、科学精神、科学态度以及科学方法的熏陶和培养，使人获得非生物本能的智慧，获得非与生俱来的灵魂。可以这样说，没有科学的"教育"，只是培养信仰，而不是教育。没有受过科学教育的人，只能称为受过训练，而非受过教育。

正是在这个意义上，科学堪称使人进化为现代人的"第一推动"。

近百年来，无数仁人志士意识到，强国富民再造中国离不开科学技术，他们为摆脱愚昧与无知做了艰苦卓绝的奋斗。中国的科学先贤们代代相传，不遗余力地为中国的进步献身于科学启蒙运动，以图完成国人的强国梦。然而可以说，这个目标远未达到。今日的中国需要新的科学启蒙，需要现代科学教育。只有全社会的人具备较高的科学素质，以科学的精神和思想、科学的态度与方法作为探讨和解决各类问题的共同基础和出发点，社会才能更好地向前发展和进步。因此，中国的进步离不开科学，是毋庸置疑的。

正是在这个意义上，似乎可以说，科学已被公认是中国进步所必不可少的推动。

然而，这并不意味着，科学的精神也同样地被公认和接受。虽然，科学已渗透到社会的各个领域和层面，科学的价值和地位也更高了，但是，毋庸讳言，在一定的范围内或某些特定时候，人们只是承认"科学是有用的"，只停留在对科学所带来的结果的接受和承认，而不是对科学的原动力——科学的精神的接受和承认。此种现象的存在也是不能忽视的。

科学的精神之一是它自身，就是自身的"第一推动"。也就是说，科学活动在原则上不隶属于服务于神学，不隶属于服务于儒学，科学活动在原则上也不隶属于服务于任何哲学。科学是超越宗教差别的，超越民族差别的，超越党派差别的，超越文化和地域差别的，科学是普适的、独立的，它就是自身的主宰。

　　湖南科学技术出版社精选了一批关于科学思想和科学精神的世界名著，请有关学者译成中文出版，其目的就是传播科学精神和科学思想，特别是自然科学的精神和思想，从而起到倡导科学精神，推动科技发展，对全民进行新的科学启蒙和科学教育的作用，为中国的进步做一点推动。丛书定名为"第一推动"，当然并非说其中每一册都是第一推动，但是可以肯定，蕴含在每一册中的科学的内容、观点、思想和精神，都会使你或多或少地更接近第一推动，或多或少地发现自身如何成为自身的主宰。

再版序
一个坠落苹果的两面：
极端智慧与极致想象

龚曙光

2017年9月8日凌晨于抱朴庐

连我们自己也很惊讶，《第一推动丛书》已经出版了25年。

或许，因为全神贯注于每一本书的编辑和出版细节，反倒忽视了这套丛书的出版历程，忽视了自己头上的黑发渐染霜雪，忽视了团队编辑的老退新替，忽视好些早年的读者，已经成长为多个领域的栋梁。

对于一套丛书的出版而言，25年的确是一段不短的历程；对于科学研究的进程而言，四分之一个世纪更是一部跨越式的历史。古人"洞中方七日，世上已千秋"的时间感，用来形容人类科学探求的日新月异，倒也恰当和准确。回头看看我们逐年出版的这些科普著作，许多当年的假设已经被证实，也有一些结论被证伪；许多当年的理论已经被孵化，也有一些发明被淘汰……

无论这些著作阐释的学科和学说，属于以上所说的哪种状况，都本质地呈现了科学探索的旨趣与真相：科学永远是一个求真的过程，所谓的真理，都只是这一过程中的阶段性成果。论证被想象讪笑，结论被假设挑衅，人类以其最优越的物种秉赋 —— 智慧，让锐利无比的理性之刃，和绚烂无比的想象之花相克相生，相否相成。在形形色色的生活中，似乎没有哪一个领域如同科学探索一样，既是一次次伟大的理性历险，又是一次次极致的感性审美。科学家们穷其毕生所奉献的，不仅仅是我们无法发现的科学结论，还是我们无法展开的绚丽想象。在我们难以感知的极小与极大世界中，没有他们记历这些伟大历险和极致审美的科普著作，我们不但永远无法洞悉我们赖以生存世界的各种奥秘，无法领略我们难以抵达世界的各种美丽，更无法认知人类在找到真理和遭遇美景时的心路历程。在这个意义上，科普是人类极端智慧和极致审美的结晶，是物种独有的精神文本，是人类任何其他创造 —— 神学、哲学、文学和艺术无法替代的文明载体。

在神学家给出"我是谁"的结论后，整个人类，不仅仅是科学家，包括庸常生活中的我们，都企图突破宗教教义的铁窗，自由探求世界的本质。于是，时间、物质和本源，成为人类共同的终极探寻之地，成为人类突破慵懒、挣脱琐碎、拒绝因袭的历险之旅。这一旅程中，引领着我们艰难而快乐前行的，是那一代又一代最伟大的科学家。他们是极端的智者和极致的幻想家，是真理的先知和审美的天使。

我曾有幸采访《时间简史》的作者史蒂芬·霍金，他痛苦地斜躺在轮椅上，用特制的语音器和我交谈。聆听着由他按击出的极其单调的金属般的音符，我确信，那个只留下萎缩的躯干和游丝一般生命气息的智者就是先知，就是上帝遣派给人类的孤独使者。倘若不是亲眼所见，你根本无法相信，那些深奥到极致而又浅白到极致，简练到极致而又美丽到极致的天书，竟是他蜷缩在轮椅上，用唯一能够动弹的手指，一个语音一个语音按击出来的。如果不是为了引导人类，你想象不出他人生此行还能有其他的目的。

无怪《时间简史》如此畅销！自出版始，每年都在中文图书的畅销榜上。其实何止《时间简史》，霍金的其他著作，《第一推动丛书》所遴选的其他作者的著作，25年来都在热销。据此我们相信，这些著作不仅属于某一代人，甚至不仅属于20世纪。只要人类仍在为时间、物质乃至本源的命题所困扰，只要人类仍在为求真与审美的本能所驱动，丛书中的著作，便是永不过时的启蒙读本，永不熄灭的引领之光。

虽然著作中的某些假说会被否定，某些理论会被超越，但科学家们探求真理的精神，思考宇宙的智慧，感悟时空的审美，必将与日月同辉，成为人类进化中永不腐朽的历史界碑。

因而在25年这一时间节点上，我们合集再版这套丛书，便不只是为了纪念出版行为本身，更多的则是为了彰显这些著作的不朽，为了向新的时代和新的读者告白：21世纪不仅需要科学的功利，而且需要科学的审美。

当然，我们深知，并非所有的发现都为人类带来福祉，并非所有的创造都为世界带来安宁。在科学仍在为政治集团和经济集团所利用，甚至垄断的时代，初衷与结果悖反、无辜与有罪并存的科学公案屡见不鲜。对于科学可能带来的负能量，只能由了解科技的公民用群体的意愿抑制和抵消：选择推进人类进化的科学方向，选择造福人类生存的科学发现，是每个现代公民对自己，也是对物种应当肩负的一份责任、应该表达的一种诉求！在这一理解上，我们将科普阅读不仅视为一种个人爱好，而且视为一种公共使命！

牛顿站在苹果树下，在苹果坠落的那一刹那，他的顿悟一定不只包含了对于地心引力的推断，而且包含了对于苹果与地球、地球与行星、行星与未知宇宙奇妙关系的想象。我相信，那不仅仅是一次枯燥之极的理性推演，而且是一次瑰丽之极的感性审美……

如果说，求真与审美，是这套丛书难以评估的价值，那么，极端的智慧与极致的想象，则是这套丛书无法穷尽的魅力！

我和一位哲学家坐在花园里，他指着附近的一棵树反复说："我知道那是一棵树。"另一个人来了，听到这个，我说："这家伙不是疯子。我们只是在进行哲学思考。"[1]

—— 维特根斯坦

　　如果打开窗户让路人听到，我们要么进监狱，要么进疯人院。[2]

—— 汉斯·哈恩

序　　　　　　　　　　　　　侯世达[1]

　　1959年初秋的一个晚上，我在门洛帕克的开普勒书店闲逛，发现一本薄薄的小册子，书名是《哥德尔证明》，作者是欧内斯特·内格尔和詹姆斯·纽曼。当时我14岁，从没听说过哥德尔，但是我喜欢挂在他名字上面怪异的点，而且我最近对高中数学课里的证明很着迷，所以这本书引起了我的好奇心。翻开书，我很快就被迷住了。书中的内容广博，涉及逻辑、数学的本质、语言和符号、真和伪、对可证性的证明，最棒的是还讲了悖论和自指性命题。所有这些对我都很有吸引力。我一定要买这本书！

　　我父亲是斯坦福大学的物理学教授，那天晚上他和我在一起，当我们结账时，他看到了这本书，很惊喜地对我说，他认识作者内格尔。我有点惊讶。他告诉我，20多年前他在纽约听过内格尔的哲学课，他们因此成了朋友，不过已经多年没见面了。这份出乎我意料的友谊，无疑是对我选书眼光的肯定。

　　当时我们都不知道，在哥伦比亚大学担任哲学教授的内格尔几周

1. 译注：侯世达，《哥德尔、艾舍尔、巴赫：集异璧之大成》一书的作者，这本书被广大爱好者视为科普神作，曾获普利策奖和美国国家图书奖。

前刚刚来到了斯坦福，打算与家人一起度过一个"走进西部"的休假年。不久后，我父亲在斯坦福校园里偶遇了他的老朋友，一次愉快的重逢。接下来我父亲就带我去了内格尔夫妇在斯坦福校园里租的房子。在那里我见到了内格尔和他的妻子伊迪丝，伊迪丝在纽约城市学院教物理，还有他们的两个儿子桑迪和博比，他们和我一样对数学和科学着迷。内格尔一家不仅很有智慧，也是我遇到的最友善的人之一。我们之间立即产生了共鸣，从此开始了一生的友谊。

在那美好的一年里，欧内斯特给我讲了很多他在欧洲和美国遇到的有趣人物的故事，比如鲁道夫·卡尔纳普、莫里茨·石里克、卡尔·亨佩尔等等。在我常去的开普勒书店里，我经常看到欧内斯特向我提起的这些人的书。弗里德里希·魏斯曼的《数学思维入门》是我最喜欢的书之一，我从中学到了很多东西。

通过欧内斯特给我讲的故事，然后又通过各种书籍，我了解了维也纳小组和它发起的雄心勃勃的哲学运动——逻辑实证主义。这个由十几个人组成的小组，探讨哲学、语言学、物理学、数学、逻辑学、社会改革、教育、建筑学和通信等问题，他们的理想是将人类知识置于统一的框架下。当时是两次世界大战之间，奥地利和德国正处于经济政治动荡时期，他们却在实施一项宏伟的计划。那是理想主义的艰难岁月！

后来我又在开普勒的书架上发现了《国际统一科学百科全书》系列书籍，我清晰记得自己当时的好奇和激动。当我翻阅这些书时，我清楚地领悟到，这是深刻的思想家们在回答历史上最伟大的问题，这些思想家有些来自维也纳小组，有些则与小组有密切关联。

　　15岁时，在我最喜欢的书店之一普林斯顿大学U书店，我发现了卡尔纳普的《语言的逻辑句法》，毫不犹豫地买了回来（售价1.15美元）。这本书充斥着冗长神秘的公式，字体奇特，不时提到哥德尔、希尔伯特、塔尔斯基、弗雷格和罗素等人，对语言、元语言、证明模式、句法矛盾等进行的讨论，这一切都让我年轻的大脑燃烧。为什么？因为当时的我已经完全被人类思维和纯粹演绎逻辑是一回事这个令人兴奋的概念吸引住了。尽管卡尔纳普的书让我感到晦涩难懂，但也使我感到难以言表的震撼。而当时我只有15岁……

　　大约在同一时期，我还遇到了传说中的维特根斯坦，大名鼎鼎的《逻辑哲学论》，他的棕皮书和蓝皮书，还有其他一些著作。这些书得到了罗素等泰斗级大师的高度推崇。我得研究它们！一开始我被维特根斯坦的精练格言所吸引，但是在努力尝试阅读后，我还是不怎么理解。即便如此，我仍然心怀敬畏；毕竟，我所仰望的那么多人似乎都认为它们是伟大天才的杰作。然而过了一段时间后，我更自信了一些，开始对维特根斯坦的神谕语气和隐晦措辞产生怀疑。他的语句给我的印象更像是自命不凡的故弄玄虚，而不是清澈的洞见。最终我失去了耐心，不管他说了多重要的话，他的讲述方式完全不适合我，所以我像扔烫手山芋一样把他甩掉了。

　　这些都是陈年往事了。一晃60年过去了。2016年6月，我在瑞典斯德哥尔摩参加一个为期两天的小型哲学与科学研讨会，会议由作家兼出版商克里斯特·斯图马克组织。在那里，我遇到了不少有趣的人，包括比约恩·奥瓦尔斯（曾经是瑞典流行乐团ABBA的成员）、安东·蔡林格（来自维也纳的量子物理学先驱），以及卡尔·西格蒙德

（维也纳数学家，曾写过一本哥德尔的传记）。午饭后，我们在美丽的斯坎森公园漫步，随和的西格蒙德教授告诉我，他刚刚写完一本关于维也纳小组的书。我的耳朵立刻竖了起来，这是一群我从小就很熟悉的思想家，甚至间接认识，其中几位对我影响很大。我问他为什么要写这本书，他解释说他是在维也纳小组的影响下长大的，可以这么说，在他的家乡随处都能感受到他们的存在。

西格蒙德对小组感兴趣的原因在很多方面和我一样，只是高了 n 次方。他注定写这样一本书 —— 这几乎是他的宿命！在我们交流时，他感受到了我真诚的热情，并告诉我，等他回维也纳后，可以给我寄一本。他真是善解人意！几个星期后，我收到了一个包裹，里面是一本德文书，《他们称自己维也纳小组 —— 阴云笼罩下的精确思维》。当我打开书的那一刻，我被书中大量的人物和地点的照片、手写信件、书的封面和票据之类的图片震撼了。这本书是一个精彩的历史博物馆！我迫不及待想读它。我正好打算在维也纳度过即将到来的休假年的第一阶段，所以让自己沉浸于维也纳学术史很对我的味口。

仔细读完这本书花了我大约 1 个月时间。在此过程中，我对维也纳小组及其学术渊源和贡献有了很多了解。当然，我很熟悉哥德尔的不完全性定理，但我发现，还有许多重要成就也是源自维也纳小组，包括奥图·纽拉特和玛丽·纽拉特开创性地将图标应用于宣传，卡尔·门格尔对维度理论的杰出发明，汉斯·哈恩对泛函分析的开创性贡献，维特根斯坦的神秘箴言，卡尔·波普尔影响深远的关于科学可证伪性的思想，以及卡尔纳普将所有科学与逻辑统一起来的英勇尝试。

　　我也了解这些知识正在孕育时东欧可怕的混乱。时局的动荡必然影响到维也纳小组的每一个人，导致了其领导人被冷血谋杀，并最终导致小组大多数成员逃离奥地利。当然，这就是西格蒙德给他的书起副标题"阴云笼罩下的精确思维"的原因。

　　在读这本书时，我还用铅笔在页边空白处记了许多笔记。大多数都是德语词汇和习语的译法，也有一些是关于如何用英语充分而地道地表达其中思想的想法。为什么我要写这些旁注呢？当我读了一两章的时候，我突然想到，在即将到来的维也纳之旅中，我可以把这本书译成英文。还有什么能给我比这更深刻的维也纳体验呢？

　　我已经把几本书译成了英文，但还没有译过德文书。不过我的德语水平相当不错，因为我读大学时学过德语，而且在20世纪70年代中期，作为一名物理学研究生，我在德国雷根斯堡大学待过一段时间，在那里我阅读德语小说，与德国同学和教授交谈了数百小时，甚至用德语教物理实验课。40年后，我的德语虽然已有点生疏，但还过得去。那么，除了把这本书译成英文，还有什么更好的办法来重温我的德语旧梦呢？

　　我一读完《他们称自己维也纳小组》，就给西格蒙德写了一封电子邮件，告诉他我非常喜欢这本书，并说如果他愿意的话，能把它译成英文是我的荣幸。令我吃惊的是，他的回信并非来自维也纳，而是来自他度假的毛里求斯。更令我吃惊的是，他写道："如果这本书能由你来翻译那真是太棒了，我至今仍为此感到目眩神迷！我觉得我错过了一生难遇的机会。"这真是让我吃惊！

　　然后他向我解释说，其实他自己已经把它译成了英语，他的书稿目前正由两位母语为英语的人在校对和定稿。不过很凑巧的是：他的出版商是纽约基础图书出版社，基础图书从1978年起就是我的出版商，同他联系的编辑是凯莱赫，也是我在基础图书的编辑。一切都再好不过了。

　　当然，最让我受宠若惊的是卡尔（现在我们相互直呼其名）对我错失了为他译书的机会说了一些很善意的话。在回信中，我告诉他，由他自己来译会更好，因为他清楚知道每个句子和词的意思，没有人可以像作者那样把握所有微妙之处。而且为了避免英语不地道的问题，他还请了两位母语为英语的人帮忙改进语言上的小问题。

　　然而，几天后，当想到卡尔的失落时，我有了一个想法。我又给他写了一封信，说如果他仍然有兴趣让我参与他的书的英文版的创作，我会很乐意把校样通读一遍并提出建议，使行文尽可能流畅生动。我说，我的优势在于，我仔细地阅读了德文原著，精通数学和逻辑，而且从我很小的时候就很熟悉维也纳小组，因为打算休假期间翻译，我还写了大量旁注。总而言之，我说，如果他感兴趣的话，能帮他完成英文版的收尾工作，对我来说既是一种乐趣，也是一种荣幸。

　　嗯，卡尔对我的提议非常认同，凯莱赫也同意这个想法，不过他说时间很紧，我得快速完成。等我们达成一致后，卡尔把他所有的文档电邮给我，然后就是为期几周紧张刺激的冒险。我又有了一次与维也纳小组亲密接触的迷人经历，这一次是英语（当然，我也经常参考德语版），同时也读到了卡尔在英文版中添加的许多新内容。

在进行编辑工作时，我偶尔会在文稿中插入一些惯用短语。不过我很快意识到，卡尔的英语非常好，词汇量丰富，惯用语也很熟。在接下来几个星期里，尽管我有时会增删一些词语，但修订时总是抱以尊敬和慎重的态度。

当然，卡尔对我的任何建议都拥有完全的否决权，而且他经常行使否决权，因为我有些表达方式有点过火。此外，我应该指出，这本书中的大多数惯用语来自卡尔，而不是我。他的用词精练而富有表现力！如果读者在书中发现了多余的话，那么，我要为此承担责任——这完全是我的错！

做这件事也让我进一步增加了对卡尔书中人物的熟悉，其中一些是小组正式成员，一些则是同行或外围人物。我一开始喜欢奥图·纽拉特，后来又对他感到愤怒，然后又再次喜欢上了爱大象、爱统计数据、爱女人的奥图·纽拉特。我对可怜的弗里德里希·魏斯曼深感同情，长时间被反复无常、冷漠无情的维特根斯坦利用。我对忠诚的阿黛尔·尼姆布尔斯基感到钦佩，她坚强地支撑着她才华横溢又饱受折磨的丈夫库尔特·哥德尔。我对爱因斯坦的朋友，疯狂的弗里德里希·阿德勒感到震惊，他其实和杀死小组创始人石里克的内尔布克一样邪恶。我同情长期遭受苦难的罗丝·兰德等等。

有两个人物尤其令我困扰，一个是哲学家保罗·费耶阿本德，他在希特勒的军队中官至中尉，战后离开纳粹军队，获得了哲学博士学位，并很快因胡言乱语地谈论科学应该如何完成而闻名世界。我无法忍受这一切，冒失地在卡尔的文稿中插入了几个愤世嫉俗的字眼，表达我个人对费耶阿本德的看法，卡尔否决了我的苛刻言辞，给我写了一封友好而睿智的信，内容如下："稍作修改，不要那么有针对性。请你谅解：现在有很多奥地利人和德国人指责我。耍嘴皮子很简单。但是轮到自己又会怎么做呢？大多数人不会参加抵抗运动。统计数据说明了事实。英雄是罕见的。换作我又会怎么做呢？"我很尊重卡尔的想法，并且修正了我的立场。

我看不惯的另一个人是两面派的哲学家海德格尔，希特勒上台时，他成了弗莱堡大学校长，他穿着冲锋队队服，发表煽动性演讲，高喊"希特勒万岁！"让我搞不懂的是，我敬爱的叔叔艾伯特·霍夫施塔特，备受尊重的哥伦比亚大学哲学系教授，欧内斯特·内格尔多年的同事，居然是海德格尔思想的狂热崇拜者，还把海德格尔的两本书译成了英文。对我来说，海德格尔不仅烂透了，而且他的书从头到尾似乎都无法理解。亲爱的老艾伯特叔叔在他身上究竟学到了什么好处？我想我永远也不会明白。当然，海德格尔从来不是维也纳小组的成员，他的哲学与维也纳小组的思想截然相反，在某种意义上，他代表了铁杆反对派，一些小组成员明确对他晦涩的著作表示蔑视。

自从青少年时期着迷于数理逻辑是人类思维核心的思想以来，我已经走过了漫长的路。直到今天，这些思想仍让我深深着迷。清晰地记得这些思想是如何耗费了我多年时间，激励我尽力思考思维是什么。我在青少年时期对维也纳小组一些成员的著作的着迷让我受益良多，它开启了我对人类思维令人惊讶的精妙本质的迷恋，这种迷恋贯穿了我的整个人生。

现在，在仔细阅读西格蒙德的书的两种语言版本之后，我意识到维也纳小组的哲学视野，尽管是理想主义的，但也是相当天真的。认为纯粹逻辑是人类思维核心的思想很诱人，但它忽略了人类思维的所有精妙和深刻之处。例如，小组认为归纳法 —— 从具体的观察得出一般性概括 —— 在科学中根本没有任何作用，我认为这种想法很荒谬。在我看来，归纳是对模式的洞察，科学是对最优秀模式的洞察。科学如果不是宏大的归纳猜测游戏，那么它就什么也不是，在这个游戏中，不断用精心准备的实验对猜测进行严格检验。与维也纳小组的观点相反，科学与归纳息息相关，与三段论推理或任何其他类型的严格数学推理则几乎毫无关系。

维也纳小组对思想世界和政治世界都抱有深刻的理想主义观点，但最终成为时代悲剧的受害者。法西斯主义和纳粹只用十来年就毁灭了奥地利、德国和意大利的伟大文化，这本书很大一部分是讲述这种可怕的毁灭。这个小组是对那些邪恶势力的一个显眼的反抗。这是一个崇高的梦想，其中一些色彩斑斓的碎片今天仍然留在我们身边，极为丰富的思想和个性的复杂组合，为后人留下了宝贵的集体智慧遗产。

虽然已经过去很久，今天的人们已很少谈起，但毫无疑问维也纳小组是迄今为止地球上最杰出的一些人组成的团体。卡尔·西格蒙德的书以扣人心弦和雄辩的文笔讲述了这个团体及其成员的故事。这是一部壮丽的史诗，也许它会激励一些读者像那些久远的日子里维也纳小组一样，去追寻伟大的梦想。

目录

扫描二维码，进入第一推动的奇妙领地
回复"疯狂年代"，获取本书注释及译名表

第1章
维也纳小组的舞台

午夜维也纳

要全面描绘维也纳小组的故事，我得是艺术家。可惜我不是。

但愿我有伍迪·艾伦的魔法，带你坐上一辆出租车，让你亲身感受我对维也纳午夜的憧憬，体验我的家乡辉煌的历史瞬间。大多数时候，当你走下出租车，你会发现自己身处两次世界大战之间的某个时刻，但时不时，你会站在第二次世界大战之后的某个地方，远处隐约传来《第三人》的主题曲。而最合适的起点应当是第一次世界大战之前，背景音乐是《风流寡妇》的华尔兹。

不过我不会向你介绍古斯塔夫·克里姆特，埃贡·席勒和奥斯卡·科科施卡，或者奥图·瓦格纳和阿道夫·卢斯，或者弗洛伊德博士和施尼茨勒博士。你只能透过灯火辉煌的咖啡馆窗户，稍纵即逝地瞥一眼他们的客串形象。我的电影里大多数主角是哲学家。请不要因此而失去兴趣！哲学有许多种类，而把主角们联系在一起的是一种迷人的兴趣——科学。

图1.1　莫里茨·石里克（1882—1936）　　　　图1.2　汉斯·哈恩（1879—1934）

图1.3　奥图·纽拉特（1882—1945）

如果知道了这一点后你还没有走，那么让我简单描述一下剧情：

1924年，哲学家莫里茨·石里克、数学家汉斯·哈恩和社会改革家奥图·纽拉特联手在维也纳创立了一个哲学团体。当时，石里克和哈恩是维也纳大学的教授，纽拉特是维也纳社会和经济事务博物馆的馆长。

从那一年开始，这个团体每周四晚上都在以奥地利物理学家玻尔兹曼命名的街道上的一间小型大学演讲厅举行会议，他们在那里讨论哲学问题，例如：什么是科学知识的特征？形而上学命题有任何意义吗？是什么使得逻辑论断如此肯定？为什么数学适用于现实世界？

维也纳小组的宣言是："科学世界观的特点不在于其本身的论点，而在于它的基本态度、视角和研究方向。"[3]

图1.4　恩斯特·马赫（1838—1916）　　　图1.5　路德维希·玻尔兹曼（1844—1906）

这个团体试图创立一种纯粹的以科学为基础的哲学，没有高深莫测的阳春白雪，也没有超自然的故弄玄虚："在科学中没有'深度'；相反，处处都显而易见。所有的经验形成了一个复杂的网络，这个网络不能总是从整体上进行观察，而往往只能通过部分来掌握。万物对人来说都是可以接近的，而人是万物的尺度。"

维也纳小组继承了恩斯特·马赫和玻尔兹曼的传统，这两位杰出的物理学家在世纪之交的维也纳取得了伟大的发现并且都曾教授哲学。这一小群思想家的其他主要思想来源是物理学家爱因斯坦、数学家希尔伯特和哲学家伯特兰·罗素。

不久，一本新鲜出炉的小册子成了维也纳小组讨论的焦点。这本小册子就是《逻辑哲学论》，它是维特根斯坦在第一次世界大战的战壕中服役时写的。维特根斯坦在放弃巨额遗产后，去了奥地利一所乡村小学当老师。离群索居一段时间后，他开始与维也纳小组的一些成员接触，这种联系逐渐将他带回了哲学。

图1.6　维特根斯坦（1889—1951）

　　维也纳小组不想与神圣的（通常也是乏味的）哲学传统有任何关系："科学世界观认为没有解不开的谜团。对传统哲学问题的澄清有时会发现是伪问题，有时将其转化为经验性问题，从而成为实验科学的研究对象。哲学的任务在于澄清问题和陈述，而不是精心炮制特定的'哲学'命题。"

图1.7　鲁道夫·卡尔纳普（1891—1970）　　　图1.8　卡尔·门格尔（1902—1985）

图1.9　库尔特·哥德尔（1906—1978）

　　杰出的新人加入了小组，如哲学家鲁道夫·卡尔纳普、数学家卡尔·门格尔和逻辑学家库尔特·哥德尔。这三人最终彻底重新界定了哲学和数学之间的边界。哲学家卡尔·波普尔也与维也纳小组有密切联系，虽然他从未被邀请参加小组的会议。

　　这个团体很快成为逻辑经验主义思潮的世界中心。布拉格、柏林、华沙、剑桥和哈佛的思想家们纷纷加入这场运动。

　　1929年，维也纳小组通过自己的期刊、会议、书籍和系列讲座，开始了新的公开活动。这一重大转变的标志是一份名为《科学世界观》的宣言。

　　这份宣言与其说是出生证明，不如说是受洗仪式。毕竟，石里克小组已经存在了5年。奥图·纽拉特提出用维也纳小组作为新名字，意在唤起积极的联想，就像维也纳森林或维也纳华尔兹，也有意树立形象。宣言宣告的不仅是新的哲学学派，而且是新的社会和政治议题。"科学世界观服务于生活，生活也拥抱它。"

　　宣言的作者属于这个小团体的左翼，他们毫不掩饰彻底改革社会的热切愿望。维也纳小组成员1928年成立的马赫协会，致力于"传播科学世界观"。在争取改革的政治斗争中，特别是在住房和教育方面，它与社会民主党"红色维也纳"站在一边。[尽管它的名字是"红色维也纳"（德文Rotes Wien），但它并不是共产主义运动，而只是1918年到1934年社会民主党统治时期维也纳的昵称。]

图1.10 卡尔·波普尔（1902—1994）

咖啡和雪茄

维也纳小组和马赫协会很快就成了维也纳反犹和右翼势力的眼中钉。政治氛围越来越紧张。在开始公开活动后，维也纳小组逐渐解体。

卡尔纳普去了布拉格，维特根斯坦去了剑桥。1934年奥地利内战后，纽拉特被禁止返回奥地利。同年，哈恩意外去世。年轻的哥德尔多次住进精神病院。1936年，石里克在大学主楼的台阶上被他以前的学生暗杀。门格尔和波普尔对公众的狂热情绪感到厌恶，很快各自移民。在德奥合并（第三帝国吞并奥地利）之后，维也纳小组的大多数成员在所谓的清洗之前离开了维也纳，但也有例外。作为掉队者，哥德尔在1940年的战争中突破重重阻碍，最终来到了美国。他不得不绕了很远的路，经过西伯利亚、日本和广阔的太平洋才到达那里。

声名鹊起的维也纳小组失去了维也纳的土壤，在第二次世界大战后再也没有恢复。幸运地是，它在盎格鲁-撒克逊国家找到了庇护所，并从那里对20世纪的知识和科学史产生了革命性影响，从根本上塑造了分析哲学、形式逻辑和经济理论。如今无处不在的算法和计算机程序也可以追溯到罗素、哥德尔和卡尔纳普对符号逻辑和可计算性的抽象研究。

谋杀和自杀，爱恋和精神崩溃，政治迫害和险象环生，这些故事在维也纳小组的绚丽画卷中都占有一席之地，但这幅画卷的主线是小组成员之间激烈而精彩的思想交锋。一些成员曾希望小组成为团结一致的知识分子团体，但这是不现实的，他们也更不可能成为反对者所指责的那种教义性组织。有些成员喜欢激烈地争论，有些则保持沉默的疑虑。当哲学家们聚在一起的时候，不就是这样吗？

在故事的开始，接近20世纪的黎明，在维也纳学院的演讲厅，物理学家玻尔兹曼和恩斯特·马赫就热点问题"原子存在吗"激烈辩论。在故事的结尾，也就是第二次世界大战结束一年后，卡尔·波普尔和维特根斯坦在剑桥舒适的休息室激辩，辩论的问题是"哲学问题是否存在？"在这两场具有深刻象征意义的辩论之间的50多年里，维也纳在哲学中所扮演的角色和它在音乐中曾扮演的角色一样具有开创性意义。

维也纳小组处于那个非凡的知识繁荣时期的中心：在狂热的盲从和疯狂愚蠢的背景下出现的一个精确思维的耀眼尖峰。这些勇敢的哲学家站在即将沉没的倾斜甲板上讨论知识的局限性，他们知道自己的处境，但这只是增加了他们讨论的紧迫性。时间似乎不多了。一些音乐家已经在收拾乐器。

今天回想起来，感觉像是很久以前沉了艘船。现在这个时代，数百万科学家和数以亿计的普通人视科学世界观为理所当然。如果追问，他们会承认它可能面临各种形式的威胁：受各种宗教原教旨主义者的威胁，受破坏性的垃圾文化洪流的威胁，或者仅仅受公众普遍缺乏兴趣的威胁。与我们面临的所有其他威胁相比，科学面临的危险似乎并不紧迫；然而，正如维也纳小组的故事一样，局势也可能剧变。

维也纳小组由盛转衰的整个历史不到半个世纪。咖啡馆的服务生也许有机会近距离目睹这一切。作为年轻的新手，他为身材魁梧的恩斯特·马赫送上小杯维也纳奶油咖啡，这是维也纳华尔兹时代人们的最爱；作为年老背弯的侍应，他只能抱歉地为面无表情的维特根斯坦送上难以下咽的战后存货。

如果我是导演，我会用一系列短片来讲述这位服务生的故事，用这些短片剪辑一部精彩的电影，名字就叫《咖啡和雪茄》。可惜我不是艺术家，只是一个一生深受小组影响的老教授。所以我只能平铺直叙，但我会尽我所能。

第 2 章
两位思想家的故事

> 维也纳，1895 — 1906年：著名物理学家恩斯特·马赫被聘为哲学教授。马赫准备与哲学妥协。分析冲击波、科学史、眩晕和其他感觉。拒绝"物自体"。拒绝原子。拒绝自我和绝对空间。攻击形而上学。虽然在华尔兹时代的维也纳备受尊重，马赫却一次又一次退出舞台；物理学家玻尔兹曼接管了舞台。玻尔兹曼声称需要原子，声称无序会增长，声称是他自己的继任者。把形而上学比作偏头痛，并受两者折磨。玻尔兹曼上吊自杀。"这并不令人惊讶"，马赫写道。

学生任命教授

1895年，一所不起眼的大学的管理机构大胆任命了一位物理学家担任哲学系主任。这所大学在维也纳。物理学家的名字：恩斯特·马赫。

在19世纪，学科之间的藩篱开始生长，学术等级越来越森严。如果一个上了年纪的科学家开始涉足哲学，那是他的自由，但要委任一个连康德或经院哲学都没研究过的人担任哲学讲席，就很离经叛道了。

这项事业开始得很顺利：维也纳的大学讲席似乎是为马赫量身定制。但仅仅几年之后，由于突发中风导致的瘫痪，他不得不辞职。他的讲席被委任给另一位物理学家 —— 著名的玻尔兹曼。然而，也只持续了几年，因为玻尔兹曼上吊自杀了。让物理学家来教哲学这个美丽的新传统似乎已被扼杀在萌芽状态。不过，几十年后，维也纳小组就是从这种新传统中成长起来的。这两位世界著名的物理学家向整整一代学生传授了他们对哲学的热情。

马赫和玻尔兹曼不仅外貌相似，在事业上也很相似。他们有着相似的体格，浓密的胡须和薄框眼镜；在青年时代，他们跟随同一位老师学习，作为大学生，他们都很成功。最重要的是，马赫和玻尔兹曼都很有主见并以此为荣。他们热衷于相互为哲学展开争论。他们关于原子存在的激烈辩论永载于科学史册。

有趣的是，马赫之所以被任命为哲学教授，一个学生在其中起了很大作用，这个学生后来还在马赫的指导下获得了博士学位。无论从哪方面来看，这都不太正常！不过这个学生不是普通人，他叫海因里希·龚珀茨（1873 — 1942），是一个有背景的年轻人。

龚珀茨家族是这个城市最富有、最有影响力的家族之一。这个家族与罗斯柴尔德家族、维特根斯坦家族、里本斯家族、古特曼家族和艾弗鲁斯家族齐名，这些都是维也纳经济繁荣时期极其富有的犹太家族，经营的金融和工商业遍布中欧。此时哈布斯堡王朝的双重君主制

（即奥地利帝国和匈牙利王国）已经稳固建立，新的寡头政治正享受着前所未有的经济繁荣。他们享受着维也纳新建的环城大道旁的奢华居所，城堡般的乡村度假胜地和私家卧车，施特劳斯指挥演奏的圆舞曲，马勒歌剧院的豪华包厢，以及维也纳宏伟的中央公墓中典雅的大理石陵墓。你可能会对那个美好年代津津乐道，但当时其实只是富人的享受。

海因里希的父亲西奥多·龚珀茨（1832—1912）拒绝了家族为他安排的事业。他没有去当银行家或实业家，而是投身于学术研究；他也不需要博士学位。即使没有学位他也做得很成功，很快就被公认为欧洲最重要的古典语言学家之一。他当选了帝国科学院院士，并被任命为维也纳大学正教授。他的三卷本古典哲学史《希腊思想家》在几十年里都是标准参考著作。

然而，老龚珀茨的兴趣远不只古典文学，还延伸到了现代哲学家，如奥古斯特·孔德（1798—1857）和约翰·斯图尔特·密尔（1806—1873）。他们自称实证主义者，与古代教条和教义毫无传承，轻视福音书中所有的宗教或形而上学信条。无视神圣的著作，也不依赖神秘的洞察力：所有知识都只能建立在证据确凿的科学事实之上。这种激进的新方法震惊了哲学传统的守护者，如阿奎那的自然神学，康德的道德形而上学，以及黑格尔的绝对唯心主义，所有这些都牢牢扎根在德语大学的课程中。因此，那些传统守护者回报以愤怒。通过他们的努力，实证主义同物质主义和功利主义这些词汇一样，很快就有了非常负面的形象，代表着肤浅的灵魂和可鄙的无能，没有明白理想主义哲学的真正内涵。

然而，西奥多和海因里希·龚珀茨并不排斥这种大胆的知识冒险，他们都欣赏马赫最初的观点，这些观点与传统哲学完全不同，令人耳目一新。这位杰出的实验物理学家的一次演讲令他们着迷。多年后，海因里希向马赫透露："90年代初，您在维也纳就因果关系进行演讲，我记得是在自然科学家会议上，我父亲把您的手稿给我阅读。第二天早上，我把手稿还给他，上面写着：'这就是您要找的能胜任第三个哲学讲席的哲学家！'我父亲接受了这个建议，因此我虽然当时只是一个学生，但在某种意义上对您的任命起了作用。"[4]

图2.1 科学院里的交谈：西奥多·龚珀茨和恩斯特·马赫

在儿子的催促下，西奥多·龚珀茨立即联系了马赫，他在帝国科学院很熟悉马赫："最尊敬的同事，我今天要向您提一个很不寻常的请求，并大胆地请求您尽快答复。我和一些同事想问你，我们是否有希望尝试和恳求您接受维也纳大学的讲席，一些位置已经空出来了，另一些很快也会空出来。"[5]

这个谦卑的请求得到了礼貌而积极的回应，马赫接受了维也纳大学新的归纳科学历史和理论讲席，这个讲席是因他而重新命名的。马赫早就有从物理学迈向哲学的想法。正如他自己写道："我一生的任务就是从科学开始，然后与哲学相遇。"[6]

马赫声名鹊起

马赫出生于布尔诺附近（当时叫布吕恩）的摩拉维亚。他在下西本布伦长大，一个靠近维也纳的小村庄，村庄的名字（"七喷泉之间"）带有古朴的乡村气息。他们家在那里经营农场，他父亲以前是一名教师，业余时间在家教孩子。

10岁时，马赫被送到下奥地利塞滕施泰滕本笃会修道院的一所寄宿学校。不过，体弱多病的他适应不了中学繁重的课业要求，因此，小恩斯特回到了下西本布伦。好在他父亲能提供指导。但这也让恩斯特有了大量空闲时间，因此他还去当了细木工学徒。

一天，他在父亲的书架上翻找，偶然发现了一本怪书：《对任何一个未来的形而上学的导言》。作者是康德。马赫后来回忆道，这是一个决定性时刻。他说："这个15岁的男孩如饥似渴地读着这本叙述清晰、相对容易理解的书。它给他留下了深刻印象，摧毁了这个男孩幼稚的观念，激发了他对知识论的兴趣，并且由于康德形而上学的影响，让他打消了自己研究形而上学的念头……我很快就抛弃了康德的唯心主义。当我还是个孩子的时候，我就认识到'物自体'是不必要的形而上学发明，是形而上学幻觉。"[7]

后来，正是对康德的激烈反对让维也纳小组的思想家们走到了一起。事实上，这位著名的普鲁士哲学家的思想在维也纳一直不受欢迎。奥图·纽拉特打趣道，"奥地利人找到了绕开康德的方法"。[8]只有卡尔·波普尔会同意康德的观点，至少有时会同意，他最喜欢扮演维也纳小组"官方反对派"的角色。当然，后来人们发现哥德尔也是隐秘的康德主义者。

在第一次接触形而上学后不久，年轻的马赫再次尝试进入中学——这次是在克里姆瑟尔（克罗梅里兹）的摩拉维亚修道院，由神职修士会开办。他的第二次尝试很顺利："唯一不愉快的是无休止的宗教活动，而这恰恰产生了与初衷相反的效果。"[9]

从这所学校毕业后，马赫进入维也纳大学学习数学和物理。得益于多普勒（1803—1853）、洛施密特（1821—1895）和斯忒藩（1835—1893）的高质量研究，那里的物理研究所正蓬勃发展。这个令人兴奋的时期是前所未有的。几个世纪以来，维也纳大学一直受耶稣会士的控制，哈布斯堡统治者倾向于鼓励音乐而不是精确的科学。因此，直到1847年才在维也纳建立了帝国科学院，距离在佛罗伦萨、伦敦和巴黎建立类似的科学院已经过去了几个世纪。虽然博学的莱布尼茨（1646—1716）——他一个人就可以撑起科学院——进行了艰难的游说，也无济于事。直到自由主义的黎明，奥地利的科学才终于摆脱了束缚。现在是时候追赶欧洲其他国家了。

年轻的马赫是这个时代涌现的天才之一。他思如泉涌，动手敏捷 —— 这部分受益于他的细木工手艺 —— 很快在物理研究所受到了赏识。马赫在学生时期构建了一个巧妙的装置，令人信服地演示了多普勒效应：声源在趋近听众时，听到的音调会升高。为了演示这种现象，马赫在直立的圆盘上装上哨子。当圆盘旋转时，站在盘面上的人会听到哨子的音调交替升降，而站在转轴附近的人听到的音调则会保持不变。

马赫22岁获得博士学位。第二年，他获得了大学授课资格。年仅26岁时马赫就成了格拉茨大学教授，首先教数学，后来教物理。他于1867年结婚。

同一年，马赫被任命为布拉格大学实验物理学教授。他那时还不到30岁。接下来的30年里，他一直在布拉格，直到回到维也纳。布拉格的德语大学成立于中世纪，甚至早于维也纳大学。在马赫到来时，它正处于一场激烈的政治斗争的阵痛之中。弗朗茨·约瑟夫皇帝在1866年被俾斯麦的普鲁士打败，被迫将遥远的管治权让给了匈牙利人。而现在，捷克人又吵着要同样的权利！对奥地利人来说，这样的事情是完全不可想象的。在马赫担任布拉格大学院长和后来担任校长期间，他发现自己陷入了严重的民族主义动荡中，类似爱尔兰的动荡。他主张从零开始创建一所新的捷克大学，而不是拆分布拉格古老的大学 —— 始建于1348年的卡罗莱纳母校。然而，最终他的想法失败了。

马赫更愿意在他的物理实验室研究冲击波。他很快就为自己赢得了名声，这是毫无疑问的。直到今天，"一马赫"指的是音速，而"两马赫"指的是两倍音速，等等。他还是科学摄影的先驱。他捕捉到了子弹飞行的画面——这是一项了不起的成就，当时还处于肖像照片都模糊不清的时代，因为随着时间流逝，坐着的人会焦躁不安。马赫关于流线和冲击波的图片震撼了他同时代的人，并在几十年后启发了意大利未来主义者在绘画中捕捉速度的本质。

大致背景

马赫对物理学基础的思考给他带来了世界级声誉，甚至超过他的实验。正如卡尔·波普尔后来写道："很少有人对20世纪的思想影响能与马赫相提并论。他影响了物理学、生理学、心理学、科学哲学和纯哲学。他影响了爱因斯坦、玻尔、海森伯、威廉·詹姆斯、罗素，这还只是很小的一部分。"[10]

有许多科学家进行哲学思考，也有不少哲学家试图从事科学研究。但马赫是个例外。他开创了一门新学科：科学哲学。科学本身成了研究对象。时机已经成熟，科学已不再是少数孤立的思想家和远见卓识者的爱好。在19世纪，通过几代人的努力，科学已经成为全球性事业，并被普遍认为是推动工业革命的发动机。这个问题不能再等了：既然人类的进步是以科学为基础，那么科学本身又是以什么为基础呢？

理解知识的基础一直是哲学的主要任务之一。我们怎么知道那边有棵树？或者说拿破仑曾经活过？或者狗能感觉到疼痛？马赫抓住了一个更实际的，不容回避的问题：**科学**知识的基础，不断增长的，努力进步的知识，属于所有人的，影响每个人的知识。他在3本书中论述了这些问题：《力学的科学》（1883年）、《热原理》（1896年）和《物理光学原理》（1921年去世后发表）。

力、热和熵等物理概念的真正含义是什么？什么是物质？我们如何测量加速度？马赫自底向上处理这些问题，从最简单的观察开始，然后对历史根源进行批判性分析。他从一开始就意识到科学哲学与科学史之间的紧密联系。

《力学的科学》在第一段开宗明义："本书不是关于力学原理应用的论述。其目的是澄清思想，揭示概念的真正意义，消除形而上学的晦涩。"[11]然后马赫继续："力学概念的要点和核心，在几乎每一种情况下，都是通过研究非常简单的机械过程的特殊例子发展起来的。对这些例子最初的理解方式进行历史分析，永远是揭示这一核心的最有效和最自然的手段。我们甚至可以认为，这是彻底理解力学的普遍结论的唯一途径。"[12]

当时和现在一样，教科书的目标是尽可能快地引导学生达到最先进的水平。但是，对这些工具 —— 概念和方法 —— 进行批判性分析，有助于了解它们是如何演变的。因此，马赫是以历史方法研究物理学。另一方面，与传统哲学家相比，他对哲学史兴趣不大。现代已经到来。最好从头开始，从基础开始。

马赫以心理学家式的敏锐分析了"物理力"等概念。尽管人人都熟悉这个概念，但经过了很长时间的演变才以科学清晰的方式呈现：

"让我们把注意力转向力的概念 …… 力是一种导致运动的条件 …… 我们最熟悉的引起运动的条件是我们自己的意志行为，是神经脉冲的结果。在我们自发的运动中，我们总是感觉到一种推力或拉力。从这个简单的事实中，我们养成了一种习惯，就是把所有引起运动的条件都想象成类似于意志的行为，也就是推或拉。"[13]

物理学家认为广阔的宇宙充满了各种各样的力，这个概念是通过漫长而艰苦的智力过程得出的。把这个概念建立在幼儿时期第一次体验到的亲密身体感受上，似乎有些奇怪。但是我们还能做什么呢？"每当我们试图把这个[力的]概念贬低为主观的、泛灵论和不科学，我们总是失败。显然，为此对我们自己的自然思想横加干涉，并故意抑制我们的思想，对我们没有好处。"

通过这种方式，马赫将物理概念还原为直接体验到的感觉或感官印象，如推和拉。因此，他的兴趣使他不可避免地走向了生理学。在这个领域，他也发现了"金矿"。例如，他精确定位了平衡感来自内耳，从而将亚里士多德著名的五感增加为六感。大约在同一时期，约瑟夫·布鲁尔（1842—1925）也发现了这一点。他是一位维也纳医生，后来与弗洛伊德一起，为创立精神分析学做出了贡献。后来，罗伯特·布雷尼（1876—1936）扩展了布鲁尔和马赫的发现，并获得了诺贝尔医学奖，这是维也纳获得的第一个诺贝尔奖。为什么维也纳是研究眩晕的沃土？也许是因为当时流行华尔兹？

节约思维

科学必须基于经验事实，但显然它不仅仅是记录事实。对马赫来说，科学的主要目的是思维的经济性：也就是说，以尽可能简洁的方式描述尽可能多的现象。例如，牛顿万有引力定律用一个简单的方程涵盖了从苹果落地到月球轨道等无数现象。马赫写道："所有科学都是试图用心智模型取代或节约经验，因为模型比经验更容易处理，甚至在某些情况下可以取代它们……通过从根本上认识到科学的经济性本质，我们使科学摆脱了一切神秘主义。"[14]

马赫很激进：在他看来，理论唯一的作用是简化思维。自然法则只不过是指导预期的处方，而因果关联只不过是事件之间有规律的联系。从这个意义上说，因果关联并不能提供额外的"解释"。"大多数研究者把超越人类思维的实在归因于物理学的基本概念，如质量、力和原子，其实它们没有其他目的，只是以一种经济的方式将经验关联起来。此外，人们普遍认为，力和质量构成了真正的研究领域，说具体点就是，其他一切都从质量的平衡和运动中衍生。"[15]

但马赫认为，这种观点混淆了实在和表象。力、质量和原子仅仅是概念，只是思维的支柱。"这就好比某个人只通过剧院了解世界，他在幕后看到了机械装置，就认为现实世界同样需要一个后台……从这个意义上说，我们不应该把现实世界的基础与在我们的思想舞台上操控那个世界的思维支柱混为一谈。"[16]

经济性原则不仅支配着科学活动，也支配着科学的教学："指导人们学习科学的目的是通过向他们提供他人获得的经验，使他们能够靠自己获得经验。"[17]

马赫年轻时在学校有过不愉快的经历。为了避免其他人有类似的遭遇，他不知疲倦地为学校改革和改进课程而奔走。他为中学写了一本教科书。尽管作者很有声望，但为了得到教育部的批准，还是颇费周章。他的才华受到了质疑。

马赫是天生的教师，他撰写精彩的文章向公众阐释科学，他也是成人教育的倡导者，从未停止过与"残忍阻止具有天赋但错过了常规教育的成年人进入高等教育机构学习和担任专业职位的现象作斗争"。[18]

对马赫来说，教育就是启迪："我有一个观点从来没有被反对过，即一个人如果没有掌握至少一门基本的数学和科学知识，这个人在所处的世界中将是局外人，在所处的文化中也是局外人。"[19]顺便说一下，文化不应仅限于两种性别中的一种——马赫使用了"Mensch"这个词，代表"人类"。

在科学理论中，和在学校的学习过程中，我们的思维都会受困于后台杂乱无章的抽象概念，就像蜘蛛网中的苍蝇一样。在科学教育还处于萌芽阶段时，马赫就认识到："毫无疑问，一旦采用更自然的教学方法，可以期望科学和数学的教学效果会更好。尤其是，年轻人不应过早接触抽象概念，这可能会毁了他们……破坏抽象化过程的最有效方法是过早接受它。"[20]

在另一篇文章中，马赫写道："据我所知，没有什么比学得太多的不幸的人更令人沮丧了。他们学到的是思维的蜘蛛网，太脆弱以至于无法提供支撑，但又足够复杂到让他们迷惑。"[21]马赫想要移除这张蜘蛛网。

自我及其感觉

马赫最重要的哲学著作出现在1886年：《感觉的分析》。书的开头是"导言：反形而上学"——号召消除康德的"物自体"(*Ding an sich*)，以及任何"物体"或实体。马赫认为这些概念是无价值的东西，是多余的抽象，与我们的感官没有任何联系。而科学对他来说是经济性思想，所以没有这种奢侈的空间。转瞬即逝的感官印象是我们唯一可以依靠的。

马赫的经验主义包罗万象。对他来说，所有知识都必须建立在经验之上，所有经验都建立在感知之上，也就是说，建立在他的"感觉"之上："颜色、声音、温度、压力、空间、时间等等，以各种方式结合起来；与这些要素相关联的，还有心情、感情和意志。在这个庞大的网络中，相对稳定、恒久的部分特别显著，因而被记忆铭刻，被语言表达。显得相对恒久的，首先是由颜色、声音、压力等在时间和空间中联结而成的模式；这些模式被当作**对象**，并被赋予名称。这样的对象并非绝对恒久。"[22]

在这种模式下，原始感官元素可以变化，就像万花筒里五颜六色的斑块："一支铅笔，放在空气中，我们看它是直的，斜放在水中，我们看它是弯折的。在后一场合，人们说铅笔**显得**是弯折的，但**实在**是直的。可是，我们有什么理由宣称这个事实是实在的，而那个事实就是表象呢？"[23]

为什么触觉应该有特权，而不是视觉？为什么我们应该相信我们的手指而不是眼睛？应该吗？"我们感知的对象仅仅是由一堆堆感觉数据组成的，这些感觉数据以规则的方式关联在一起。没有独立于我们的感觉的对象存在——没有物自体……因此，我们只能知道表象，无法知道物自体——只能知道我们自己的感官世界。所以，我们永远不可能知道是否存在物自体。因此，谈论这些概念毫无意义。"

这就引出了另一个令人不安的思想：**我**和其他任何事物一样，并不存在："在相对持久的记忆、心情和感情的模式中，有一个附于特定身体的模式；这个模式被称为'我'，或自我……自我同其他事物一样，不是绝对恒久的。"

这是马赫后来一次又一次谈及的主题。曾经的一次顿悟给他留下了不可磨灭的印记："一个晴朗的夏日，在露天，我突然觉得我的自我和其所处的世界是一个感觉联合体，只不过在自我内感觉联结得更紧密。"[24]

如果马赫是神秘主义者，他也许会认为这是神启。然而，作为务实的物理学家，他只是画了一幅讽刺草图，称之为"自我审视自身"。自我由感觉组成。在它们后面，潜藏着——好吧，没什么。什么也没有。关于它也没有更多可说的："'自我感觉到绿色'，是说绿色这个要素出现于其他要素（感觉、记忆）构成的某个模式中。当我不再感觉绿色——当我死后——这些要素就不再出现于惯常的组合中了。这就是整个故事……自我无法留存。自我无法拯救。"[25]

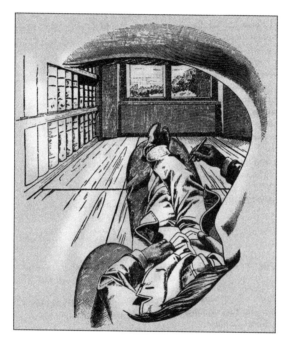

图2.2 马赫的"自我审视自身"

"无法拯救的自我"成了"青年维也纳"作家们的口头禅。马赫的世界没有物体或物质，完全由感官印象组成，从定义上讲是印象主义的，因此与时代的精神很契合——美好年代令人陶醉的时代精神。

在不远处的伯格斯街，抽着雪茄的弗洛伊德通过密切追踪病人的联想，剖析人的灵魂，其中也包括他的"首席病人"（他自己）。年轻的维也纳神童，诗人胡戈·冯·霍夫曼史塔听了马赫的讲座。维也纳最重要的作家亚瑟·施尼茨勒在他的《内心独白》中采用了马赫的观点，将自我分解为联想和感觉的链条。美术家们也参与进来，画的不再是**事物**，而是**光**。才华横溢的历史学家和卡巴莱演奏家埃贡·弗里德尔（1878—1938）精辟地评论了印象派画作："简单说，他们画了马赫。"

在19世纪末的维也纳沙龙，这位形象如同先知的德高望重的物理学家兼哲学家成了名人。的确，马赫的穿着有些邋遢，头发经常凌乱不堪——但是华尔兹氛围中的社会名流被这位质朴的天才吸引，渴望听他滔滔不绝地讲述自己的原创观点。马赫来到他们中间，以恰到好处的言辞让维也纳的艺术家、评论家、伯爵夫人、情妇、艺术赞助人和企业家们感到兴奋："当我说'自我无法留存'，我的意思是它仅仅包含人类与事物和现象关联的方式；自我完全消解成可以被感觉、倾听、观察，或触摸的东西。一切都是转瞬即逝：我们的世界是一个没有物质的世界，只有颜色、形状和声音。它的实在是永恒的运动，像变色龙一样五颜六色。"[26]

奥地利作家赫尔曼·巴尔（1863—1934）兴奋地说："在'自我无法留存'这个短句中，我找到了过去3年来折磨我的问题的答案。自我只是一个名词；一个幻觉。它是让我们的思想快速有序的便捷手法。只不过是颜色、声音、温度、压力、空间、时间以及它们关联的情绪、感觉和欲望的组合，没有什么是真实存在的。一切都在永恒地改变。"[27]

这些思想的受众并不局限于维也纳的上流社会。马赫在马克思主义者中也有特殊的显赫地位。其中不少人称赞他的研究是认识唯物主义的新方法。事实证明，奥地利马克思主义者尤其乐于接受，以至于列宁觉得有必要呼吁这些异端守规矩。在他1908年出版的《唯物主义与经验批判主义》一书中，他怒斥道："我们所有的马赫主义者都深陷唯心主义。"[28]马赫肯定对自己被指责为唯心主义感到惊讶，但是声称要把物质消解为一堆感觉，他当然是对唯物主义者的威胁。

在勇敢面对列宁愤怒的马赫主义者中，最重要的是一位名叫弗里德里希·阿德勒（1879—1960）的年轻理论物理学家。他是维克多·阿德勒的儿子，维克多·阿德勒是奥地利社会民主工人党的创始人，备受尊敬。在列宁攻击马赫和他的门徒10年后，弗里德里希·阿德勒写了一本书进行反击，书名是《马赫对机械唯物主义的胜利》[29]。他是在死囚牢房里写的这本书——后面还会说到此事。事实上，尽管弗里德里希·阿德勒永远不会成为维也纳小组的一员，但在维也纳小组的故事里他将扮演重要角色。

就职于维也纳大学3年后，马赫在一次长途火车旅行中患上了瘫痪性中风。他再也不能移动他的右臂和右腿。1901年，在努力尝试恢复讲课但失败之后，他最终别无选择，只能因身体原因辞职。他拒绝了皇帝封他为男爵的提议，因为这违背了他的民主信念。但他还是接受了奥地利上议院的好意，同他的老朋友西奥多·龚珀茨一道被任命为终身成员。

尽管年老的马赫身体有些衰弱，但他的头脑依然像以前一样敏捷，与同时代一些最重要的科学家不断进行争论，比如玻尔兹曼和普朗克。他充满了争议。事实上，他的观点虽然带有诱人的非传统色彩，但在仔细研究时却引出了一些实质性问题，例如：如果所有科学都依赖于感官数据，那么那些不能被感知的东西呢？我们一定要把它们当作多余的虚构来抛弃吗？那么我们自己永远无法体验到的其他人的感官数据呢？也必须抛弃吗？马赫经常不得不为自己辩护，以免被指责为唯我论者——毕竟是他宣称了自我的终结！

玻尔兹曼公式

马赫不是第一个质疑自我存在的物理学家。一个世纪前，格奥尔格·利希滕贝格（1742—1799）也以类似的口吻打趣说，我们应该说"它认为"，而不是"我认为"[30]。马赫的维也纳同事玻尔兹曼显然赞同利希滕贝格的观点，他曾抱怨"我们能思考因为我们可以选择思考这种奇怪的观点"[31]。马赫与玻尔兹曼的生活和思想紧密交织在一起。

路德维希·玻尔兹曼1844年出生于维也纳，同马赫一样出身于中产阶级家庭。路德维希出生后不久，他当税务官的父亲被调到林茨镇的财政部工作。在那里，这个男孩非凡的天赋，尤其是数学和音乐，很快就被注意到了。就像马赫小时候一样，小玻尔兹曼在进入中学前接受过私人辅导。他年轻的钢琴老师名叫安东·布鲁克纳[1]，作为林茨镇的风琴师，刚刚开始建立自己的名望。

15岁时，他父亲去世了。母亲把继承的遗产都用来教育儿子。

1.译注：安东·布鲁克纳（1824—1896），著名作曲家、管风琴演奏家、音乐教育家。

路德维希完成中学学业后，全家回到了维也纳。在这里，这个年轻人学习了数学和物理，于1866年获得博士学位，同马赫一样，年仅23岁就获得了讲师资格。但玻尔兹曼的兴趣更多集中在理论而不是实验物理学上。后来他开玩笑说："我瞧不上实验就像银行家瞧不上硬币。"[32]

他的导师斯忒藩教授督促他阅读麦克斯韦的物理学论文，还给了他一本英语语法书，因为当时玻尔兹曼一个英语单词也不会说[33]。事实证明他学东西很快。他的第二篇论文《热力学第二定律的力学解释》被证明是开创性的。很快，他就被认为是最能理解和拓展麦克斯韦在电磁学和热力学方面工作的物理学家。

25岁时，玻尔兹曼被任命为格拉茨大学数学物理学教授。1875年，他成为维也纳大学数学教授，但在那里只待了3年；然后他回到格拉茨，接受了一个实验物理学讲席，马赫也是这个职位的候选人。显然玻尔兹曼并不像他自己声称的那样真的鄙视实验，他很乐意接受这个职位——但他回到格拉茨还有另一个原因。

他之前生活在这里的时候，遇到了一位年轻的女士亨利埃特·冯·艾根特勒，她非常喜欢数学和物理。玻尔兹曼说服校方允许她到大学听课，这在当时是前所未有的。他的动机并不完全是无私的。1875年，他在一封信中向亨利埃特求婚。他写道：

> 虽然我很不认为情感能够且应当受冷酷无情的精确科学的理性抑制，但我们作为精确科学的代表，理应在经过

深思熟虑的判断后再采取行动，而不是随心所欲。

作为数学家，你肯定不会认为统治世界的数字是没有诗意的。另外：我现在的年薪是2400弗罗林。我的年终奖金是800弗罗林。去年，我讲课和考试的收入约为1000弗罗林；不过后一项收入每年都变……总收入不低，足以维持一个家庭的生活；然而，鉴于近来物价的飞速上涨，它将无法给你提供许多消遣和娱乐。[34]

玻尔兹曼精心策划的求婚成功了，他们婚后生了5个孩子——与马赫家的孩子一样多。

图2.3 玻尔兹曼求婚

在格拉茨接下来的15年里，玻尔兹曼进入了产出最旺盛的时期，不仅有了很多小孩，也有了很多科学成果。他成了气体分子运动理论的开创者之一，该理论为热力学提供了力学基础。这不仅是物理学的重大突破，在哲学上也很重要，因为它提供了一个基于力学模型的因果解释，对此马赫很难接受。

根据玻尔兹曼的理论，气体是由粒子组成的，这些粒子像台球一样不断运动和碰撞——温度越高，它们移动的速度就越快，尽管速度各不相同。当它们相互碰撞和撞击容器壁时（因此对容器壁施加了可测量的压力），一些会加速，而另一些则会减速。玻尔兹曼方程用统计学刻画了这些粒子的行为，很快就成为物理学的中心支柱，今天仍在许多技术领域发挥着关键作用，例如半导体理论。

当然，气体粒子并不真的是微型台球。既然不是，难道我们不应该说气体的统计理论，并没有提供**解释**，而仅仅提供了一幅**图景**吗？话又说回来，容器中的微小粒子难道不比图景更真实吗？难道不是它们不断地呼啸而来**造成**了压力吗？对于任何封闭系统来说，熵总是随着时间的流逝而增加，即使是熵这个神秘的概念，当用统计力学来重新表述时，也会变得直观易懂。

根据玻尔兹曼的理论，熵与容器中粒子状态的概率分布有关，当系统更加随机时（就像洗过的扑克牌，比最初的顺序看起来更随机），熵也更大。换句话说，熵是在微观层面上对系统无序性的一种度量。如果听之任之，无序就会随时间的推移而增加——看看你的桌面就知道了！

不过马赫还是不以为然："让分子假说与熵相互一致对假说是利好，但对熵增定律不是。"[35]在他看来，理论的唯一职责就是将**可观测**的量简洁地关联起来，比如压力或温度。因此，玻尔兹曼对热力学的统计重塑越界了。

此外，新理论还带来了一些棘手的问题。例如，如果无序总是随时间增加，那么这个事实必然定义了时间流逝的方向。举个例子，假设气体中的所有分子都被约束在容器的左半部分，然后释放出来。当它们互相碰撞时，会迅速散布到整个容器中。如果随它们去，它们将再也不会只占据容器的左半部分。事情将永远不会回到开始时那种更简单、更有序的状态。至少，到目前为止还没有观察到这种逆转。因此，这种不断增加的无序明确区分了过去和未来，从而建立了时间的方向。

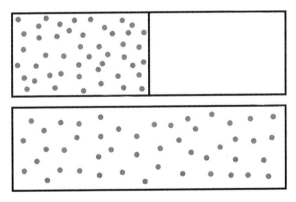

图2.4　气体分子，先是受约束，然后被释放

人们对玻尔兹曼的理论提出了两个严重的反对意见，直到今天，这两个意见都没有得到公认的解决。它们被称为循环悖论和可逆性悖论。

可逆性悖论最早是由玻尔兹曼慈父般的朋友兼导师约瑟夫·洛施密特提出的。支配台球以及所有物体碰撞的力学定律并不区分未来和过去。因此，如果我们观看台球在桌上无摩擦碰撞的影像，我们无法分辨是在正放还是反放。但如果看到一滴奶油溶解在咖啡中，我们很容易就能分辨出来。那么，时间是如何获得它的箭头的呢？

循环悖论源自德国数学家恩斯特·策梅洛（1871—1953）。根据概率法则，每一个已经达到的状态都必将一次又一次达到。这是不容置疑的定理。因此，容器中的粒子最终必然会返回它们最初被约束的容器的左半部分。除非它们不肯去！

即便是最沉稳的思想家，这些棘手的谜题也可能会让他们感到不安 —— 而"沉稳"绝不是玻尔兹曼的风格。

不安分的教授

在玻尔兹曼的一生中，他的脾气一直在极端之间摇摆。他开玩笑地把自己善变的性格归咎于自己出生于圣灰星期三的凌晨，也就是狂欢节和大斋节之间的那个晚上。他的心理焦虑随年龄增长而加剧，这开始让同事和朋友感到担忧。

他接受了柏林的教授职位，但马上就放弃了，然而不久后，他又表达了对这个职位的兴趣。1896年，他接受了慕尼黑的一个职位，不久后，又接受了维也纳的另一个职位。1900年，在无休止的反复后，他接受了莱比锡大学的邀请。但1902年，就像气体分子在容器中跳来跳去一样，他又回到了维也纳。这一次，他成了自己的继任者，他在复职时兴高采烈地指出："在开始就职演讲时，人们通常会赞美自己的前任。不过，幸运地是，今天可以省去这个常常具有挑战性的环节，因为事实上，我就是自己的前任。"[36]

当局对玻尔兹曼的反复无常并不感到好笑。这一次，玻尔兹曼被要求向法兰兹·约瑟夫皇帝本人承诺：他再也不会接受国外的聘请。不要再跳槽了！但是玻尔兹曼对旅行的热爱丝毫不减。他接下来又访问了君士坦丁堡、士麦那、阿尔及尔和里斯本，他还三次横越大西洋前往美国。在《一位德国教授的黄金国之旅》一书中，他幽默地讲述了第三次旅行，其中包括短暂到访新成立的斯坦福大学。（他称自己为德意志人而不是奥地利人，他指的是自己的文化背景而不是国籍。）

当时的玻尔兹曼已经享誉世界。他在格拉茨的前合作者瓦尔特·纳恩斯特（1864—1941）和斯万特·阿伦纽斯（1859—1927）后来获得了诺贝尔奖。在他的维也纳学生中有才华横溢而且美丽的莉泽·迈特纳（1878—1968），她后来共同发现了铀的裂变，还有理论家保罗·埃伦费斯特（1880—1933）和菲利普·弗兰克（1884—1966）。

伟大的辩论

马赫和玻尔兹曼的人生轨迹多有交叉。这必然导致一定程度的竞争，虽然一个是实验家，一个是理论家。1874年，马赫入选帝国科学院，玻尔兹曼没有当选，虽然他也是候选人；1894年，玻尔兹曼当选维也纳大学物理系主任，虽然马赫也表示对这个位置感兴趣。

这两位物理学家彼此非常尊敬，但礼貌无法掩盖观点的不同。这种紧张关系在他们关于原子的实在性的著名辩论中达到了高潮。原子真的存在吗，或者它们只是精神客体，有点像点的概念？

这场争论使物理学界和化学界两极分化。一些诺贝尔奖获得者也加入了争论，例如威廉·奥斯特瓦尔德（1853—1932）站在马赫一方，马克斯·普朗克（1858—1947）则支持玻尔兹曼（普朗克是不久前才转变立场）。后来，卡尔·波普尔写道："玻尔兹曼和马赫在物理学家中都有大批支持者，他们正在进行一场生死攸关的斗争——一场关于物理学应该进行何种研究的斗争。"[37]

"生死攸关的斗争"显然是夸大其词，但争论的确异常激烈。玻尔兹曼的热力学需要原子，他写了一篇题为《论科学中原子的不可或缺性》的文章，激情洋溢地为此呼吁。然而，由于原子不能被直接感知，马赫把它们仅仅当作思维的模型和构造，与那个老掉牙的错误——康德的"物自体"并无太大区别。每当提到原子，马赫都会狡猾地发问，语气带着明显的维也纳式轻佻："你见过吗？"

今天，纳米技术已能让我们看到原子，从这个意义上说，争论已经解决，玻尔兹曼赢了。但从本质上来说，这是一场关于哲学而不是物理学的辩论，从这个意义上说，问题还远没有解决。关于原子是否存在的争论，与其说是关于原子本身，不如说是关于"存在"意味着什么。

玻尔兹曼的自然哲学

　　马赫中风后，很显然已不能再继续讲课，因此开始为他寻找继任者。这很难，也需要很长时间。因此马赫的讲座 —— 而不是他的位置 —— 被临时托付给了玻尔兹曼。考虑到他们公开的分歧，这似乎颇具讽刺意味，但随着玻尔兹曼成为又一位在维也纳大学讲授哲学的物理学家，一种传统正在形成。

图2.5　玻尔兹曼的哲学讲座

　　玻尔兹曼在1903年的公开演讲极为成功。报纸报道，当时人群拥挤，几乎危及生命，热切的人群一直排到了街上。得知此事后，就连老皇帝也感到好奇，邀请玻尔兹曼私下见面。

玻尔兹曼第一次哲学演讲的第一句话就提到了他杰出的前任马赫，而且并不是敷衍了事。在彬彬有礼地说了"赞扬马赫就像把猫头鹰运到雅典"[38]（意指"多此一举"）之后，他很快转向了自己真正的观点："我也相信，向马赫表达敬意的最佳方式，就是尽最大努力继续发展马赫的思想。"

当然，在这句话中，"继续发展"带有一层略微隐秘的意思，那就**是彻底抛弃**。

玻尔兹曼知道在场的每个人都想知道为什么他能接手马赫的哲学讲座，他随即提到了原子争议："到目前为止，我只写过一篇哲学文章，我这样做纯粹是出于偶然。有一次，在科学院的会议室里，我正在和一群学者激烈辩论原子论的价值，科学院荣誉教授马赫也在场。出乎意料的是，在这个精英云集的场合，马赫粗率地宣称，'我不相信原子存在。'这句话一直回荡在我脑海里。"[39]

尽管两位物理学家在原子存在的问题上属于对立阵营，但他们因对形而上学的不信任而联合到了一起。玻尔兹曼不是拐弯抹角的人："尽管我对自己投身哲学感到有些不安，但哲学家们似乎对干涉科学毫无顾忌……我第一次遇到哲学家是在很久以前，当时我不知道他们的话是什么意思，因此我试图更好地了解哲学的基础知识。"[40]玻尔兹曼选择的武器是棍棒而不是剑："为了直击最深处，我首先求助于黑格尔；但是，哦！我在那里发现的是多么晦涩空洞的胡言乱语啊！我的霉星又把我从黑格尔引到叔本华……"

叔本华当时在维也纳极受推崇。玻尔兹曼就像一头公牛向他迎面冲过去，引起了轩然大波。维也纳的听众沉醉其中，成群结队来听他的演讲，渴望得到更多乐趣和刺激。但是，在讲座后期，玻尔兹曼转向了数学基础，他很快失去了很多听众。"我的哲学讲座"，他沮丧地写道，"没有取得预期的成功。我谈到了集合论、非欧几何等等。事实证明，这对我的听众来说太过数学化了，很多人放弃了"[41]。但玻尔兹曼认为没有其他选择。他直截了当地说："数学对于科学，就好比大脑对于人。"[42]

然而，为什么数学对物理如此重要，这并不容易理解。毕竟，数学命题的真理性并不取决于感知数据。那么，数学又怎么会认同马赫的激进经验主义观点呢？玻尔兹曼说，"任何现象都无法用方程精确描述。所有方程都是一种理想化，强调共性而忽视差异，因而超越了经验"。[43]

原子和微分方程都是"超越经验"的抽象概念。这肯定会引发对马赫的疑虑。但玻尔兹曼并不赞同这种疑虑，毕竟他是实用主义者——顺便说一句，这个词最近在新大陆很流行。马赫将科学视为一种"经济的思维方式"的观点也没有说服玻尔兹曼。"我们不愿意把探索恒星的物理和化学本质、恒星运动和星际距离仅仅归结于'思维的节约'，更不用说显微镜的发明和疾病起源的发现了。"[44]

玻尔兹曼发表的哲学论述很少，主要见于他的《自然哲学原理》（*Principles of Natural Filosofi*，标题的拼写是为了取笑当时流行的一场改革德语拼写的运动，这场运动最终无果而终）。他的《哲学》讲座笔记直到他去世80年后才出版，但仍然没有落伍。

玻尔兹曼的许多思想似乎都非常现代 —— 例如，他对语言分析和进化论的兴趣。玻尔兹曼认为传统哲学已经被达尔文伟大的洞察力淘汰，事实上他渴望成为"无生命物质的达尔文"。早在爱因斯坦的广义相对论之前十多年，玻尔兹曼就开始思考空间是弯曲的这个想法。他的学生用可爱但相当笨拙的对句总结了这一点：

Tritt der gewöhnliche Mensch auf den Wurm, so wird er sich krümmen；

Ludwig Boltzmann tritt auf；siehe，es krümmt sich der Raum.

被人踩过的虫子会盘绕；

然而，遇到玻尔兹曼，空间自己会盘绕！[45]

玻尔兹曼的言谈举止给听众留下了庄重的印象，但在他内心深处，他在与哲学作斗争，并沉迷于自我怀疑。尽管他对哲学家说了许多尖刻的话，但他并不相信形而上学的问题已彻底解决。他备受形而上学折磨 —— 一种无法治愈的疾病。"形而上学似乎对人类心灵有不可抗拒的诱惑，尽管我们徒劳地试图揭开面纱，但这种诱惑并没有降低强度。压制我们与生俱来的哲学冲动似乎是不可能的。"[46]

寻找最终的慰藉

玻尔兹曼清楚意识到，提问的习惯，尽管通常是健康的，却可能导致人们执迷于无结果的伪问题，"就像婴儿变得习惯于吮吸乳房，最终它会心满意足地吮吸一个安抚奶嘴"。例如，总是寻找原因的本能冲动可能会导致我们去追寻因果关系背后的原因。这难免会越走越远，但是谁来告诉我们在哪里停止呢？哲学会吗？玻尔兹曼希望是这样："哲学的哪个定义以不可抗拒的力量强加在我身上？我总是忍受着那种可怕的感觉，像噩梦一样压在我身上，那些伟大的谜团，比如为什么我会存在，或者世界是否存在，或者为什么世界是这样而不是那样，将永远无法解决。在我看来，无论哪个科学分支，只要能成功解开这些谜团，就是最伟大的，是科学界真正的女王；这就是我所希望的哲学。"[47]

唉，真正的女王被放逐了，她的谜题没有答案。然而，这些谜团一直困扰着我们：

> 我的科学知识增加了。我接受了达尔文的观点，并从中认识到，我提出的这些问题是错误的，因为它们没有答案；但尽管如此，这些问题还是一再回来，并且咄咄逼人。如果这些问题是错误的，那么为什么它们不能被抛开呢？更糟糕的是，还有无数人紧随其后。如果感知背后还有别的东西，我们怎么才能知道它是什么呢？或者，另一方面，如果没有，是否意味着仅仅因为没有人在有意识地俯视，火星上的景观就不存在？如果这些问题都没有意义，那么为什么我们不能抛开它们，我们能不能一劳永逸地驯服它们？

最后这个问题比其他任何问题都更让玻尔兹曼头疼。不仅是没有合理的答案，也没有合理的问题！那么，我们为什么不能停止发问呢？

> 我目前的假说完全不同于那种认为有些问题超出了人类理解范围的学说。事实上，根据这一学说，意味着人类知识能力的不足或缺陷，而我坚持认为，这类问题的存在是感官的错觉。回答这些紧迫问题的冲动并没有消失，即使这些问题已经被认为是错觉，乍一看这似乎令人惊讶。显然，我们思考的习惯太根深蒂固了，以至于无法放手。
>
> 这正如众所周知的视错觉一样，即使在其原因已经明确之后，这种错觉依然存在。因此产生了不安全感，缺乏满足感，这种感觉压倒了一个敢于从哲学角度思考问题的科学家。

确实不安全。一个思想家如果不能控制自己的思想，那么他离疯狂就只有一步之遥。由于无法摆脱这种执念，玻尔兹曼睡眠不好，神经衰弱逐渐恶化。他的近视变得极为严重，以至于弹钢琴都得戴三副眼镜，一副叠着一副。头痛、疲惫、沮丧和可怕的焦躁不安使他的生活不堪重负。对他来说，思想变成了痛苦。

深受哲学困扰的玻尔兹曼求助于弗朗茨·布伦塔诺（1838—1917），这位具有魅力的思想家诠释了前拉斐尔派的哲学家思想。布伦塔诺曾经是天主教牧师，因此是专业的灵魂安慰者，这正是玻尔兹曼需要的。当布伦塔诺结婚时，他被迫辞去了维也纳大学的职务，这使他的学生们大为惊愕。他在那里非常受欢迎。在他的狂热追随者中，有一位名叫弗洛伊德的年轻大胆的医科学生。在他的一次演讲中，布伦塔诺认为谈论无意识是没有意义的。这位年轻的医科学生记下了这一说法，并对此另有想法，但无论弗洛伊德是否质疑，都没有削弱他对这位教授的钦佩。

马赫得到的哲学讲席其实就是布伦塔诺空出来的，并重新命名。然而离开大学后，布伦塔诺继续以个人身份讲课。他几乎不需要工资，因为他的妻子来自维也纳最重要的金融王朝之一利本家族。但后来她去世了，在那之后，他搬出了位于维也纳环城大道辉煌夺目的托德斯科宫，定居在佛罗伦萨城外的山上。渐渐地，他的视力衰退了。

玻尔兹曼请求布伦塔诺给予哲学上的帮助和指导，他写信给布伦塔诺："想要哲学化的强烈欲望就像偏头痛引起的恶心，想吐又没东西可吐。"但是，尽管感到恶心，他还是停不下来："哲学崇高、宏伟的任务是把事情弄清楚，最终治愈人类的偏头痛。"[48]

由于健康状况不佳，玻尔兹曼不得不经常取消他的讲座。泡温泉也无法缓解。在疗养院里，他写信给妻子说："我睡得很差，非常难过。要是有人来接我，我马上就走。他们不允许我自行离开。请过来，妈妈！或者派人来！请发发慈悲，不要向任何人征求意见，自己做决定就行了。请原谅我的一切！"[49]

1906年春天，玻尔兹曼不得不取消所有讲座。同年9月5日，他在亚得里亚海岸度假时自杀了，那里靠近杜伊诺城堡，一个怪异而浪漫的地方，诗人莱纳·里尔克后来在那里为他写下了著名的挽歌。玻尔兹曼的女儿外出回来，发现父亲的尸体悬挂在窗框上的一根短绳上。

在德国著名报刊《时代》的讣告中，他的前竞争对手马赫写道："在消息灵通的圈子里，人们都知道，玻尔兹曼不太可能再次上讲台。有人说需要时刻盯着他，因为他以前就试图自杀过。"[50]

布伦塔诺在写给马赫的信中回忆了他们共同的继任者玻尔兹曼，后者现在已先于他们离世："这位极具天赋的科学家既不缺乏哲学兴趣，也不缺乏对真理的纯粹热爱。然而，他陷入了多么奇怪的想法啊！你当然也知道很多他的事情，但可能不如我知道的多。就像他告诉我的那样，我是第一个有足够耐心听他讲完的人……而且说实话，这样做并不容易。"[51]

随卡戎而去

马赫年事已高，身体残疾，耳朵也越来越聋，但他比年轻的对手多活了10年。在他生前出版的最后一部重要著作是《认识与谬误》，这是根据他早期在维也纳大学的哲学讲座写的。马赫并不打算"引进一种新的哲学，而是要摆脱一种旧的哲学"。[52]后来，维特根斯坦和维也纳小组追求的也是同样的"卫生"目标：清洁马厩，让大脑透透气。

马赫强调，他"根本不是哲学家，而是科学家"，并且"如果科学家把探究者的有意识心理活动看作是动物的和在自然及社会中的人的本能活动的变种，即有条理地阐明、加强和凝练的变种，那么他会感到心满意足。"[53]

也许科学家在知道什么时候该停止方面比哲学家更明智："科学的进步几乎更多的是通过决定要忽略什么，而不是决定要研究什么。"[54]

在他的笔记中，马赫一次又一次回到他一生中最坚定的信念："科学的目标：将事实纳入思想，以及思想的相互容纳。"[55]"自我因人而异。它会改变，扩张，或者收缩。有时候，它完全消失了——不一定是在最不开心的时候。"[56]"感觉是所有可能的身体和精神体验的共同要素。有鉴于此，许多令人不安的伪问题就消失了。"[57]

这三句话为后人概括了马赫的立场。作为一种个人座右铭，他补充道："放弃废话并不意味着退缩。"

马赫是一位精力充沛的哲学家，他以一种宁静、近乎佛性的超然态度忍受着无法留存的自我。一位来访者写道："我面对的是一位已经克服了地心引力最后痕迹的圣人，他的眼睛里闪耀着基于广博的理解造就的坚定善意。"[58]创立了实用主义哲学的美国心理学家威廉·詹姆斯（1842—1910）在见到马赫后，热情洋溢地宣称："我认为，从来没有人给我留下过如此强烈的纯粹天才印象。"[59]

1913年，马赫搬进了他儿子在慕尼黑的家。他尽职尽责地向帝国科学院通报了自己地址的变更，并风趣地补充道："如果这封信是我的最后一封信，我只能请求你这样想，那个爱开玩笑的老家伙卡戎[1]已经和我去到了一个遥远的车站，那里还不属于国际邮政联盟。"[60]

1916年，恩斯特·马赫去世，享年78岁。在一份讣告中，爱因斯坦赞扬了他"浮夸的片面性"，并声称"即使那些自命为马赫反对派的人，也很难意识到自己像吸吮母亲乳汁一样吸纳了马赫的多少观点"。[61]

1.译注：卡戎，希腊神话中冥王哈迪斯的船夫，负责将死者渡过冥河。

第3章
早期的维也纳小组

　　　维也纳，1906—1914年：马赫和玻尔兹曼年轻的粉丝们在科学咖啡馆聚会。组成了各种团体，其中包括乌尔克瑞斯，没多久就解散了。事后看来它是维也纳小组的前身。理论科学达到了空前高度：爱因斯坦、罗素、希尔伯特提出了新的范式。旧维也纳发现了现代性。弗洛伊德、克里姆特、施尼茨勒挖掘得更深。著名作家警告说：我们飘浮在半空中。反间谍活动证实了这一警告。上校间谍在协助下自杀。

圈子的华尔兹

　　1910年前后，维也纳的沙龙和咖啡馆里到处都是讨论团体。其中一些最终对20世纪产生了决定性影响。艺术、科学和社会改革引发了激烈辩论。围绕着弗洛伊德、卡尔·克劳斯、古斯塔夫·克里姆特、维克多·阿德勒和施尼茨勒形成了各种圈子。主题从先锋派到犹太复国主义，从学校法到现代戏剧，从女权主义（虽然不是以这个名字）到精神分析，从城市规划到艺术史。在这个沸腾的大熔炉里，各群体之间的交流异常活跃。

聚在一起讨论哲学的圈子特别常见。其中之一是苏格拉底小组，以年轻的学者海因里希·龚珀茨为中心，他在马赫到维也纳就职过程中起了作用。这个小组的成员虔诚地表演柏拉图的对话。其他圈子则研讨康德、索伦·克尔凯郭尔或托尔斯泰。

这些圈子中有许多是活跃的维也纳哲学学会的分支，该学会由布伦塔诺的忠实追随者于1888年成立，以抗议他被迫从大学教席退休。布伦塔诺本人在哲学学会的就职演说中为他的追随者们制订了目标。目标很简单，就是避开传统的德国哲学，他认为那是"病态的"。

对追随康德的德国理想主义者的深深厌恶是贯穿奥地利哲学的一条主线。早在布伦塔诺之前，数学家和哲学家伯纳德·博尔扎诺（1781—1848），同样也是被迫辞去大学教席的牧师，曾呵斥道："德国人！你们什么时候才能最终放弃那些让你在邻居面前显得可笑和令人讨厌的怪异想法？"[62]

无论何时，只要有机会在哲学学会上演讲，玻尔兹曼总是会不时吹起这个号角。例如，他的一个讲座标题相当平淡，《关于叔本华的论文》，讲座开始时他随意提到，原本打算使用一个有点挑衅性的标题：《论证叔本华是一个乏味和无知的冒牌哲学家，四处散播废话，头脑永远颠三倒四》[63]。有趣的是，玻尔兹曼实际上是以彼之道还施彼身，因为叔本华正是用同样的话抨击黑格尔的晦涩著作。不过玻尔兹曼对黑格尔也丝毫不感兴趣。

图3.1　1910年的维也纳大学

小组的前身 —— 乌尔克瑞斯

　　在被哲学学会吸引的学者中，有一群年轻的博士生，他们热衷于在城里的各家咖啡馆会面。在1910年之前的几年里，这只是众多群体中不起眼的一个。然而，事后看来，人们意识到这个持续时间很短的小圈子其实是一条重要的纽带，纽带的一方是马赫和玻尔兹曼，另一方则是维也纳小组。当时没有人意识到这一点。毕竟，这些年轻人都是科学家，他们不认为自己是哲学传统的继承者，更不认为自己是哲学家。但是他们是在马赫和玻尔兹曼的城市长大的：这足以给他们留下一辈子的烙印。尽管马赫是睿智的象征，而玻尔兹曼则相反，但在对这一小群思想家的塑造中，两人扮演了同样的角色。

"说来可能奇怪，在维也纳，所有物理学家都同时是马赫和玻尔兹曼的门徒。而并非是马赫的崇拜者就一定反对玻尔兹曼的原子论。"[64]菲利普·弗兰克这样写道，他开始写博士论文时是由玻尔兹曼指导，直到导师自杀后才完成。半个世纪后，弗兰克如此描绘这第一个维也纳小组（后来被称为小组前身或乌尔克瑞斯）：

> 我加入了一个学生群体，我们每周四晚上在维也纳的一家老咖啡馆聚会。我们会待在那里直到午夜，讨论科学和哲学问题……
>
> 我们的兴趣很广泛，但我们不断回到我们的主要问题：怎样才能避开传统的模棱两可和不可理解的哲学？怎样才能把科学和哲学紧密联系在一起？我们所说的"科学"不仅指自然科学，还包括社会科学和人文科学。小组中最活跃的成员，除了我之外，还有数学家汉斯·哈恩和经济学家奥图·纽拉特。[65]

几十年后，哈恩和纽拉特成了维也纳小组的创始人，他们也很快会成为这个故事的中心人物。但当时他们还只是初出茅庐的年轻博士，在哲学上还很稚嫩。

汉斯·哈恩是维也纳一位法庭顾问的儿子。他曾在维也纳学习，获得博士学位后，他在德国哥廷根度过了几个学期，当时那里是所有数学家的圣地。弗兰克也有类似的经历。奥图·纽拉特则是维也纳一位教授的儿子，他大学的大部分时间都在柏林学习经济学、社会学和历史。正是他确保这个小组前身不会忽视社会科学和人文科学。

在维也纳，纽拉特和哈恩曾就读于同一所学校。奥图对女性有敏锐的洞察力，他注意到了哈恩的妹妹奥尔加（1882—1937），这个聪明的女孩立志成为维也纳第一批学习数学的女性。奥图并不是简单地调情。当年仅22岁的奥尔加失去了视力，陷入抑郁的深渊时，奥图主动帮助她走出忧郁，组织私人辅导，最终让奥尔加获得了数学博士学位。

关于这第一个维也纳小组，人们知之甚少。其中可能还有理查德·冯·米塞斯，他在维也纳技术大学学习机械工程后，投身于开发水轮机。后来，冯·米塞斯成为维也纳团体在柏林的前哨。这个年轻人有傲慢的自信。一份关于他的博士论文的评论抱怨道："这篇论文以神启的风格写作，对读者毫不谦虚。"[66]

不管谦虚与否，小组前身的这些年轻人都决心在各自领域开辟自己的道路。此外，他们都对精确锁定所有科学知识的真正基础有浓厚的兴趣，因此他们热衷于阅读任何能为这个主题提供养分的哲学。

巧合的是，所有这些年轻的思想家都是犹太人，他们必然会敏锐察觉维也纳日益增长的反犹主义，这种令人厌恶的祸害威胁着弗洛伊德、茨威格和施尼茨勒，在他们的思想和梦境中不断追逐他们，并导致西奥多·赫茨尔（1860—1904）转向犹太复国主义。不仅仅只有犹太人谴责猖獗的种族主义。"换一个皇帝，情况会好转吗？"年迈眼花的布伦塔诺在给年迈的马赫的一封信中问道。似乎没有这种可能性，他接着说：只是在不可能的奥地利帝国中，不可能的事情总是在发生。[67]

小组前身的所有成员也都属于维也纳大学哲学学会：汉斯·哈恩1901年加入，弗兰克1903年，纽拉特1906年，奥尔加·哈恩1908年。

小组前身的年轻思想家们积极参与了哲学学会激烈的反形而上学运动。他们不是专业哲学家，但这并不重要：作为咖啡馆哲学家，他们受到哲学学会的热烈欢迎，并被允许随心所欲地发表演讲或参与讨论。于是，哲学学会成了他们的第二个家，或者说是第三个家，因为他们的第二个家是咖啡馆。

以哈恩、纽拉特和弗兰克为中心的小组很快就分散到四面八方，没有留下任何印迹。毕竟，这些年轻人都有自己的事业。他们的小组只是维也纳现代主义盛大焰火中的一个小插曲，如果不是在20年后复兴，早就被彻底遗忘了。

爱因斯坦

小组前身成员们在咖啡馆桌子上延续到深夜的讨论没有留下任何书面记录。历史甚至没有记载咖啡馆的名字。但是不难猜到他们的讨论可能涉及哪些关键人物：海因里希·赫兹、庞加莱、希尔伯特、罗素……

还有一位在德国出生的年轻人，瑞士伯尔尼的专利审查员，他正准备让物理学坐上疯狂的过山车。他就是阿尔伯特·爱因斯坦（1879 — 1955）。

正是爱因斯坦在1905年终结了玻尔兹曼和马赫的辩论。从此以后，原子是否存在不再有疑问。诚然，它们仍然是不可见的，但围绕它们不再有争议。在完成这一惊人成就的过程中，爱因斯坦并没有使用什么新仪器。他依靠的是思想，思考一个众所周知的现象：布朗运动。

早在1827年，苏格兰植物学家罗伯特·布朗（1773 — 1858）就注意到，悬浮在液体中的微小颗粒不断以随机方式来回跳动，就好像有生命的微小生物。但它们不是生物。布朗发表了他的观察结果，但是对这种令人困惑的行为没有给出任何解释。（同经常出现的情形一样，布朗的发现也由另一个人独立发现了 —— 这次是荷兰生物学家简·因赫霍斯，他在40多年前就写过这方面的文章 —— 但尽管如此，这个发现还是被称为布朗运动。）

爱因斯坦假设，可见粒子无法预测的翻滚运动是由构成周围液体的小得多的粒子不断碰撞造成的 —— 换句话说，是与不可见的原子或分子碰撞造成的，在当时，原子或分子是否存在仍然是一个争论激烈的问题。但是爱因斯坦通过对观察到的可见粒子抖动的随机运动数据进行仔细的统计计算，设法推断出了周围看不见的微小粒子的大小和速度。这个巧妙的分析证明是反原子论者棺材上的最后一颗钉子，爱因斯坦所描绘的原子很快就在法国物理学家让·巴蒂斯特·佩兰（1870 — 1942）进行的后续实验中得到了充分证实。

图3.2　"爱因斯坦以一种比哥白尼更为深刻的方式改变了我们的自然知识的终极基础……指引我们到达这些顶点的是爱因斯坦。通过惊人的敏锐分析，他清除了几个世纪以来最基本的科学概念中一直被忽视的隐藏偏见。"（莫里茨·石里克）

虽然马赫对爱因斯坦的论点进行了些许抵抗，但他的观点注定没落。从那以后，除了科学史学家，原子假说这个术语就没有人用了。

在爱因斯坦关于布朗运动的解释发表后的第二年，玻尔兹曼自杀。和摩西一样，玻尔兹曼在他的应许之地回到了他的造物主身边，但不幸的是，不清楚他是否知道他对原子的观点最终被证明是正确的。另外，奥地利出生的物理学家马利安·斯莫鲁霍夫斯基（1872 — 1917）以前是玻尔兹曼研究所的学生，离开维也纳后在利沃夫（现在属于波兰）担任教授，他也独立得出了与爱因斯坦相同的结果。

玻尔兹曼显然已经接受了这个事实：有些人宁愿说"相应的心理表征构成了观察到的现象的简单而有用的图像"，也不愿说"原子是存在的"，即使这两种说法几乎意味着同一件事情。

在他生命的最后几年，玻尔兹曼花在哲学学会的时间比花在物理研讨班的时间还要多。他意识到他的地盘 —— 经典物理学 —— 的全盛时期已经基本结束了。电子、X射线，尤其是被称为黑马的放射性，预示着一场革命随时可能到来。这尤其是爱因斯坦的革命。

爱因斯坦与小组前身的科学新秀年龄相仿。他是一个严肃而坚定的年轻人，15岁时从慕尼黑高中辍学，放弃了德国国籍和犹太教信仰。一年后，他相信自己已经学会了所有需要的东西，申请了苏黎世理工学院（现在是联邦理工学院），但令他震惊的是，他没有通过工程系的入学考试。这对他是个沉重的打击，但是年轻的阿尔伯特没有气馁，他入读瑞士小镇阿劳的一所中学。第二年，他通过了考试，被苏黎世理工学院录取；1900年，他以教学文凭毕业。

为了维持生活，他开始教授私人数学和物理课程，但收入微薄。"我想给我的孩子们请一个家庭教师，而不是一个苏格拉底"，一个愤怒的客户解雇时这样说他（传说是这样）。最终，在朋友的帮助下，爱因斯坦在伯尔尼专利局找到了一份助理审查员的工作，级别可能是最卑微的三等技术专家。

正是在这个最不可能的地方，天才的爱因斯坦像超新星一样爆发了。1905年，也就是获得博士学位的那一年，这位卷发的专利审查员接连发表了4篇开创性论文，不仅证明了原子的存在和建立了相对论，还提出了一个匪夷所思的观点：光，尽管是波，却是由粒子组成。

最后提到的这篇论文，发表于爱因斯坦奇迹年（1905年）的3月，实际上是那一年的第一个成果，它提出了一个假说，爱因斯坦自认为是他最具革命性的想法。它是如此具有革命性，以至于在很长一段时间里，没有人把它当回事 —— 甚至连他的崇拜者也不重视。就此而言，小组前身也不例外。尽管如此，这个故事还是必须讲出来，因为它对每一个声称能够描述科学实际是如何运作的理论都是一个挑战。

爱因斯坦的论文题为《关于光的产生和转化的启发式观点》，一开始就指出了一个简单但并不明显的类比，即所谓黑体的电磁波谱（一个只包含光波的真空腔，腔壁温度保持恒定）和充满理想气体的容器中的分子速度分布（麦克斯韦−玻尔兹曼分布）之间的类比。这个类比使得爱因斯坦在经过几页的数学思考之后得出一个惊人的结论：在某种难以理解的意义上，光一定是由粒子组成的。

这个假说比普朗克之前在1900年提出的关于黑体系统中存在量子能量的假说要激进得多。普朗克的观点限制了物质对象可能的振动方式，是有史以来第一个量子假说，尽管它令人惊讶，很难与之前的定律相一致，但似乎并没有对整个物理学大厦构成很严重的威胁。

但是光具有粒子性的说法绝对是有威胁的。根据麦克斯韦在19世纪60年代中期发表的伟大方程式，以及大约20年后海因里希·赫兹（1857—1894）的伟大实验（以及无数其他证据），任何对光有所了解的人都确信：光就是波；事实上，这个事实是一个不可动摇的支柱，当时的大量物理学研究都建立在这个支柱上。因此，当爱因斯坦提出光可能是由粒子组成时，就与几乎所有经典物理学彻底决裂。这种异端邪说确实威胁到了整栋大厦。

爱因斯坦知道他正在黑暗中迈出巨大的一步，因此，他在论文的结尾提出了他的"启发式观点"，他以附录形式简要提出了检验他大胆的光量子假说的3种方法。他的3个可能的测试中有一个涉及光电效应，即当光照射到金属板时，电子可能会跳出来，也可能不会，这取决于1905年还不清楚的各种因素。

这个效应其实在不久前已被发现了。事实上，德国人海因里希·赫兹早在1887年就注意到了这个现象，当时他正在进行一系列实验，最终证明了麦克斯韦的光是电磁波的理论！从赫兹的观点来看，这种影响只是一个恼人的麻烦，对他的实验有轻微的干扰，但最终这个小麻烦将被看作麦克斯韦伟大的理论盔甲上的第一个小裂缝。这极具讽刺意味：同一个实验，既确证同时又削弱了19世纪物理学最伟大的一部分！

尽管人们时不时讨论赫兹的光电效应，但在1905年，大多数物理学家并不十分关心它。然而，爱因斯坦凭借其一贯的直觉天赋，设计了细致的实验，让人们能利用这种奇怪的效应来证实或反驳他的光量子假说。因此，他基于他的假说做了一个预测——一条简单的直线——关于未来的光电效应实验会得到怎样的结果。有趣的是，爱因斯坦在他的论文中指出，他所预测的直线与当时能得到的最好的光电效应实验数据相冲突。因此，他的论文不是解释这些数据，而是预测不同的数据。爱因斯坦有自信吗？他的提议不仅违背了所有已被接受的关于光的理论观点，而且与他声称可以证实他的假说的实验数据相矛盾。

普朗克和其他物理学界人士对爱因斯坦光量子论文中的论点表示完全不相信。事实上，在那之后的许多年里，没有人引用它，也没有人接受它的观点，爱因斯坦是世界上唯一相信光可能具有"粒子"性质的人（也许除了他的妻子）。甚至非常推崇爱因斯坦的普朗克在1913年谈到他这位年轻得多的同行时也说："有时候，例如在他关于光量子的假说中，他可能在推测中做得太过火了，对此不应过多责难他，因为如果没有偶尔的冒险或风险，就不可能实现真正的创新，即使是在精确科学领域。"[68]

在爱因斯坦论文发表10年后，美国物理学家罗伯特·密立根在一本关于光电效应的名著中描述了他如何以异常高的准确度证实了爱因斯坦的直线图，但随后他（错误地）声称，现在爱因斯坦自己已经放弃了光量子假说。为了强调实验结果的深刻奇异性，密立根补充说："实验已经超越理论，或更准确地说，在错误理论的指导下，它发现了似乎是最有趣和最重要的关系，但是其中的原因还没有被彻底理解。"[69]

1922年，奇怪的转折发生了。最终，爱因斯坦被授予了诺贝尔物理学奖。但是奖励的是什么成果呢？因为证明了原子的存在？不，那已经是过去式。光量子？当然不是！没有人相信这种愚蠢的想法！相对论？狭义还是广义？还是两者兼而有之？不，也不是这样，尽管他在相对论方面的研究颠覆了物理学，让他在全世界变得家喻户晓。爱因斯坦获得诺贝尔奖是表彰"他对理论物理学的贡献，特别是对光电效应定律的发现"。这个诺贝尔奖毫无意义，因为当时只有爱因斯坦自己认可得出光电效应定律的推理，尽管这个定律本身已经被密立根在几年前的高精度实验中完美地证实了。

然而，到1923年，情况发生了巨大变化。那一年，美国实验学家阿瑟·康普顿发现了光线被电子散射时的一个异常现象（光的波长发生了变化），这是麦克斯韦方程无法解释的，但是用爱因斯坦关于光量子（后来被化学家吉尔伯特·刘易斯改名为光子）的"错误"观点可以完美解释。突然之间，世界各地的物理学家开始重新思考他们对爱因斯坦1905年"启发式观点"的下意识拒绝，很快所有人都张开双臂拥抱它。

从那以后，物理学家不得不使用两个相互矛盾的对光的认识；麦克斯韦式的电磁波和爱因斯坦式的光子，似乎彼此不相容，但两者都用上才能完整描述。这种本质的二重性在物理学史上绝对是前所未有的。

那么，光到底是什么呢？波粒二象性无法解释。但也许解释并不是物理学理论的终极目标。早在1905年，爱因斯坦就小心翼翼地提出了一个"启发式观点"，意指这是一种心智工具。他煞费苦心地避免猜测光的本质。

相对论

回到1905奇迹年。光量子论文发表仅3个月后，爱因斯坦就发表论文宣布了狭义相对论。尽管它同样具有高度的革命性，但对于大多数物理学家来说，理解和接受它要容易得多。许多人都为它的简洁和深刻的结合而激动不已。

大约3个世纪前，伽利略已经认识到，一个物体的运动只能**相对**于另一个物体来测量。换句话说，测量位置或速度需要一个所谓的**参照系**。在相对移动的两个参照系中，赋予移动物体的速度不一致。在一个参照系中静止的东西可以在另一个参照系中移动。一只在飞机里嗡嗡叫的苍蝇似乎对乘客来说速度相当低，但对地面上的人来说速度非常快。这似乎是显而易见的。但是测量结果表明，光的速度与你从哪个参照系测量它无关。真空中的光**只有一个固定的速度**，不管你在哪里或你如何移动。飞机内部的一束光对于乘客和地面上的人来说具有完全相同的速度。

理性的人怎么可能相信这种骗人的把戏？从哥白尼和他的追随者开始，人们已经熟知地球以每小时约10万千米的速度绕太阳运行，但新的实验清楚地表明，这种运动丝毫不影响光速。

　　另一个明显的异常是，对于磁铁相对于电路移动和电路相对于磁铁移动。电磁学的标准理论似乎给出了不同的解释，这真的很奇怪，因为只是从两个不同的角度来看待同一件事情。

　　这些已知物理定律中的深层次异常使得爱因斯坦对空间、时间和速度的概念有了全新而深刻的认识，这反过来又启发他修正了同时性概念。如果两个观察者想就"同时"发生两件事的意义达成一致，他们就需要同步他们的时钟。而同步需要交换信号。即使信号以光速传播，也需要时间。结果是，对于一个观察者来说，两个同时发生的事件对于另一个高速移动的观察者来说，可能发生在不同的时间。换句话说，处于不同移动参照系中的人们对于两个事件是否都在"现在"发生会有不同看法。

　　爱因斯坦用他关于空间和时间的新思想重写了经典力学的方程，瞧！"以太"从理论中消失了，被虚空取代。尽管人们不能再谈论"绝对空间"（意指假设的不运动的参照系），但由于爱因斯坦的洞见，现在有了一个绝对速度——真空中的光速，不管是在什么参照系中测量。

　　随后在对结果进行反思时，爱因斯坦又推导出了物理学中最著名的方程：$E = mc^2$，将能量 E、质量 m 和光速 c 联系到了一起。爱因斯坦在奇迹年发表的最后一篇论文中宣布了这一发现。

　　令人欣慰的是，爱因斯坦在那辉煌的一年对物理学做出的 4 个颠覆性的贡献并没有被他的同事忽视。1906 年 4 月 1 日，他在瑞士专利局获得晋升：从三等技术专家晋升为二等技术专家。

爱因斯坦没有操作任何实验仪器就得到了这些惊人的结果。尽管他的理论是革命性的，但它们都牢牢根植于当时的科学哲学 —— 马赫、赫兹和庞加莱的思想。

赫兹和庞加莱

海因里希·赫兹的遗著《力学原理》（出版于1894年，也就是他英年早逝的那一年）与马赫的《力学的科学》一样具有影响力。赫兹强调了数学模型在描述科学事实中的作用。他的观点是，我们不需要对现象有直观的机械论理解。我们所需要的是能够通过计算和测量来检验模型。

法国著名数学家亨利·庞加莱（1854 — 1912）在《科学与假说》一书中进一步发展了赫兹的思想。在他看来，自然法则是人类思维的自由创造，目的是以一致的方式将观察到的事实联系起来。几个不同的模型可以描述同一组观察结果；当这种情况发生时，选择一个模型而不是另一个模型纯粹是出于一种惯例，即选择看起来更简单和方便的模型。没有客观的"事实"。诸如力和电荷之类的抽象概念则只能通过它们的使用方式来定义。追问"在它们之下"是什么，或者"在现实中"是什么，是无用的形而上学。

因此，在绝对空间中静止的以太的概念 —— 这是庞加莱空间和时间理论的核心概念 —— 与物理观测完全可以一致，只要我们假设标尺沿运动方向缩短，而且在移动时，时钟会慢下来。早在爱因斯坦之前，庞加莱就已经理解了让时钟同步需要借助电磁波信号。通过引入一个他称之为**本地时间**的概念，他甚至能够像爱因斯坦那样解释所有效应。因此，他的理论与爱因斯坦的理论是并行的替代品。然而，相对论被证明比庞加莱的以太理论优雅和实用得多，并最终被选为约定俗成的理论。或者，如果你愿意的话，可以将爱因斯坦的理论看作真理，而将庞加莱的理论看作一次伟大的尝试，但是几近失败。

　　这个案例在科学史上是一个惊人的讽刺：庞加莱无意中成了他自己声称的科学真理只是约定俗成的完美例子。存在两种不同的理论——他的理论和爱因斯坦的理论——具有同等的预测能力（至少对当时可以做的实验是这样）。庞加莱曾经离发现相对论很近，但是他却发展了以太理论。这一决定实际上是押错了赌注——这一点很耐人寻味，因为他在《科学与假说》一书中写道，"毫无疑问，以太总有一天会被认为是无用的"。

希尔伯特

　　所有物理学理论都依赖于数学。但是数学又依赖什么呢？自欧几里得以来，任何有分量的数学理论（至少在理想状态下）都被认为由定理组成，这些定理是从一组公理出发通过严格的逻辑推理得到的。公理是直接给定的命题。但是根据什么给定的呢？谁给定？

　　在欧几里得的时代，几何学的公理被认为是显而易见的，也就是说，我们的空间直觉给出了证明。但是直觉可能是靠不住的。此外，希腊人已经注意到，欧几里得的一个公理并不像其他公理那样显而易见。这个公理——也就是所谓的**平行公理**——指出，在平面上，对于任意直线 L 和不在 L 上的每一点 P，只存在一条包含 P 且不与 L 相交的直线。这条直线是通过 P 点与 L 平行的唯一直线。既然直线一直延伸下去，就没有人能够从一端到另一端沿途观察它们；那么，我们怎么能够确定这两条直线不会在我们视线之外的某个遥远的地方相交呢？

两千年来，为了规避这个问题，几何学家们一直试图从其他更简单、更直观的公理逻辑推导出这条公理。然而，他们的艰苦努力没有成功，到19世纪初，数学界逐渐意识到这些努力可能永远不会成功。一些数学家开始认为，要严格证明平行公理可能是不可能的。

大约在同一时间（19世纪20年代），两位大胆的数学家（匈牙利的波尔约和俄罗斯的罗巴切夫斯基）意识到，如果用其他公理替代平行公理，让穿过 P 的直线有**许多**条不与 L 相交，就可以得到另一种几何学 —— 非欧几何 —— 通过直线外一点有**许多**平行线而不是只有一条。它的定理乍一看很怪异，而且与熟悉的欧氏几何存在令人迷惑的差异 —— 例如，在新的几何学中，三角形的三个角之和总是小于180度 —— 但关键在于，从整体上来看，这种几何的定理集的一致性毫无问题。从纯逻辑的观点来看，这两种几何同样正确。

这表明，原则上，所谓的"几何学"公理和定理与人类的直觉无关。我们人类对点和线的想象，我们对它们"是什么"——或者说它们的本性 —— 的感觉，严格说是我们的私事。当我们在空间中移动时，这些直觉在日常生活中当然有用，但是对于抽象推理的几何学家来说，重要的是所谓的**点**和**线**这些纯理论对象是如何根据人为给定的公理以及从它们逻辑演绎出的一组定理相互联系起来的。简而言之，几何学与我们所在的物质世界可以毫无关系。

图3.3　"通过大量准备工作，希尔伯特着手在地基上建立几何学，地基的安全
性从未受到过直觉的威胁。"（莫里茨·石里克）

大卫·希尔伯特（1862—1943）是当时数学界的领军人物，他极力主张这一观点。希尔伯特出生于普鲁士柯尼斯堡，这里也是康德的故乡。

希尔伯特小时候并不是神童。正如他后来透露："我在学校不怎么学数学，因为我知道我以后会学的。"[70]年轻的希尔伯特并不着急。他知道如何放眼长远。

他还具有锁定目标的才能。无论是代数、分析、数论，还是应用数学领域，希尔伯特从没失败过。用法国人的话说，他被赋予了le coup d'oeil（致命一击）的天赋。1895年，希尔伯特到哥廷根大学任职，成为杰出的天才高斯和黎曼的继任者。不久他就成功把这个小小的大学城变成了闪耀全球的数学和理论物理中心，在接下来的四十年里无出其右者。

希尔伯特的著作《几何基础》成了数学理论现代概念的典范。这本薄薄的书极其严谨地为欧氏几何提供了公理框架，没有任何依赖直觉的东西。诀窍很简单。基本概念根本不定义，只给出它们之间的相互关系。例如，希尔伯特略去了欧几里得的命题"点是没有部分的东西"，但保留了"任何两点都在一条直线上"。

问点和线到底是什么和问棋子到底是什么一样没有意义。谁在乎呢？重要的是背后的规则。基本概念本身的意义无关紧要。希尔伯特直截了当地说："与其把这些东西叫作'点''线'和'平面'我们还不如把它们叫作'桌子''椅子'和'啤酒杯'。"他的俏皮话成了数学界的口头禅。

在物理学中也是一样的，但是有所不同。有些人认为，理想的物理理论应该效仿几何学。也就是说，公理的角色将由某些基本定律承担，这些基本定律在数量上要尽可能少，在结构上要尽可能简单，这些定律将物理学最基本的概念相互联系起来。从这些公理出发，我们可以逻辑推导出大量结果，就像数学那样。只不过物理学的目的是揭示真实世界的事实，因此物理学的概念必然与测量关联，因此基本定律的推论必须通过仔细的观察来验证。

因此，有一个**物理**几何学与各种数学几何学并存。物理几何学描述了实际的空间，并且它应当适用于，例如，刚体的角、边和面。因此，人们可以构造由金属棒组成的物理三角形，并测量它们的角度之和。如果这个和偏离了180度，我们将面临两种选择：要么我们的空间不是欧氏空间，要么我们的杆不是直线。我们喜欢哪种选择是一个共识问题。哪种传统最适合我们由我们决定。

物理学的公理会是什么样的呢？概率公理？有没有机械方法可以检查数学命题并判断它是对还是错？1900年在巴黎举行的国际数学家大会上，希尔伯特向数学界提出了23个深奥的问题，前面这些问题位列其中。希尔伯特希望在21世纪初至少看到他提出的一些问题得到解决。其中一些问题至今没有解决。它们都对这个领域产生了持久的影响。

罗素

在19世纪，数学被无情地折磨，用钢铁般的逻辑进行规训。不仅直观诉求被新的严格性取代，而且逻辑推理本身也被严格化，并为严格性铺路。事实上，数学家们很快发现，他们需要的不仅仅是老式的亚里士多德逻辑。为了满足他们的需要，英格兰的布尔（1815—1864），德国的戴德金（1831—1916），和意大利的皮亚诺（1858—1932）发展了各自版本的纯粹符号逻辑，以使最复杂的数学证明的形式化成为可能。这种趋势被德国逻辑学家弗雷格（1848—1925）发明的"概念文字"推到了极限。

年轻的伯特兰·罗素（1872—1970）同样将目光投向了建立数理逻辑和将逻辑学转化为数学的双重挑战。

图3.4　"罗素的哲学思考方式的价值怎么高估都不过分。我坚信这是未来的方法——这是唯一能够实现莱布尼茨梦想将数学的严格性用于处理哲学问题的方法。"（莫里茨·石里克）

罗素出生于英国贵族家庭，他的祖父曾两次担任首相。父母早逝，小贝蒂在虔信宗教的祖母的严格管束下长大。在进入剑桥大学攻读数学之前，他接受家庭教师辅导。多年来，对精神疾病的恐惧一直困扰着他。在他的家庭里曾发生过这样的事情。幸运的是，数学冷酷的确定性让他摆脱了自杀的阴霾。

但在1902年，罗素发现了一个悖论，使人们对这种冷酷的确定性产生了严重怀疑。更令人担忧的是，这是集合论中的一个悖论——在那个时代，集合论开始被用作数学的基石，数学的其余部分都建立在其上。真是场灾难！

集合由元素组成。元素本身又可以是集合，就像文件夹可以包含其他文件夹一样。我们可以很容易想象一个集合，它将自身作为一个元素包含（例如，所有集合的集合；它本身也是集合）。当然，许多集合并不包含它们自己（例如，所有猫的集合；这个集合不是一只猫）。

那么，所有不包含自己的集合的集合X呢？X包含它自己吗？如果包含，那就不包含；如果不包含，那就包含。仔细解释一下，如果X不包含自己，那么按照X的定义，X就是X的元素之一，因此它包含自己；反过来说，如果X包含自己，那么按照它的定义，它就不是X的元素，因此它不包含自己。这种无法避免的是与否之间的摇摆很令人不安。

德国哲学家库尔特·格雷林（1886 — 1942）提出了一个相关的悖论。格雷林曾与库尔特·哥德尔共事过一段时间，他是所谓的柏林小组的成员，柏林小组是一个与维也纳小组关系密切的哲学家团体。格雷林是犹太人，死在奥斯维辛集中营。

他的悖论是这样的。如果一个词准确地描述了它自己，那么它就是自我描述的。形容词wee（短小）很短小，因此是自我描述的。而形容词huge（大）并不大，因此是非自我描述的。还有一些例子。pentasyllabic（五音节词）正好有五个音节，因此是自我描述的；另一方面，bisyllabic（双音节词）不是两个而是四个音节，因此是非自我描述的。形容词recherché（法语：罕见）是很罕见的，因此是自我描述的，而形容词unpronounceable（不可读）是完全可读的，因此是非自我描述的。

那么现在我们新创造一个形容词non-self-descriptive（非自我描述），这个词是自我描述的吗？如果是，那就不是；如果不是，那就是。这也是一个令人不安的事态。

罗素用理发师的例子来解释他的悖论：理发师给村里所有不自己刮胡子的人刮胡子。理发师自己刮胡子吗？如果他刮，那么他就不刮；如果他不刮，那么他就刮。我们再次面临令人不安的局面。

罗素将这个新的悖论告诉了逻辑学家弗雷格，弗雷格目瞪口呆。他立刻意识到自己的整个理论已经完全被破坏了。弗雷格的《算术基本定律》第二卷就要出版了，修改手稿已来不及了。弗雷格所能做的就是加上一个后记。直到今天，这个后记仍然是知识分子诚实品质的典范："对于一个科学作家来说，最难堪的莫过于，在作品完成之后才发现大厦的基础不牢固。"

为了摆脱悖论的致命魔爪，罗素发明了**类型论**，这种理论禁止任何集合包含它自己（或两个集合相互包含，等等）。这种更为谨慎的方法，再加上其他人精心设计，形成现在已更为流行的集合论方法，使得克服罗素悖论成为可能。

凭借1903年出版的《数学原理》一书，30岁的罗素成为当时最著名的逻辑学家。他的书传达了一个信息：数学应该以逻辑而不是以其他任何东西为基础。罗素和年长的数学家阿尔弗雷德·怀特海（1861—1947）一起对这个宏伟的计划进行了详细研究；他们合著的《数学原理》在1910年到1913年间出版了3卷。这套书成了数理逻辑的圣经。"1+1＝2"定理的证明出现在第二卷，但它是用一种定制的复杂符号写成的，对于大多数读者甚至大多数数学家来说，都很晦涩难懂。

在《数学原理》中，罗素悖论似乎已经被驯服，但它所引起的不安依然存在。我们能确定没有其他未知的悖论潜藏其中吗？如果逻辑本身不可靠，那么逻辑证明再详尽又有什么用呢？

庞加莱用一个寓言描述了这种局面：数学家就像牧羊人，试图用高高的栅栏围住羊群，保护它们不被狼吃掉。没有野兽能穿过栅栏。但是如果有一只狼藏在栅栏**内**呢？

因此，希尔伯特为新世纪提出的23个问题其中的一个就是：我们如何确保数学中不存在隐藏的矛盾？

职业生涯阶梯

罗素、庞加莱、普朗克、希尔伯特和爱因斯坦：与这些崇高名字联系在一起的哲学革命激发了维也纳小组前身在咖啡馆的讨论。但很快这个群体就解散了：汉斯·哈恩1911年前往切尔诺维茨大学任职，菲利普·弗兰克1912年去了布拉格大学。理查德·冯·米塞斯早在1909年就成了斯特拉斯堡大学的教授。年轻科学家如果想在学术界有所成就，就必须时刻准备追随远方的召唤。

当然，这一点也适用于爱因斯坦。他的职业生涯第一段很短：从伯尔尼专利局到苏黎世大学，在那里他成为一名副教授。同龄的维也纳物理学家弗里德里希·阿德勒也可以申请同一职位，而且苏黎世的社会民主党肯定会支持他；但是，阿德勒决定不申请，他很清楚爱因斯坦有多么杰出，他们在学生时代就认识。

两位物理学家很快成了好朋友。他们住在同一栋楼里，晚上常常在一起。"我们的生活轨迹几乎是平行的，"弗里德里希·阿德勒在给父亲的信中写道[71]。事实上，这些相似之处很神奇：他们几乎在同一时间结婚，两人都是与来自东欧的学业优异的学生结婚；他们的孩子年龄相仿，经常一起玩；他们在同一个教授手下做博士，这个教授让他们俩都很恼火；他们有着相似的波西米亚生活方式；他们的科学和政治观点非常接近。

作为爱因斯坦的翻版，阿德勒完全有理由成为维也纳小组前身乌尔克瑞斯的成员；只不过他当时不在维也纳。事实上是他的父亲——奥地利社会民主党的创始人维克多·阿德勒——担心他在国内会因为政治而分心，坚持把他送到国外学习。年轻的阿德勒同爱因斯坦一样在苏黎世学习数学和物理。毕业后很快以物理学家的身份崭露头角，脑子里充斥着马赫式的想法。正如马赫拒绝相信原子一样，阿德勒也对最近发现的电子持怀疑态度。毕竟，这些新奇的假想粒子比原子更小，更难看到！

1911年，爱因斯坦被布拉格大学马赫曾任职的研究所提供的理论物理学教授职位吸引，离开了苏黎世。爱因斯坦推荐阿德勒作为他在苏黎世的继任者。然而，阿德勒拒绝了，因为他当时对政治已经比对物理更感兴趣。他父亲的远见得到了证实，唉。

　　阿德勒回到维也纳，投身于社会民主党的事业。他把物理学搁置了一段时间，酸溜溜地指出"我在那个领域的想法被证明是其他物理学家无法理解的"。但很快，他的新同事们就开始（起初是开玩笑地）抱怨他的思维过于数学化，他已经成为"逻辑病"的牺牲品[72]。

　　爱因斯坦也喜欢政治，但是不像阿德勒，他不可能放弃他的初恋，那就是物理学。然而，在被任命为奥地利的教授之前（当时布拉格还属于奥地利），他被要求明确宗教信仰。到底哪种宗教，完全取决于他自己，但他必须信仰**某种**宗教；老君主弗朗茨·约瑟夫坚持这样要求。因此，爱因斯坦欣然签名成为"以色列"教的一员。

　　当时他已经开始着手大幅度扩展相对论。**狭义**相对论之所以被称为"狭义"，是因为它有**局限性**，因为它只适用于以匀速相对移动的的观测者；**广义**相对论希望更加全面，涵盖以任意方式相对移动的观测者。（很多人不知道"狭义"一词是在广义理论形成之后才用于早期的相对论，以表明早期的理论是狭义的，意指仅适用于小得多的情形。）

　　爱因斯坦将相对彼此匀速运动的框架推广为任意运动的框架，意味着他把焦点转向了相对彼此加速运动的框架。爱因斯坦以他一贯的精准直觉，认识到引力和加速度具有深刻关联。这种认识源于他注意到牛顿万有引力定律的一个特点。爱因斯坦注意到的特点非常简单，自从牛顿以来，任何人都可以做到，但是不知为什么，没有人注意到。

一个极为重要的想法就在每个人的眼前，却三百年来没有被注意到。爱因斯坦发现这个美丽的贝壳在沙滩上无人理会，他把它捡了起来。

爱因斯坦注意到的是，任何物体都会受到与其质量成正比的引力（根据牛顿的万有引力定律），然而，它对引力的抵抗（实际上，对任何牵引力的抵抗）**也**与其质量成正比（这就是牛顿第三运动定律的含义）。这种巧合——如果算是巧合的话——意味着质量在这两种效应中相互抵消了。结果就是，如果不同的物体受到同一个引力场作用，它们会沿着相同的轨道运动，与它们的质量无关。

就算是这样又怎样呢？爱因斯坦回忆起他在苏黎世学生时代学习的知识，同样的说法也适用于处于**加速**参照系中的物体，例如，一个箱子从空中落向地球，其速度不断增加。奇怪的是，一个被困在如此危险的箱子里的观察者，仅仅通过观察箱子里的物体，无法判断箱子是否在空中静止，因为所有的物体都会飘浮，好像没有重力，好像根本没有任何力作用在它们身上。（这就是今天众所周知的"失重"现象，我们都在空间站宇航员的视频中看到过，但在那个时候，这种现象闻所未闻，甚至是不可想象的——除了爱因斯坦。）

反过来，如果箱子被一个不断加速的魔法天使往上拉，那么对于里面的观察者来说，物体就会像箱子在地面上时一样掉到地板上。简而言之，在天使拉动的箱子里以前所未有的速度在太空中航行的场景，看起来和在地面上的箱子里的场景没有区别，只不过是在地球（或者月球、木星等等）的引力场中。

通过这两个基于他所注意到的巧合的思想实验，爱因斯坦得到了一个重要的认识：加速度和引力是完全类似的。事实上，他更进一步，大胆地跳到结论，它们不仅**类似**，而且实际上是**无法区分**的。凭借这个洞察，他在两个表面上毫无关联的常见现象之间，建立了出乎意料的联系。他把这个全新的想法称为"**等价原理**"，后来他在回顾这个想法的发现时，称之为"一生中让我最快乐的思想"。

加速度是一种运动现象，因此与空间和时间有关，也因此与四维几何有关。这样爱因斯坦就发现了几何和物理（尤其是万有引力）之间一个深刻却从未被认识到的关联。但是，这种深刻关联的具体性质是什么呢？爱因斯坦花费多年时间致力于这个谜题，试图用精确的方程来表达这种关联。这时，他发现希尔伯特也在为同样的问题苦恼，而希尔伯特显然是更资深的数学家。然而爱因斯坦毫不气馁，也丝毫没有松懈。并且，从他一直崇拜的马赫的思想中获得了启发。

马赫认为物体的惯性是由宇宙中遥远的恒星决定的，因此它取决于整个空间的质量分布。这听起来很模糊，但对爱因斯坦来说，这似乎指向了正确的方向。爱因斯坦将其命名为**马赫原理**。解释一下它的原理，假设你在北极，想要测量地球的自转。你可以用两种不同的方法来做这件事：要么观察任何一颗星星（除了北极星）发出的光线，因为它的轨迹在你头顶上方形成了一个完整的圆圈；要么设置一个钟摆，观察它的摆动面慢慢旋转，就像科学馆里的傅科摆一样，直到它回到最初开始的地方。有趣的是，这两个测量结果是一致的。

1910年9月，爱因斯坦前往维也纳申明自己的宗教信仰并确认布拉格的任命，他利用这个机会拜访了住在郊区寓所的马赫。这是在马赫去世前六年。这位老学者因中风而跛足，现在耳朵也聋了，他热情地接待了这位年轻的革命者。多年来，马赫一直希望见见这位新奇的相对论的发现者。他已经要求菲利普·弗兰克向他解释时空。

爱因斯坦与马赫的讨论不可避免地涉及原子假说和科学哲学。物理学的一般规律真的只不过是观测结果的某种经济性有序吗？当爱因斯坦听到马赫说是**逻辑**意义上的"经济"而不是心理意义上的"经济"时，他松了一口气。这比他从马赫著作中得到的预期印象更接近他自己的观点。至于原子的存在性，马赫承认，这个想法确实是经济的，因此在科学上是有效的，只要它可以将本来孤立的一系列观测关联起来。爱因斯坦意识到，马赫的这个表态是一个相当大的让步，所以他也很体贴地没有再继续追问。同一天下午，他还拜访了著名的维克多·阿德勒，他的好朋友弗里德里希的父亲。

爱因斯坦觉得布拉格很美，但他没有在这座城市久留，尽管他很高兴地注意到那里的教员会议比城里的戏剧更有趣。在离开这座伟大的城市时，爱因斯坦公开表示，与传言相反，他在那里并没有遇到反犹主义。这是他第一次代表他所谓的"部族"发声。

1912年，爱因斯坦回到苏黎世，这次是作为正教授；然而，不久后，这位四处游历的相对论提出者再次搬家，这次去了柏林的皇家物理研究所，今天的马克斯－普朗克研究所的前身。因此，他自动重新成为德国公民。德意志帝国为这颗无可争议的物理学新星提供了理想的条件。维也纳的记者刻薄地指出，在奥地利，没有任何机构能够与皇家物理研究所向其研究人员提供的条件相比。

在爱因斯坦的推荐下，玻尔兹曼的前弟子，小组前身的骨干菲利普·弗兰克成为爱因斯坦在布拉格的继承人。

弗兰克的朋友、数学家汉斯·哈恩早在1911年就离开了维也纳，在切尔诺维茨大学担任教授。切尔诺维茨大学于1875年在哈布斯堡帝国遥远的边疆建立。后来，人们激烈地争论这个民族熔炉是属于乌克兰、波兰，还是罗马尼亚。但在1911年，切尔诺维茨是属于哈布斯堡王朝。这是他们的王国之一，布科维纳公国的首都。这在当时是显然的事实！因此，刚刚就职的哈恩教授可以安心结婚。他选择的女士是莉莉·迈纳，她和哈恩的妹妹奥尔加是第一批获得数学博士学位的维也纳女性。

哈恩在切尔诺维茨的帝国和皇家弗朗茨约瑟夫大学任职，是到边远省份获得常规资历的典型策略，如果一切顺利的话，这条迂回的路径最终会让一位正在崛起的科学家，经由布拉格或格拉茨等地积累资历，最终成为维也纳大学的校长。就好像维也纳的舞台演员必须一级一级往上爬，才能登上城里最显赫的维也纳城堡剧院的舞台。不用说，许多教授和演员都在半途止步不前。

然而，年轻的哈恩似乎从未怀疑过自己有一天会回到维也纳。事实上，在他启程开始自己的边省之旅前夕，他向咖啡馆的朋友们宣布，等他回来，他们就恢复每周四晚上的讨论，但那时候将"得到一位大学哲学家的支持"。[73]

有趣的是，大约15年后，这一切真的实现了。

维也纳的现代氛围

毫不奇怪，虽然有了罗素、希尔伯特和爱因斯坦，小组前身关注的哲学问题对于大多数同时代人来说仍然晦涩难懂。绝大部分公众注意到的充其量只是报纸上耸人听闻的标题，比如维也纳最著名的报纸《新自由报》的一则报道："极度危险的一分钟：一种数学上的感觉"[74]。

这个神秘的短句，当然，暗示了来自相对论的奇怪概念。但在其他领域，科学家们也发现了"轰动性"的新成果，这些成果深刻影响了在第一次世界大战前成长起来的激进现代的一代人。

技术进步带来了惊人的创新。无线电信号连通了大陆；X射线可以让人窥探活的生物；比空气重的机器将胆大的飞行员送上了天空。

与此同时，科学的基础变得越来越抽象和难以理解，它们的潜在用途似乎越来越晦涩。古斯塔夫·克里姆特在1900年至1907年间为维也纳大学绘制的著名壁画表现了这种不安。哲学、医学和法学院各有一幅。

克里姆特那些阴森的画引发了抗议，画面上裸体男女在神秘的虚空中孤独地飘荡。他曾被要求描绘光明战胜黑暗。毕竟，哲学大楼是科学研究所的所在地。因此，人们期望这位艺术家对进步做出正面的赞美。而他呈现的是他自己对所有科学革命的可怕教训的震惊：人**不是**万物的尺度——远非如此。在一个广袤而且完全陌生的世界里，人类只是畸形的偶然。

图3.5　哲学（古斯塔夫·克里姆特的壁画）

维也纳议论纷纷。很多人忿忿不平，报纸也急切地加入争论。在哲学学会，艺术史学家弗朗茨·维克霍夫（1853—1909）就克里姆特的绘画作了一次题为"什么是丑？"的演讲。在演讲中，他为克里姆特辩护，然而，他的大多数教授同事无法在克里姆特恶魔般的壁画中辨认出他们热爱的科学。他们中的许多人，包括玻尔兹曼在内，签署了请愿书以示抗议。

最后，彻底失望的克里姆特取消了合同，并返还了预付款。当然，钱已经花掉了，但他得到了一些私人赞助，其中包括维特根斯坦的父亲。克里姆特再也不会接受来自国家的委托。今天，我们了解克里姆特不受待见的壁画的唯一途径是复制品；原作在第二次世界大战结束时全部被党卫军摧毁。

在第一次世界大战前的几年里，现代艺术引起的轰动并不比现代科学逊色，维也纳的知识青年尽情享受着两者。最善于挑起先锋派热点的是那些定期聚集在文学与音乐学术联盟的学生。这个团体在每个热点中都有出现，无论是阿道夫·卢斯简洁光滑的建筑，阿诺德·勋伯格的十二音体系，或奥斯卡·科科施卡丰富多彩的绘画。

小组前身的热烈讨论必然在这种浓厚的文化背景下进行。毕竟，旁边咖啡桌坐的就是艺术家。而且，汉斯·哈恩的妹妹路易斯是一名画家，菲利普·弗兰克的弟弟约瑟夫是一名建筑师。年轻的科学家们完全融入了世纪之初的热列氛围。

现代世界观的朴素功能性影响着文学和建筑，就像它对科学的影响一样。装饰和感性主义被认为是老一辈可疑的遗产。新的主流风格是实事求是、务实、有条不紊和干净利落。浓密的胡须和束身胸衣作为过时的遗存被抛弃了。

科学的魔鬼之眼

年轻作家罗伯特·穆齐尔（1880 — 1942）属于对科学非常着迷的这一代。他对感性的姿态不感兴趣。他热爱数学的无情，他称之为

"科学的魔鬼之眼"。[75]他建议，在阅读两部德国小说之间，一定要计算至少一个积分，这样才能减压。

　　穆齐尔曾在布吕恩学习工程学，他的父亲是那里的一名教授。这个聪明的年轻人不仅精通数学，而且因为恋爱而迷恋数学。他后来写道，他确实"选择爱上了艾尔莎·冯祖贝尔"，一位数学家的女儿[76]。然而，他深深的迷恋却毫无结果。迷人的艾尔莎小姐移情别恋（她的名字实际上是贝尔莎！弗洛伊德博士会如何看待这个问题呢？）。她嫁给了一位大公，为了得到她，他放弃了自己的头衔和收入。虽然已到现代，但轻歌剧从来没有离我们太远。

　　1902年，穆齐尔离开了"卡卡尼亚"。这是他给双重君主制（奥地利帝国和匈牙利王国）起的名字，因为中央机构都署名为k.k.，发音为"ka-ka"，代表帝国和皇家（kaiserlich-königlich）。当然，所有人都很清楚穆齐尔的"卡卡尼亚"尽管听起来很高贵，其实是"粪堆尼亚"的意思。

　　穆齐尔搬到了柏林，在那里学习数学、物理、心理学和哲学，最终在1908年获得了博士学位。他的博士论文题目是《马赫学说赏析》，论文这样开头："科学家说的话很重要，因为今天无论在哪里，精确哲学都在探讨形而上学或知识理论的问题。从哲学家的头脑中全面浮现世界图景的时代早已过去。"[77]

　　尽管穆齐尔博士对科学赞赏有加，但他不是科学家。早在学生时代，他就写了一部小说《学生托乐思的迷惘》。其中一个迷惘是由于"虚数之谜，一个可以用来进行计算但显然并不存在的数"。

第一部小说很受好评。于是穆齐尔拒绝了成为格拉茨大学助理教授的机会，决定全身心投入写作。他后悔这个决定吗？不幸的是，他的文学生涯很快陷入了停滞。最终，穆齐尔不得不接受维也纳技术大学图书管理员的工作。不过这正好给了他大量时间写作。

但很快他就感到极度不安。我们后面还会反复遇到的精神病学家奥图·帕尔茨（1877—1962）诊断他患有严重的神经衰弱。穆齐尔辞去了可能过于轻松的工作，回到了柏林。在那里，他为一家著名出版社工作时，曾试图说服一位来自布拉格的不知名年轻作家修改其提交的一个离奇故事，结果徒劳无功。这个离奇的故事被命名为《变形记》，作者名叫卡夫卡。

1913年，穆齐尔发表了文章"数学人"，反思罗素引发的危机。穆齐尔开篇提到数学思维在创造主宰日常生活的所有机器中的重要作用。然而，他强调，所有这些数学思维并不是由实际的工程需求驱动的，而是纯粹出于对数学的好奇。前面这一段的论调并不出奇。但随后穆齐尔发生了转变：

> 突然，数学家们——那些在最深处沉思的人们——在整个结构的关键处发现了一些有深刻缺陷的东西，一些根本无法修复的东西；他们实际上直接看到了底部，发现整个（数学）大厦飘浮在半空中。但是这些机器还在运转！因此我们不得不认为我们的存在是一个苍白的幽灵；我们生活在其中，但只是基于一个错误，没有这个错误，它永远不会出现。今天，没有什么感觉能与数学家的惊人

体验相比。

"飘浮在半空中"：穆齐尔似乎在描述克里姆特壁画中的人物恍惚的飘浮体验。但是一些坚定的人仍能保持头脑清醒。事实上，正如穆齐尔所写，"数学家们以堪称楷模的方式忍受着这种知识丑闻 —— 也就是说，他们对自己粗鲁的理性充满信心和自豪。不能让任何反对者认为，在他们的领域之外，数学家们的大脑又陈腐又愚蠢，容易被他们的逻辑所左右。在那里，他们不是专业人士，而在他们自己的领域，他们正在做我们应该在我们的领域做的事情。他们的作为堪称典范；他们是未来知识分子的理想榜样"。

维也纳作家胡戈·冯·霍夫曼史塔（1874 — 1929）虽然不像穆齐尔那样清楚科学危机，但他同样意识到"整个结构的关键部分存在严重缺陷，根本无法修复"。他写道："我们的时代注定处于不断滑落的东西之上，我们意识到，前几代人认为坚固的东西是不可靠的。"[78]

就在穆齐尔写"数学人"的同一年，k.k.王室被一桩间谍案震惊了，这件事审查者无法掩盖，尽管他们想这么做。原来负责反间谍工作的阿尔弗雷德·雷德尔上校一直是俄罗斯情报部门的间谍。因此，他的工作是与自己作斗争。或者，再次借用一下庞加莱的比喻，牧羊犬原来是一头狼。

当骇人听闻的事件曝光后，雷德尔一位好心的同事偷偷给了他一把枪。雷德尔现在的任务是处决自己。他自杀了，留下了许多未解之谜。

有一个问题从未被提及：奥地利特勤局（官方称为证据局）是否偶然提供了"能与数学家的惊人体验相比的感觉"？的确，用穆齐尔的话来说，如果一个人"直接看到了底部"，他同样会看到"整个大厦飘浮在半空中"。

雷德尔上校的丑闻一定说服了维也纳人 —— 如果他们需要被说服的话 —— 那就是绝对的可靠是妄想。

事实上，"卡卡尼亚"的基础已经开始崩溃。

第 4 章
小组开始运转

　　维也纳，1914 — 1922 年：东线崩溃。曾经追随爱因斯坦的弗里德里希·阿德勒在午餐后枪击首相。爱因斯坦请求法官赦免阿德勒。阿德勒认为爱因斯坦错了。战争中受伤的数学家哈恩从军队退役，回维也纳就职，续写与哲学的青春往事。慕尼黑法院谴责战争经济学家纽拉特教唆叛国罪。纽拉特被驱逐回维也纳，他声称可以在海上重建船只。出生于柏林的爱因斯坦学者莫里茨·石里克掌管了维也纳小组，在奥地利面对黯淡的未来。周四晚的讨论开始举行。

新的维度

　　如果一个人脚下的土地开始崩塌，他就必须抓住一些东西。k.k.的将军们坚持战争计划，尽管他们知道俄国人对他们了如指掌。他们可能推断，既然俄国人知道奥地利人知道俄国人知道奥地利人的计划，沙皇军队肯定会预料计划有变，如果没有变，他们会感到惊讶。

　　这种推理失败了。在 k.k.部队正式集结之前，东线已四分五裂。

没过几星期，切尔诺维茨就被俄国人打败了。因此，1914年夏末，汉斯·哈恩失去了他的家和弗朗茨约瑟夫大学的工作，这一切在不久前似乎都还很安稳。他的妻子莉莉和小女儿诺拉不得不到维也纳寻求庇护。

哈恩应征加入了k.k.军队。1915年，在意大利前线，他被一颗子弹击中。子弹卡在椎骨里，离脊髓太近了，外科医生不敢移除它。在医院住了几个月后，哈恩离开了军队，那颗子弹将在身体里陪他度过余生。

尽管前景黯淡，哈恩重新开始了对无穷维空间的数学研究，一个充满希望的新研究领域打开了大门。哈恩和他的波兰竞争对手斯蒂芬·巴拿赫一起成了泛函分析的创始人。

对于外行来说，构想四个维度就很难了。但是数学家们不再依赖直觉。在二维空间中，用2个数字表示一个点的坐标；在三维空间中是3个数字。用一组坐标来替换空间中可视化的点，可以说是剥夺了空间的深度，但是计算不需要深度。即便我们无法想象，还是可以计算。

为什么要局限于2个或3个坐标轴，不能是4个、5个，或100个？数学家们喜欢一般化，所以他们忍不住去研究任意多维空间，甚至无穷维空间：这样的空间中的一个点对应一个无穷延续的坐标序列，就像π的十进制展开。我们可以将熟悉的距离和角度的公式推广到这个空间——尽管是抽象的——这样我们就可以做几何。计算取代

了直觉 —— 或者更准确地说，是辅助直觉；毕竟，数学家们无法不在脑海中描绘那些他们每天思考的对象。他们私下里偷偷地做。

神奇的是，人们发现泛函分析对物理学非常有用。例如，在玻尔兹曼的统计力学中，含有 10^{23} 个分子的气体的状态只不过是 6×10^{23} 维空间中的一个点。每个分子都可以用它在 3 维空间中的位置（3 个坐标）和速度（再加 3 个坐标）刻画。更重要的是，这种新分析方法 —— 将无穷序列甚至函数视为点 —— 在蓬勃发展的量子物理学中是不可或缺的。

对于在战争中受伤的哈恩来说，前景正变得光明。1917 年，他在波恩被任命为教授。在那里，他偶遇了自己在切尔诺维茨时期的一位同事，杰出的经济学家约瑟夫·熊彼特（1883 — 1950）。与那个时代的大多数经济学家不同，熊彼特相信精确定量方法的价值。作为年轻的博士，他还为此写了一篇论文，名为"论理论经济学中的数学方法"。

莱茵河畔的波恩大学毫无疑问很优秀，但哈恩还是不习惯那里的环境，从来没有在那里安顿下来的想法。此外，他宣扬和平主义也不受德国当局的欢迎。不过当时哈恩已在寻找下一个去处。维也纳大学有数学讲席即将空出来。这让他看到了一个黄金机会，可以重组他的哲学圈子 —— 以前的乌尔克瑞斯 —— 就像他多年前承诺的那样。

哈恩准备回家了。

差点不忠

汉斯·哈恩出生在维也纳所谓的二级社会。他成长于施尼茨勒传神描述过的世纪末的优雅环境，在文学沙龙里以含沙射影而诙谐的对话为特色，在音乐晚会上交换意味深长的目光，昏暗的咖啡馆里充斥着自大狂，在距离维也纳不远的山区度假胜地森梅林度过愉快的周末。

哈恩的父亲以记者和乐评家的身份开始职业生涯，后来升任电讯通讯社社长。因此，他属于公务员体系的最高阶层；毕竟，电报是当时最快的通信工具，是君主政体的传导神经，而这个君主政体的管辖区域仅次于俄罗斯。只要打开公务员名册，就会发现第一个名字是汉斯·哈恩的父亲。

图4.1 被哲学诱惑的汉斯·哈恩

　　父亲希望儿子学习法律，但一年后他转向了数学。回维也纳大学之前，他在斯特拉斯堡和慕尼黑学习了几个学期。为了获得博士学位和大学授课资格，他接受了当时已成为传奇人物的玻尔兹曼教授的考试。

　　哈恩在吸引人才方面有非凡天赋。他在大学里的第一个朋友圈子获得了"形影不离四人组"的绰号。除了哈恩自己，还包括古斯塔夫·赫格罗茨（1881—1953），他当时在学习数学和天文学，后来成为莱比锡和哥廷根的教授；海因里希·蒂茨（1880—1964），非常多才多艺的数学家，后来成为慕尼黑的教授；保罗·埃伦费斯特，赫格罗茨以前的同学，在玻尔兹曼的指导下，写了关于赫兹力学的博士论文，后来为量子力学和广义相对论做出了重要贡献。

　　在玻尔兹曼自杀后，为新编的《数学科学百科全书》写关于统计力学文章的任务就落到了年轻而优秀的埃伦费斯特肩上。

　　埃伦费斯特清晰的杰作成为物理学的经典。然而，与爱因斯坦截然不同的是，这位作者固执地拒绝宣称信仰任何宗教，因此无法申请弗朗茨约瑟夫帝国的教授职位。因此保罗和他天才的妻子达吉雅娜去圣彼得堡生活和工作了五年，但没有获得终身职位。最后，在爱因斯坦的推荐下，埃伦费斯特获得了莱顿大学的理论物理学讲席。在荷兰，教授可以随心所欲地成为自由思想者。

　　哈恩也受邀为《百科全书》撰写一篇文章——这是高职业声望的标志。他与希尔伯特以前的学生恩斯特·策梅洛合写了这篇文章。策梅洛曾经因为提出"循环悖论"而给玻尔兹曼带来无穷无尽的烦恼，他也独立发现了罗素的集合论悖论，甚至比罗素发现它还要早一点。（在科学上，经常会有用后面的发现者命名一个结果的情况。）哥廷根的策梅洛是将哈恩带入数学基础研究的理想人选，大约20年后，这项投资获得了很好的回报。

　　形影不离四人组在学生时代就分开了。哈恩成了另一个小圈子的中心，这个小圈子由年轻的博士组成。这就是乌尔克瑞斯。但即使形影不离四人组分开后，他们仍然保持联络。1909年，哈恩写信给在圣彼得堡的埃伦费斯特（现在叫作帕维尔）："去年我差点对数学不忠，被哲学的魅力所诱惑。它开始于庞加莱、马赫、赫兹，但随后出现了康德，并不可避免地引向亚里士多德和其同辈。今天，我的同事们谈论这些思想家时所表现出的蔑视，在我看来完全是荒谬的；许多人似乎天真地认为，一个名字在2000年后仍能像当年那样引起强烈共鸣的人，写出来的只是愚蠢的废话。"[79] 哈恩向埃伦费斯特吐露："我不容易被情绪影响。但是对于像你这么远的朋友，我得承认：有时候，在我短暂地试图深入研究亚里士多德的形而上学时，我感到敬畏——而且我很遗憾没有深入思考这些东西的机会。"[80]

　　在20世纪20年代的维也纳，哈恩为自己创造了一个"深入思考这些东西的机会"。数学教授职位的竞争一直很激烈，但最终，哈恩名列榜首，他没有错过这次机会。

新形式的浪漫主义

　　1920年的维也纳：这座城市已经失去魅力。皇帝不复存在，多民族帝国崩溃了。原定于1914年启动的地铁系统和通往波罗的海的运河等宏伟工程，由于战争不得不被搁置。奥地利帝国留下的是一个脑积水共和国，国家太小，首都太大，经济前景暗淡是普遍共识。大范围饥荒在战争第三年袭击了维也纳，并且没有在战争的苦涩余波中消失。由于传染病，特别是所谓的西班牙流感，人口大批死亡。画家古斯塔夫·克里姆特和埃贡·席勒已经去世，建筑师奥图·瓦格纳也已去世。国家财政支离破碎，甚至哈恩的前同事熊彼特，也从波恩回来，担任了一段时间的国务卿，发现自己无论如何努力都帮不上忙。什么都不起作用。对很多人来说，这就像是世界末日。卡尔·克劳斯写了一部苦涩的讽刺剧《人类的最后日子》，他说这部剧本打算只在火星的剧院上演。

图4.2　汉斯·哈恩的办公室在新物理大楼，靠近斯特鲁德霍夫阶梯

　　回国后，哈恩不得不卖掉从父亲那里继承的度假胜地森梅林的漂亮别墅。不过他还是保住了新瓦尔德克的房子，这是维也纳最优雅的住宅区之一，距离维也纳森林很近。咖啡馆比以往更热闹，维也纳爱乐乐团也没有降低水准。哈恩过去常常把乐谱放在膝上参加他们的音乐会。毕竟，他的父亲，已故的宫廷顾问，曾经是一位乐评家。

　　数学、物理和化学研究所大楼在战争开始前不久建成。它位于新命名的玻尔兹曼街，靠近优雅的斯特鲁德霍夫阶梯。小说家海米托·冯·多德勒（1896—1966）笔下的人物经常在这一带出没，他形容这栋建筑"华丽而神秘"。对他来说，它带有"某种只有最精确的科学才会散发出来的新形式的浪漫主义"。[81]多德勒属于"迷惘的一代"，他们如今占据着大学教室。

　　哈恩的两位数学系同事威廉·维廷格（1865—1945）和菲利普·富特文格勒（1869—1940）享有崇高声誉。但是富特文格勒从脖子以下瘫痪了，而且维廷格则彻底聋了，而且非常易怒。两个人都比哈恩大20岁左右，他们非常高兴这个精力旺盛的新人能分担一些工作。

　　教室里拥挤不堪。冬天没有煤取暖，也缺乏纸张印刷在维也纳备受推崇的期刊《数学与物理》。中断了好几年后，才由富有的维特根斯坦家族捐赠一笔款项恢复出版。与其他国家的科学联系也中断了。教授工资最多只能支付一个月账单的一半。这个新成立的国家摇摇欲坠，濒临破产，货币自由落体。

所有这些都不利于哲学小组的重建。但是声音洪亮的高个子男人汉斯·哈恩并没有放弃他的雄心壮志。

在他身边站着一个比他更高、更响亮的同伴，名副其实的高个子，哈恩学生时代的老朋友奥图·纽拉特。他也回到了维也纳，或者更准确地说，被赶回来了。

快乐最大化问题

这两个朋友，当时都是40岁左右，从德国回来时的境况却截然不同：哈恩接受了维也纳母校很有名望的讲席，而纽拉特则是在凌晨时分作为囚犯被驱逐出境，毫不客气地从哪里来回哪里去。作为慕尼黑一个短命的中央计划经济机构的创始人和主席，纽拉特试图在由巴伐利亚苏维埃领导的两个注定失败的政权引入"完全社会化"，也就是国有化。试验以惨败告终，德国旧国防军血腥镇压了这场试验。

从奥图·纽拉特有记忆以来，他就一直支持社会主义。他的父亲威廉·纽拉特从过去的下层阶级跃升为维也纳农学院（曾今的皇家农学院）的国民经济和统计学教授。老纽拉特毫不客气地一再批评自由主义经济体制。资本主义注定要灭亡。在他看来，私人竞争注定会导致生产过剩，从而以浪费、危机和痛苦终结。

奥图·纽拉特父亲的密友约瑟夫·波普尔（1838—1921）是一位声名远扬的维也纳怪人，也是马赫的密友，他也鼓吹同样的颠覆性观点。波普尔用笔名林基乌斯（"目光锐利"），以传教士般的热情宣称，国家有责任养活其公民。这样的观点在当时极不寻常，只有维多利亚晚期英格兰的费边社和其他一些梦想家才对此进行过谨慎的探讨。波普尔－林基乌斯撰写了关于社会乌托邦的论文，并配以朗朗上口的标题，如"生存的权利和死亡的责任"。纽拉特在这样的影响下长大，从小就热衷于支持计划经济和废除货币。

在维也纳学习了两个学期的数学和哲学后，纽拉特于1900年选择去了柏林，一个充满自信和活力的无与伦比的城市。即使你不是德国人，你也会相信这个世纪将是德国的。在这个拥挤的大都市里，纽拉特学习民族经济学、社会学和历史。他的博士论文是关于古代世界的经济学，尤其是基于物物交换而非货币的社会。

图4.3　红头发的奥图·纽拉特

父亲去世后，回到维也纳的奥图以最直接和痛苦的方式体验了没钱的感受。为了维持收支平衡，他不得不卖掉继承的 13000 本书中的大部分，并填写了申请国家资助的表格。

1907 年，纽拉特接受了维也纳新商学院的教员职位。正是他，在乌尔克瑞斯的咖啡馆辩论中，确保人文学科永远不会被忽视。此外，在哲学学会的会议上，他也热衷于阐述自己的观点。

这位年轻的煽动者在他的演讲《快乐最大化问题》中提出了效用主义的全新视野。同一时期，弗洛伊德在他的星期三社团的会议上宣布了著名的"快乐原则"（即追求快乐的本能）。但是，与弗洛伊德不同的是，纽拉特并不关心人类灵魂的最深处。他感兴趣的不是个人，而是社会；在他看来，评判一个社会要看它是否成功地优化了其中总的快乐。如果在这个问题上没有达成共识（这似乎是可能的），那么"关于组织社会的最佳方式的不同观点将不得不诉诸斗争，看哪种观点会占上风"。[82]

这个有着火红色头发的高大年轻人很受女士们的青睐。还是一个极为自信的学生时，他就与著名的瑞典作家爱伦·凯（1849—1926）产生了浪漫关系。1907 年，他与比他大 6 岁的马克思主义女权主义者安娜·夏皮尔（1877—1911）结婚。施尼茨勒在日记中精练地把她描绘为"哲学化的俄国人"。[83] 她与奥图的婚姻具有波西米亚气息，但最终以悲剧收场：安娜在生下他们的儿子保罗时去世。

半年后，奥图再次结婚。他的第二任妻子是他的旧情人：汉斯·哈恩的妹妹奥尔加，她20岁出头就失明了。他们两人甚至一起发表了几篇她的专业领域 —— 数理逻辑 —— 的论文。

然而，对于奥尔加来说，抚养奥图的儿子太难了，因为她的眼睛看不见，所以这个小男孩被送到了一个儿童之家，在那里长大。在他生命的最初10年里，他很少见到他忙碌的父亲。

在1909年后的一系列论文中，纽拉特创立了战争经济学。战争太频繁，影响太大，不能仅仅被视为市场均衡的偶尔扰乱。在其中纽拉特发现了中央计划经济的明显先兆。此外，货币也失去了交换媒介的功能，人们又回到了物物交换。纽拉特的论文把战争经济学放到了学术地图上。他的研究材料很丰富 —— 事实上，就在奥地利自己的后院：巴尔干战争相继爆发 —— 先是在1912年，然后是1913年。

纽拉特认为他的学科完全没有价值倾向 —— "就像弹道学一样，这门学科同样不取决于人们是赞成还是反对使用大炮"[84]。这位不墨守成规的年轻社会学家依靠创新思想获得了事业的成功。战争经济学似乎是很有前景的新学科。

当第一次世界大战再次在奥地利的后院爆发时 —— 这一次是由于奥地利人的错误 —— 人们对纽拉特新发明的研究领域的兴趣大增。但是纽拉特不得不在单调乏味的军队服役两年，然后才被调到战争部。在那里，他成为战争经济委员会的一名科长。

德国盟友也开始对他感兴趣，并任命纽拉特为莱比锡战争经济博物馆的创始馆长。博物馆的使命是宣传计划经济的重要性。在第一次世界大战的最后一年，纽拉特往返于维也纳和莱比锡之间，在此期间，他还获得了在海德堡大学授课的资格。著名的社会和经济学家马克斯·韦伯（1864—1920）据说非常器重他。

1918 年 8 月，莱比锡的新博物馆隆重开放了它的第一个展览——也是最后一个。展览的主题是敌人对德国和奥地利的经济封锁。的确，封锁造成了损失。德国和奥地利帝国崩溃了，博物馆也关闭了。

所有计划的计划

在纽拉特看来，战争的结束和随后的德国十一月革命提供了一个推进全面社会化的绝佳机会。他声称，主要工作已经完成：现在所需的是将已经实现的中央计划战争经济转变成适应和平时期需要的体系。

纽拉特首先在萨克森鼓吹他的计划，那里没有人理会他。然而，成功在巴伐利亚向他招手。这令人吃惊，因为革命运动在 1919 年 3 月的巴伐利亚选举中表现不佳，其领导人被暗杀；尽管如此，苏维埃（委员会）的战士和工人并没有退缩。一个由社会主义者领导的政府在慕尼黑合法掌权。它委托纽拉特建立一个中央经济机构，真正实现全面社会主义化。

在如火如荼的政治动荡中，纽拉特将所有精力都投入制订"所有计划的计划"[85]——计划经济的总体规划——的任务中。毕竟，这是他的梦想。4 月，一个苏维埃政权在慕尼黑仓促掌权，不久又被另一个政权推翻，在此期间他仍在为此奔忙。然而这些短命政权只不过是政治舞台上的昙花一现。当秩序恢复后，一波逮捕行动席卷了巴伐利亚。

图4.4　仇恨海报上的奥图·纽拉特

纽拉特的审前拘留持续时间和他在中央经济机构工作的时间差不多长：6周。

他的辩护理由很明确：他声称自己只是一个不关心政治的公务员和"社会技术人员"。许多知情者 —— 包括陪他经历慕尼黑混乱的盲妻奥尔加 —— 为他的意图的纯洁性做了担保。除了奥尔加，还有实业家和作家、主管德国战时经济的瓦尔特·拉特瑙（1867 —1922）；

发现新教伦理为资本主义埋下伏笔的社会学家马克斯·韦伯；奥地利社会民主党领袖奥托·鲍尔（1881—1938），所有这些人都写信为纽拉特开脱。曾与纽拉特在奥地利战争经济委员会密切合作的鲍尔在给法庭的信中写道：“凭良心说，他曾长期服务于 k. k. 陆军部，然后是一个中间偏左的联合政府，最后是巴伐利亚苏维埃共和国，是因为他相信这些政府能够实现他的社会技术计划。”[86]

战马归来

尽管有奥托·鲍尔的有利证词，纽拉特最终还是被判有罪。1919年7月25日，他因为同谋叛国罪被判处18个月监禁。不过，他还是要感谢自己的幸运星，因为他仅仅是被指控同谋叛国罪，而不是叛国罪本身，如果事情朝另一个方向发展，他很可能会掉脑袋。

纽拉特被判刑后不久，已担任奥地利共和国外交部长的奥托·鲍尔开始与巴伐利亚政府交涉释放这名政治犯。这导致了持续几个月的政府间争执。才华横溢的纽拉特利用监禁的时间写了一本书：《反对斯宾格勒》。德国历史学家斯宾格勒（1880—1936）于1918年出版了《西方的没落》一书，对德语世界产生了巨大影响。斯宾格勒关于高等文明的繁荣如同生命体和衰落不可避免的观点触动了敏感的神经，因为当时欧洲刚刚目睹了3个帝国的衰落。许多人已经尝到了世界末日的滋味，对进步彻底失去了信心；他们已经可以看到亚洲游牧民族愤怒地拍打城门，期待一场血腥的战争持续主宰世界。

然而，纽拉特对所谓诸神的黄昏嗤之以鼻。他强烈反对斯宾格勒关于衰落和崩溃的末世观点。纽拉特确信，可以采取措施避免这样的衰落。在《反对斯宾格勒》中，他写道（后来在各种场合中反复用不同的措辞表述）："我们就像水手，必须在海上航行时重建漏水的船只，没有机会另起炉灶。移走一根横梁，就必须立即换上一根新的横梁，用船的其余部分作为支撑。就是这样，依靠老梁和偶尔漂过的木头，船才能完成重建，一步一步重建。"[87]

这个隐喻并不新鲜。古希腊人就用它来问过：如果一艘船的所有木板都被一块接一块地换掉，那么这艘船是原来的船，还是新的船？纽拉特将这个隐喻从纯粹的谜题中提取出来，转变成了勇敢的形象，展现了人类不懈的奋斗。

多瑙河的君主政体瓦解后，奥地利社会民主党人继承了一些残留，他们的想法也是"一步一步重建"，就像这个水手寓言一样。然而，他们的联合政府没有取得什么进展。他们强烈的社会主义化动力慢慢消失了。奥托·鲍尔辞去了委员会负责人的职务；他还辞去了负责外交事务的部长职务，这个职务曾让他能代表奥地利与巴伐利亚就纽拉特进行交涉。他为实现这一目标所做的努力没有成功。

最后，安排纽拉特遣返奥地利的任务落到了总理卡尔·伦纳（1870 — 1950）的肩上。奥地利政府保证囚犯从今以后不再煽动任何形式的反对巴伐利亚当局的行为，纽拉特本人承诺再也不踏上德国土地。巴伐利亚政府希望确保一劳永逸地摆脱令人讨厌的维也纳人。德国历史学家卡尔·冯·穆勒谴责纽拉特是"来自奥地利的煽动家"，[88]他的话代表了很多人。

　　值得注意的是，这位历史学家此后不久就成为另一位奥地利煽动家的信徒，不过是完全不同的旗帜。在1919年，前下士阿道夫·希特勒还在慕尼黑的旧国防军中默默无闻地服役。就在那个时候，他发现了自己在政治演讲方面的非凡天赋，或者更准确地说，是煽动民众的天赋。5年后，在反对巴伐利亚政府的"啤酒馆政变"流产后，同纽拉特一样，他将被慕尼黑的一家法院判刑（监禁在一个条件恶劣的要塞）。这位未来的元首也和纽拉特一样利用被监禁的时间写了一本书（《我的奋斗》）。然而，与纽拉特不同的是，希特勒并没有被遣返回奥地利：奥地利政府不会接受这个想法。

　　未来不准介入德国的任何政治活动似乎没有给纽拉特造成多大损失。毕竟，在奥地利也有很多事情要做。于是他迅速投身于各种争论。

　　作家罗伯特·穆齐尔在纽拉特返回维也纳后的第一周遇到了他，他在日记中写道："他有一个笔记本，上面有很多条目。事情一旦处理完就划掉。他似乎一直在想着别的事情，但突然间他又说：'请向你妻子转达我的问候'——其实我们15分钟前还和她在一起。总是忙个不停，接触这个，接触那个，到处都有联系。"穆齐尔这样总结纽拉特："专业级的战马。而且具有爆炸性能量。"[89]

　　自始至终，纽拉特最喜欢攻击的目标是形而上学。他认为这是反动烟幕，无论是打着哲学唯心主义还是神启的幌子。纽拉特从不厌倦与资产阶级的这种狡猾工具作斗争，从1921年年初开始，他的妻兄汉斯·哈恩也和他在这场酣战中并肩战斗。

照单点菜的哲学家

这两个朋友当然不会错过哲学研究的新话题。自从战前时期的乌尔克瑞斯以来，发生了许多事情，为磨坊提供了丰富的原料。尤其是希尔伯特、罗素和爱因斯坦并没有闲着。仅此一点就足以成为重启昔日咖啡馆会议，回归科学哲学的理由。

但是还缺了某人：汉斯·哈恩一直希望有一位哲学教授能加入他们。他想的可能是他在维也纳的同事阿道夫·施查（1855—1921），马赫讲席的正式继承人。同玻尔兹曼和马赫一样，施查一开始是物理学家，但他的思想转向了语言分析。他写道："如果没有文字，就不会有废话，或者在最坏的情况下会有错误 …… 废话不能思考，只能说出来。"〔90〕今天，这听起来像是维特根斯坦的典型风格。因此，施查无疑会是小组的合适成员，但是他已经病入膏肓，不能再教书了。唉，他无法加入他们的行列。

哲学院刚设立了两个正教授职位。招聘委员会已经就位，现在它又收到了寻找阿道夫·施查的继任者的额外任务。新来的哈恩设法混进了委员会，虽然他是后来者。幸运女神在对他眨眼。

剩下的问题是任命谁。不过，在这一点上，哈恩有令人羡慕的条件，能得到无与伦比的建议 —— 来自爱因斯坦本人的建议。

爱因斯坦已经成为顶级名流。1921年1月，这位伟大的理论物理学家 —— 在许多人看来更像是一位梦幻般的小提琴演奏家 —— 在维也纳为学术界做了两次演讲，第三场面向大众。大众演讲的狂热拥挤难以想象。城里没有哪所大学有这么大的演讲厅，能容纳这么多人。因此，爱因斯坦的演讲被安排在维也纳音乐厅的大厅里。

门票在黑市上出售。这样的大型活动对爱因斯坦和维也纳公众来说都是全新的体验。幸运的是，一切都很顺利；这位物理学家对全神贯注的听众施了魔法。事实上，听众是如此着迷，以至于爱因斯坦快走下讲台了听众才意识到演讲结束了。正如报纸报道的："掌声开始得比较晚，但也更加狂热。"

菲利普·弗兰克，爱因斯坦在布拉格的继任者，也来到维也纳参加这个伟大的活动。这两位物理学家彼此很熟悉。因此乌尔克瑞斯在第一次世界大战前的三大支柱 —— 弗兰克、纽拉特和哈恩 —— 邀请爱因斯坦去维也纳最受欢迎的郊游地卡伦山冬日漫步。从那里望去，多瑙河畔城市的美丽全景看不出一丝衰败的迹象。市政厅高耸的尖顶与附近大学建筑厚重的屋顶形成鲜明对比。

极目远眺的平台已经就绪。如何将新时代的曙光与马赫的伟大旧时光关联起来？似乎四位科学家应当会谈论一下莫里茨·石里克，他在当时已经被称为爱因斯坦的专宠哲学家。石里克是柏林人，但很快他被证明是后来的维也纳小组的理想中心。

头条上的俄狄浦斯

在转向石里克并追随他前往维也纳的脚步之前，是时候讲述爱因斯坦和维也纳之间的另一个联系的故事了。这个故事讲的是维也纳物理学家弗里德里希·阿德勒。由于去苏黎世学习，他错过了参加乌尔克瑞斯的机会，但后来成了爱因斯坦的朋友，有一段时间几乎和他形影不离。在维也纳小组的故事中，这只是一个小插曲，但它却揭示了疯狂年代的精确思考的一个侧面。

阿德勒放弃了学术生涯，回到维也纳担任社会民主党秘书长。他的同志们很快开始称他为"逻辑学家"，因为他总是绝对严格地遵守自己的信念，毫不妥协，无论信念把他引导到哪里。因此，在第一次世界大战最激烈的时候，也就是1916年秋天，"逻辑学家"毫不妥协地遵守自己的信念，刺杀了k.k.首相卡尔·冯·斯特格赫伯爵。

此前伯爵决定宣布进入紧急状态，以便剥夺议会的权力。在阿德勒看来，似乎没有任何法律途径可以阻止专制主义统治的接管。因此，他决心犯下刺杀的政治罪行。他小时候看过席勒的戏剧《威廉·泰尔》，在瑞士度过的岁月并没有减弱他对这位传奇的暴君杀手的崇拜。

1916年10月21日上午，弗里德里希给母亲打电话，告诉她不要等他吃午餐。然后他直接去了梅思尔沙登餐厅，这家餐厅以煮牛肉和贵族顾客而闻名。城里所有人都知道，这里是首相每天中午用餐的地方。在确定他的猎物已经到了之后，阿德勒选择了附近的一张桌子，点了三道菜，以安抚紧张。然后他付了钱，小心翼翼地在口袋里拨开枪栓。

　　由于隔壁桌来了一位女士，出现了稍许意外。阿德勒耐心地喝着咖啡等了将近一个小时，直到她终于离开了餐厅。然后他站起来，拔出枪，走到首相面前，朝伯爵的头上开了几枪。在附近用餐的军官们甚至来不及去拿武器。一阵短暂的骚动过后，阿德勒交出了枪，等待警察的到来。他的眼镜在混乱中弄丢了，但是他的冷静没有丢。当警察问他为什么要枪杀伯爵时，他冷淡地回答说，这不关警察的事。他会在适当的地方做出解释。

图4.5　弗里德里希·阿德勒犯案

从被捕的那一刻起，阿德勒就坚持说他对自己的行为负有全部责任。正如他对检察官和法官们说的那样，"我并不是因头脑有问题进行这次暗杀"。他宣称，他的目标是"让人们开始思考"。如果他只是呐喊："打倒专制主义！我们要和平！"没有人会听到他的话。审查制度会确保这一点。但是他的枪声已经被听到了，他在审判中说的话也会被听到。如果要审判的话，就会这样。阿德勒的噩梦是被送往精神病院。如果那样的话，他的牺牲就是徒劳的。另一方面，阿德勒的家人却认为精神错乱是将他从绞刑架上救下来的唯一方法。

为了证明自己的精神状态完全正常，阿德勒在审前羁押期间继续研究物理学。他写了一本关于马赫的书，有时整晚写作。他的父亲维克多·阿德勒试图让当局相信，这种狂躁的过度活跃正好证明了他的儿子精神不正常。精神病学检查证实了父亲的诊断："轻躁狂和循环神经症。"这个家族曾经有过许多神经紊乱的例子。专家小组列出了五代人中的11个病例。但他们补充说，弗里德里希·阿德勒头脑清醒——仅仅是个狂热分子。

精神病学家朱利叶斯·瓦格纳-尧雷格（1857—1940）是负责这项工作的专家之一，十年后，他因治疗梅毒和疟疾的方法获得了诺贝尔奖。但在谋杀案发生时，瓦格纳-尧雷格正尝试用电击治疗弹震症，以此来为奥地利的战争出力。他的对手弗洛伊德勉强承认，这种方法有时候有效。

弗洛伊德自己没有介入阿德勒的案子，可能是因为他觉得自己离案子太近了。事实上，他现在世界闻名的地址——伯格斯街19

号 —— 曾经属于维克多·阿德勒。后者也曾是一名精神病学家，甚至在弗洛伊德的《梦的解析》中扮演了配角。这是一个小世界，在维也纳尤其如此。

但是在目前的情况下，弗洛伊德把尝试解码阿德勒父子关系的工作留给了他的追随者们 —— 他们有理由这样做。这是显而易见的：弗里德里希·阿德勒潜意识里想要杀死他父亲的愿望转向了君父 —— 皇帝；由于接近皇帝并不容易，接下来最好的办法显然是刺杀皇帝的首相。这是替代（Ersatzhandlung，用弗洛伊德的术语说是"转移"）的经典案例 —— 还能是什么呢？任何寻求意识形态或道德动机的人都是天真的傻瓜。例如，爱因斯坦。

过多的数学

事实上，爱因斯坦主动提出为他的老朋友弗里德里希作证，"他的无私使他陷入了困境"。[91]他甚至写了一封信给皇帝，请求陛下赦免杀害首相的凶手。这是一位新皇帝，因为弗朗茨·约瑟夫已经80多岁了，在斯特格赫伯爵被刺杀后几个星期就去世了。30岁的卡尔一世，命中注定也是最后一个卡尔，不太可能成为君父。

最后，爱因斯坦没有寄出他的信；他在草稿上添加了一些涂鸦，然后用宇宙学公式覆盖了整张纸的背面。但是他已经准备好做品德见证人，他甚至要求阿德勒以前在苏黎世的同事也这样做。此外，爱因斯坦接受了一家报纸的采访，赞扬了他的前同事的无私精神，并用1909年年轻的阿德勒的故事来说明这种品质，当时他撤回了自己在苏黎世的教授职位申请，转而支持另一位"更为优秀"的候选人。（爱因斯坦巧妙地回避了另一位候选人恰好是他自己的事实。）

阿德勒自己则在监狱里不分昼夜积极地寻找方法来驳斥他前同事的狭义相对论。经过持续的精神亢奋，阿德勒终于说服自己，他已经找到了更好的办法，基于一套特定的参照系。他确信自己已经达到了"物理学的顶峰"。

在等待审判期间，弗里德里希·阿德勒写道，他有了一个"对于目前的物理学，可以说是最伟大的发现"，[92]他父亲赶紧将这封信转交给精神病学家瓦格纳－尧雷格，作为证明他儿子精神错乱的新证据。瓦格纳－尧雷格立即召集了助手——包括曾诊断穆齐尔神经衰弱的年轻精神病学家奥图·帕尔茨——到监狱对弗里德里希·阿德勒再次进行检查。

犯人觉得忍无可忍。"我以朋友的身份向你吐露心声"，他痛苦地写信给他父亲，"作为回报，你给我送来了精神病医生！"[93]他愤怒地说，维克多·阿德勒试图挽救他儿子的生命，只不过是为了自己的政治利益。为了让弗里德里希冷静下来，他的父亲和律师不得不彻底放弃以精神失常为借口的想法。而且精神病学家也找不到任何理由改变他们的诊断。被告是个狂热分子，但他没有精神失常。

在审判中，弗里德里希·阿德勒处于巅狂状态。他直接宣布这次审判违宪。因此，他认为没有必要为自己的行为辩护。尽管如此，他还是尽最大努力去解释自己的动机：这本身就是这次行为的目的。**他**

不得不实施暗杀，因为这样他才能公开解释为什么他不得不实施暗杀。 这听起来可能像恶性循环，但实际上有自己的奇怪逻辑。

阿德勒的自辩花了 6 个小时。作为物理学家，他首先描述了从托勒密体系到哥白尼体系转换带来的观念革新。法官哀叹道："我们一定要听这个吗？"但阿德勒博士冷静地回应说我们今天生活在"相对论的时代"，然后坚持继续讲下去。他对法官说，你把人类看成是不同的**民族**，而我，被告，把人类看成是不同的**阶级**。这需要改变观念——就像俄国 1917 年 2 月发生的革命一样。当时阿德勒正在等待审判。

阿德勒提出了一个敏感问题。感染俄罗斯工人和士兵的思想可能很快会飞越无人区，侵入奥地利。"不要对着窗外说话！"法官命令。但是阿德勒是不会停下来的。他一步一步在法庭"证明"冯·斯特格赫伯爵终止宪法使他别无选择，只能暗杀。

阿德勒在申辩中还表达了他的行动与其说是对 k.k. 政府的抗议，不如说是对社会民主党反对派过于温顺的角色的抗议。他承认，他为奥地利感到羞耻，为他的父亲感到羞耻。很明显，这两者他都深爱。俄狄浦斯的思维并不是那么荒谬。的确，在老皇帝死后，整个国家都清楚意识到，维克多·阿德勒是唯一留下的父亲形象。

在对他儿子的审判中，维克多·阿德勒明确表示，弗里德里希一直是他最亲爱的人。他还补充说，如果奥地利的政治没有让你失去理智，这只意味着你没有理智。这个苍白的玩笑显然是企图请求弗里德里希原谅他竟然胆敢叫来精神病医生。

维克多·阿德勒继续解释说，他那善良的儿子之所以参与了暗杀行动，"是因为做了过多的数学"，而作为父亲的他从没想到会这样。他还提到，爱因斯坦曾报告说，他的朋友弗里德里希偶尔会想象他可以连根拔起树木。最后，维克多·阿德勒表示，"如果一个数学家画了一条线，他就相信这条线"，绝不会让自己偏离自己选择的道路。

事实上，当法官问被告为什么从来没有考虑过这对他的父母和孩子的影响时，弗里德里希·阿德勒傲慢地回答，政治暗杀无可否认是有问题的，但是"没理由把它留给无子女的孤儿来做"。从审判的第一刻到最后一刻，阿德勒都明确表示，他始终认为死刑判决是合理的。

他得偿所愿。弗里德里希·阿德勒被判处绞刑。

然而，年轻的君主将判决减刑为18年监禁。囚犯在维也纳上游多瑙河畔的斯坦监狱与爱因斯坦继续通信，内容是基于马赫思想的复杂论证。他甚至设计了一个实验来证明狭义相对论是错误的。爱因斯坦耐心解释了为什么它做不到。在给另一位朋友米歇尔·贝索的信中，爱因斯坦私下里描述弗里德里希·阿德勒是"死脑筋的犹太旧教徒，骑着马赫的老马死硬到底"[94]。贝索回答，"是的，但马赫的老马为你服务得很好"……虽然爱因斯坦没有被阿德勒的物理学说服，但一直高度尊重他的无私。"我很想知道"，他给狱中的朋友写信鼓励，

"我们中谁会先去拜访对方"[95]。结束所有战争的战争即将结束。

1918年秋，卡尔皇帝下令释放弗里德里希·阿德勒。这是对社会民主党的一种姿态。据说卡尔甚至派他的皇家汽车去接弗里德里希·阿德勒回家。弗里德里希的父亲坐在豪华轿车的后座，他是第一个欢迎他的"男孩"出狱的人。

这是英雄的凯旋。弗里德里希·阿德勒的相对论可能是大错特错，但他的政治计算却被证明完全正确。在刺杀事件发生后的最初几天里，政治左派谴责这个凶手是彻头彻尾胡言乱语的怪物（他怎么能对他的父亲做这样的事情！），但是没过多久，他就因自己的民主信念被人们奉为烈士。审判过程被详细报道。审查制度失去了效力，事实上，在阿德勒被定罪几天后，奥地利议会就恢复了。

还在弗里德里希·阿德勒入狱期间，德意志–奥地利共产党就让他担任该党的领导人。他的老朋友托洛茨基邀请他担任红军荣誉总司令。列宁甚至建议他接受彼得格勒苏维埃的总统职位：显然，列宁原谅了阿德勒10年前曾激怒他的马赫思想臭名昭著的软弱。但是弗里德里希·阿德勒不赞成布尔什维克政治，因此仍然忠诚于他父亲的社会民主党。

维克多·阿德勒在德奥共和国宣布成立前夕去世。凯旋的皇家汽车之旅可能是他最后一次露面。至于从失败中诞生的共和国，它主要由前哈布斯堡王朝讲德语的民众组成，约占人口的1/8。这些奥地利人几乎一致同意加入德国，但盟国不会允许这样做。因此，德奥共和国不得不放弃**德意志**这个词，并承诺永远不与其北方的大邻国结盟。

弗里德里希·阿德勒在狱中写的两本书——《马赫战胜唯物主义》和《系统时间、区域时间、当地时间》——几个星期就印出来了，但之后再也没有人听说过。而阿德勒的审判记录则成了畅销书，甚至被翻译成了几十种语言。它们仍然是很好的读物——2.0版的《威廉·泰尔》。剧作家施尼茨勒本人也不会写得更好。

社会民主党在战后奥地利的第一次大选中以微弱优势获胜。现在党的领导人是奥托·鲍尔。突然之间，弗里德里希·阿德勒成了左翼无可争议的道德领袖，当选为议员。当他得知共产党计划发动起义时，他强烈要求工人代表们停止。

他再也没有回到物理学上来。但碰巧的是，他在监狱时爱因斯坦送给他的最后一件礼物是一本名为《空间与时间》的书，作者是莫里茨·石里克——现在作为马赫的继任者来到了维也纳。

从伊壁鸠鲁到爱因斯坦

莫里茨·石里克1882年出生于柏林。他的父亲是一位富商，经营一家销售梳子和象牙的企业。石里克的家族可以追溯到他父亲那边的老波西米亚贵族，而他的母亲则以与恩斯特·莫里茨·阿恩特有血缘关系而自豪，莫里茨·阿恩特是反抗拿破仑时期的一位普鲁士诗人。

莫里茨 6 岁时感染了猩红热和白喉，后遗症困扰了他多年。虽然他体弱多病，但在学校表现很好。早期他读过康德，得出的结论与年轻的马赫非常相似：康德的形而上学根本不能说服他。几年后，年轻的石里克写道："在判处理论哲学死刑后，生活本身促使我钻研实践智慧中最重要的部分，即对人和人类状况的研究，我一直坚持这些属于科学而非哲学。"[96]

离开学校时，石里克收到的一个礼物是马赫的《力学原理》。后来他喜欢称之为"命运的暗示"。[97]石里克继续学习物理学，大部分时间在柏林。后来他说："我以哲学的精神转向物理学，回应哲学冲动。"[98]

在著名的马克斯·普朗克的指导下，石里克写了博士论文《论光在非均匀层中的反射》。1904 年，他以优异成绩获得博士学位。石里克和比他大一岁的朋友马克斯·冯·劳厄是普朗克最喜欢的学生。马克斯和莫里茨二人组（19 世纪德国著名儿童故事的名字）后来都很出色。冯·劳厄 35 岁时因在晶体结构方面的研究获得了诺贝尔物理学奖，5 年后，他的博士导师普朗克也获得了同样的荣誉。

石里克则并没有把目光停留在物理学上。"这不符合我的本性"，他宣称。还在上学时，他就开始写一本哲学书，1907 年在 25 岁时完成。书名为《生命的智慧》，副标题是"一篇关于幸福理论的文章"。

这个作品不仅仅是年轻的冒失。尽管石里克很快就开始后悔这本书夸张、呆板的风格，这种风格过于生硬地模仿他毕生的偶像尼采的风格，但他一直忠实于自己早熟的思想。一次又一次，在演讲和写作中，石里克宣扬伊壁鸠鲁式的仁慈伦理，与康德式的责任伦理形成对比。

就在这位年轻的哲学家研究他的"幸福理论"期间，他在海德堡的一所寄宿学校遇到了一位美国牧师的女儿布兰奇·盖伊·哈迪。几个星期后，年轻的女孩天真地写信给他："亲爱的石里克博士，你可能早已忘记我了，但请试着把我回忆起来，不然我会觉得很难为情。"布兰奇最后写道："如果这封信看起来太不传统，那么请原谅我并这样想：'她是美国人'。"[99]

石里克很快就回复了。他没有忘记那个美国女孩。求婚随之而来，一年后——布兰奇中途回了美国——石里克通过信件求婚。他们的婚礼于1907年在马萨诸塞州举行。石里克的《生命的智慧》差不多也在那时候出版。

在随后的几年，石里克尽力提升自己作为哲学家的形象。由于认为自己的心理学知识相当匮乏，他去了苏黎世大学做访问学生。然而，在提交了题为《关于真理的概念》的论文后，他没有获得所希望的任教资格。显然，苏黎世的某位教授对马赫的名字很敏感。

石里克在儿子出生几周后得知了这个坏消息。接下来，他去德国基尔试了试运气，然后到吉森又试了一次，还是没有成功。他的父亲开始失去耐心。终于，1911年夏天，石里克在波罗的海畔迷人的汉萨古城成为罗斯托克大学的讲师。虽然他的学术生涯开局并不顺利，但毕竟走上正轨了。

同年冬天，事情发生了决定性转变：石里克学生时代的朋友冯·劳厄建议他从哲学角度研究爱因斯坦的相对论："你精通物理学，应该比你的任何哲学同行都更精通。这个问题不是特别适合你吗？"[100]

石里克暂时搁置了他计划中的作品《新伊壁鸠鲁》。他永远不会写完它。是的，冯·劳厄是对的：爱因斯坦的理论提供了从全新角度审视康德思想的可能性。

空间和时间真的是先验赋予我们的直觉吗？那为什么相对论的四维时空理论会得出与我们的直觉相悖的令人困惑的结论呢？冯·劳厄研究的所谓双生子悖论就是一个例子：如果双胞胎中的一个被高速送往遥远的星球，然后又被送回来，那么等他回来时，他会比留在家里的双胞胎兄弟年轻。这到底是怎么回事？受这些谜题启发，石里克意识到爱因斯坦的想法有望成为知识理论的金矿。让物理学引导哲学，而不是相反。

由于石里克的病史，他在和平时期就被德国陆军列为"永不适合服役"。第一次世界大战的头几年，他没有被征召入伍，因此能够继续从事哲学研究。他为罗斯托克的学生讲授数学基础 —— 有少数学生坚持了下来。不过石里克将大部分时间都花在他即将出炉的文章《相对论的哲学相关性》上。

1915年，他把手稿寄给爱因斯坦，得到了热情回复。爱因斯坦立即领会了石里克的洞察，即使只有一个康德式的先验判断开始坍塌，整个学说都会动摇。他祝贺石里克："这项研究是关于相对论的最好著作之一。"[101]

在接下来的几年，石里克成为爱因斯坦的哲学喉舌，而当时爱因斯坦的观点还是争议热点。石里克近距离目睹了通往广义相对论最后胜利的戏剧性事件。

"为了两个好小伙的乐趣"

爱因斯坦和希尔伯特几乎同时发现了与质量和运动有关的场方程。时至今日，科学史学家仍在为这场竞赛的细节争论不休。

1915年夏天，爱因斯坦到哥廷根探访希尔伯特，在那里做了几次演讲。紧接着，他们进行了密集的科学信函交流。两人可以说都能感觉到对方的呼吸。11月底，事情变得微妙：两位科学家分别向期刊提交了他们关于物理学基本方程的研究结果。

爱因斯坦的论文先发表，尽管提交得晚一些。论文没有提到希尔伯特。希尔伯特则撤回了文稿，换成了一个修改过的版本。最初的校样仍然保留了下来，但是少了半页，不知被谁整齐地剪掉了。这引发了阴谋论：失踪的纸条上写了什么？

这两位科学家都过于体面，不会让优先权争议变成公开争吵，但两人的友谊一度冷淡下来。不过，很快，爱因斯坦就又给希尔伯特写信，表示他已经克服了心中的不平："我一直在与苦涩的感觉作斗争，并且取得了圆满的成功。"他接着说，"如果两个好小伙（'*rechte Kerle*'）不能在彼此的陪伴中找到乐趣，那就太遗憾了"[102]。

他为之奋斗多年的理论终于完成了 —— 引力最终与几何学结合起来。后来，物理学家约翰·惠勒这样说："时空告诉物质如何运动，物质告诉时空如何弯曲。"[103]

所有这一切都发生在一场史无前例的残暴战争中，每天都有成千上万勇敢的年轻人倒下 —— 致残、被毒气毒死或被炸成碎片。石里克写道，他有时会想，在某个遥远而更加文明的未来，当被问及第一次世界大战是在什么时候爆发时，历史学家们也许会这样回答："第一次世界大战？啊，是的，它发生在爱因斯坦完成相对论的时候。"[104]

在石里克出版一本名为《空间与时间》的小册子，清晰地介绍相对论时，悲剧性的、毫无意义的"结束所有战争的战争"仍在如火如荼地进行。当时，石里克在柏林附近一家军用机场的物理部工作。1917年，他被从"永不适合服役"重新归类为"适合执行驻军任务"。毕竟，在德奥帝国，身体健全的士兵越来越少。

爱因斯坦热情地祝贺石里克的新书："你的阐释具有无与伦比的清晰度和透明度。你没有逃避任何困难，而是直奔主题，阐述了所有重要的东西，同时忽略了所有不相关的东西。无论是谁，如果不理解你的阐释，就一定完全无法理解这个思想。"[105]

在《空间与时间》的后续版本中，石里克更新了爱因斯坦理论的最新成就。决定性突破发生在1919年，两支英国探险队证实，来自遥远恒星的光线在靠近太阳时会发生微弱弯曲。

爱因斯坦早在1912年就预言了这种引力效应。然而，只有在日全食时才能观察到光线的弯曲。德国准备在1914年的日食期间进行探险，但世界大战使之未能成行。现在战争已经结束，又正好是以前的敌人——1919年5月，亚瑟·爱丁顿爵士率领的一支英国探险队——出色地验证了爱因斯坦的理论，许多有国际思维的人认为这是奇妙的象征性事件，他们为科学跨越文化鸿沟将人们团结起来而感到高兴。

爱因斯坦的朋友冯·劳厄对光线的弯曲深感惊讶。作为研究狭义相对论的世界级专家，他一直对爱因斯坦的广义理论背后的"纯哲学动机"持怀疑态度。有"太多马赫"在其中，至少他感觉是这样。毕竟，所有参照系的等价性——无论它们相对彼此如何运动——只不过是一种假设。1913年，冯·劳厄曾写信给石里克说："幸运的是，（广义相对论）最直接的推论之一——太阳附近光线的弯曲——可以在下一次日食时得到检验。到那时，这个理论可能会平静地死去。"[106]

但这个理论并没有死去。相反，它震惊了世界。冯·劳厄提供了慷慨的补偿，他在给石里克的信中写道："在此期间，我已经成为广义相对论的朋友，尤其是通过你的小册子。"[107]

纬度往南移动几度

在物理学和哲学界，石里克的声誉高涨。用瓦尔特·拉特瑙的话来说，他成了"相对论的布道者"。希尔伯特邀请石里克去哥廷根演讲。未来的诺贝尔奖获得者马克斯·玻恩在给石里克的信中写道："我们已经成为一个找到了先知的团体——我希望你接受这个光荣的职位。"[108]

古色古香的罗斯托克对石里克来说已经太小了。他1918年出版的《广义认识论》是一部令人印象深刻的著作；任何一位哲学家，只要在自己的出版物清单上有这样一部巨著，就可以满怀信心地申请大学讲席。石里克请求爱因斯坦帮助他"摆脱罗斯托克的沉闷"，并让学术界注意到这样一个事实："在北方，坐着一位哲学讲师，他在一定程度上被公认具有天赋，他希望有机会将他的纬度往南移动几度。"[109]

爱因斯坦欣然同意。然而，被寄予厚望的苏黎世任命失败了，在爱因斯坦的推荐下，石里克不得不先满足于基尔的教授职位。与罗斯托克相比，基尔在纬度上没有改变。不过在石里克定居基尔之前，他就收到了来自维也纳的邀请，1922年秋天，他终于能够"往南移动"搬家。

汉斯·哈恩在维也纳的招聘委员会中扮演了关键角色，代表石里克对教员们进行游说。委员会就3个空缺的哲学教席达成了一揽子协议。任命了一位物理学家、一位心理学家和一位"真正的"哲学家。石里克被委任自然哲学讲席，成为马赫的继任者（虽然讲席的名称已经改变）。

教员对他的当选并非一致赞同：在总共47票中，有10票反对他，加上3票弃权，清楚表达了某种保留意见。但话又说回来，即使是爱因斯坦在学术界也有对手。

心理学讲席 —— 当时被认为是哲学的分支 —— 被授予卡尔·布勒（1879 — 1963），他很快与妻子夏洛特（1893 — 1974）以及同事埃贡·布伦斯维克（1903 — 1955）一起创立了杰出的维也纳心理学研究所。哲学史讲席被授予了新康德主义者罗伯特·雷宁格（1869 — 1955）。

对于石里克一家来说，在战后危机四伏的维也纳定居并不容易。维也纳饱受或公开或隐蔽的恶性通胀和政局紧张困扰。在奥地利度假的冯·劳厄写信给他说："我们的经验是不能谈论价格。一句话还没说完，又涨价了。"[110]

石里克向爱因斯坦坦白："最终，搬到维也纳对我来说很难，不仅因为奥地利的未来看起来如此黯淡 …… 但维也纳的学术氛围要好一些，哲学教师的任务也更重。"[111]

住房条件对他的抉择发挥了重要作用。最终，石里克一家带着两个幼子，在欧根亲王大街找到了一套非常漂亮的大公寓。石里克的上班路线令人愉悦：D线电车线路穿过美景宫和史瓦森堡宫，那里有巴洛克风格的公园，然后转入环城大道，两边是林荫和漂亮的建筑。从那里开始，乘坐有轨电车沿途都是景点：首先是歌剧院，然后是霍夫堡宫、博物馆、议会，在抵达大学前的倒数第二站，是面对面的哥特式风格市政厅和文艺复兴时期的城堡剧院。总而言之，这是一堂10分钟的建筑史课，在仅仅50年前用大理石和花岗岩表现出来。当然，这只触及了过去的皮毛，但它却是如此优雅和高贵！

如果石里克决定离开城市一段时间，离他家几步之遥就是火车南站。在那里，火车频繁准时地开往克恩顿州（奥地利最南端的地区）、意大利和达尔马提亚海岸，这些都是渴望阳光的哲学家最喜欢的目的地。正如他后来写给以前学校一位老师的信中所说："我们特别喜欢维也纳这个美丽的地方：复活节假期我一般在亚得里亚海或意大利南部，夏天我们通常在克恩顿的山区，而秋天我几乎都是在意大利北部。"[112]

刚到维也纳履职几个星期，石里克就获得了一项特殊荣誉。著名的德国科学家和医生协会，为了1922年的百年纪念会议，邀请了诺贝尔奖新晋得主爱因斯坦发表主题演讲。紧接着是一场哲学演讲——石里克的演讲。显然，跟在爱因斯坦后面演讲的确不容易出彩，但是被邀请这样做是多大的荣幸啊！

但是，突然出现了一个小插曲。在爱因斯坦和石里克都接受邀请后，德国外交部长瓦尔特·拉特瑙被一个名为"领事"的秘密组织暗杀。有传言说，爱因斯坦的名字也在暗杀名单上：作为一个和平主义者和犹太人，他长期以来一直是极右翼狂热分子的目标。

这个"非德国人"在德国科学家协会上的演讲很可能引来暗杀。于是大家决定还是谨慎行事为好。爱因斯坦取消了演讲，去国外旅行了。取而代之的是冯·劳厄的"物理学中的相对论"，然后是石里克的"哲学中的相对论"。就这样，组织会议的普朗克有幸看到他最欣赏的两位学生并肩承担主题演讲。他打趣道，现在没有人能说这仅仅是犹太人的宣传。这次活动引起了极大兴趣，参加的科学家人数达到了创纪录的7000人。

石里克的小组

石里克在维也纳的讲课一炮而红。他沐浴着爱因斯坦的光环。学生们对这位新教授的名声印象深刻，争先恐后去听他的课。一位访问者写道："石里克教授的课在一间宏大的礼堂进行，里面挤满了男女学生。在他的研讨班，旁听者不用坐窗台就很幸运了。"[113]

然而，石里克并没有被声望冲昏头脑。数学家卡尔·门格尔后来在回忆录中写道："他非常真诚、谦逊，几乎到了缺乏自信的地步"[114]：

> 1923年，当我还是学生的时候，听了石里克的一些讲座，然后参加了他的研讨班，他给我的印象是一个极为文雅、有点内向的人……随着后来对他的了解越来越深，我对他的真诚也更加钦佩。从他嘴里说出空洞的话，甚至一点点浮夸的痕迹都是不可想象的。然而，石里克有点夸张的礼貌使他在与学生打交道时表现出极度谦逊。虽然他随时准备纠正自己的观点和学习，但他实际上是完全自信的。

如果在与石里克亲密接触之后，有人对这种自信仍然存在
一丝怀疑，那很可能是因为石里克有崇拜某些人物的倾向。

正如门格尔煞费苦心解释的那样，石里克的"崇拜倾向"从未浪
费在不值得崇拜的人身上："他先是在普朗克手下学习物理，后来又
崇拜爱因斯坦。接下来的一段时间对希尔伯特极为钦佩。后来石里克
又迷上了罗素。"[115]

很快，才华横溢的学生们聚集在他周围，比如弗里德里希·魏
斯曼（1896—1959），有俄罗斯血统的维也纳人，比其他人稍年长
一点；马塞尔·纳特金（1904—1963），非常有趣的波兰艺术家；勤
奋的罗斯·兰德（1903—1980），穷得像教堂老鼠；赫伯特·费格尔
（1902—1988），来自波西米亚的热心小伙。费格尔声称，石里克的
讲课最终让他理解了科学哲学是什么。让费格尔更为感激的是，石里
克还安排费格尔与爱因斯坦见了面。

费格尔和魏斯曼请求石里克组织一个私人讨论班。这个建议很符
合哈恩的意图，通过科学哲学重振原来的讨论小组。石里克小组就这
样诞生了。

石里克向爱因斯坦报告说："维也纳目前正在进行大量的哲学研
究。我希望不久后能寄给你一些样品，你一定会感兴趣的。"[116]

讨论定期举行。他们每隔一个星期四晚上六点聚会，就像乌尔克
瑞斯一样。但这一次，他们并不局限于咖啡馆。数学研究所能腾出一

个小教室，就在哈恩的办公室旁边，大学新大楼的一楼，里面的知识活动，用多德勒的话说，是"精妙和难以理解的"。窗外可以看到玻尔兹曼街。在大多数聚会上，小组成员会读论文或发表报告。有时会安排会议讨论某个专题。有时会有访客发表演讲。会议结束后，经常会在转角的约瑟夫咖啡馆进行复盘。

门格尔写道："那些年里，小组的规模从10到20人不等。每个学年，出席的学生名单基本保持不变，只有外国客人除外。"[117]

图4.6　石里克（穿鞋）和费格尔（没穿鞋）

　　小组的元老可以追溯到第一次世界大战之前，由汉斯·哈恩、奥图·纽拉特、奥尔加·纽拉特和维克多·克拉夫特组成，克拉夫特是一位安静而专注的哲学家，在大学图书馆工作。菲利普·弗兰克经常从布拉格过来访问。布拉格现在属于一个新成立的国家，名字很难拼写，捷克斯洛伐克。

　　门格尔接着说："教室里摆满了一排排的椅子和长桌，前面有一块黑板。我们不上课的时候，这里是读书室，偶尔用来上课。那些先到的人会搬开一些桌椅，使它们远离发言者使用的黑板。在腾出的空间里，他们把椅子在黑板前面随意摆成半圆形，留下一张长桌给那些随身携带书籍或想抽烟或记笔记的人。"[118]

　　来自数学和哲学专业的学生人数大致相等，他们中的许多人仍然不确定想要选择哪个学科。其中较年长的是费利克斯·考夫曼（1895—1949）和埃德加·齐尔塞尔（1891—1944），他们都来自数学和哲学的交叉地带。为了准备成为大学哲学讲师，齐尔塞尔从教师的职位上请了假。已经是讲师的考夫曼在大学讲授法律哲学课程，并作为盎格鲁伊朗石油公司的本地代表过着优越的生活。他因这个轻松的工作倍受羡慕。

　　后来加入小组的门格尔这样描述这些会议："人们会在三三两两的人群中转来转去，直到石里克击掌为止。然后所有谈话都会停止，每个人都坐下来，石里克通常坐在靠近黑板的桌子一端，宣布当晚讨论的论文、报告或议题。"[119]

　　起初，主题大多围绕3个人：爱因斯坦、希尔伯特和罗素。但是没过多久，他们就遇到了一个意外的转折点；从那一刻起，他们的日程安排基本上都围绕一个默默无闻的乡村小学校长写的一本薄薄的小册子，这个人完全不为人知，但他的名字有一种特殊的光环。

第 5 章
小组的转向

> 维也纳，1923 — 1928 年：两个德国新人加入维也纳小组，卡尔纳普和瑞德迈斯特。瑞德迈斯特跳船，把组结理论带回了发源地。石里克坚信哲学很快就会过时。维特根斯坦洞察到思维的界线。迷一般的继承人斥责罗素，买砂浆，拒绝财富。维特根斯坦神秘的《逻辑哲学论》成为小组的明星。隐士作家声称逻辑是空洞的。维特根斯坦打破了十年的沉默，分化小组，被誉为天才。

转折点

维也纳小组被一本薄薄的小册子征服了，这本书就是维特根斯坦的《逻辑哲学论》。

"维也纳小组的兴趣，从感觉分析转向了语言分析，从马赫转向了维特根斯坦"，门格尔记录道[120]。

石里克称赞这是名副其实的"哲学转折点"。维特根斯坦神谕般的风格使小组着迷。并不是所有成员都同意这本小册子提出的论点。

比如奥图·纽拉特就发现形而上学 —— 一种不可接受的原罪 —— 潜伏在维特根斯坦大多数句子的背后。但哈恩和石里克觉得很好。1927年，石里克写信给爱因斯坦说，他期望从这个新的转折点出发，"不亚于对哲学进行彻底改革，在克服它的意义上，使它变得多余"。[121]

图5.1 维特根斯坦老师（右）和他的学生

在很长一段时间里，维特根斯坦不愿与这个小组有任何直接接触。但是这个神秘人物就在附近：他隐居在下奥地利的偏远乡村，教农民的孩子们拼写和算术。他在几年后才屈尊会见了维也纳小组的一些成员。与此同时，他被迫离开了学校的工作，因为他一旦受到小小的指责就会猛烈回击。耐心不是他的优点。

"当一切都像脸上的一记耳光一样清晰时，就没有什么超验的废

话"，他曾经写道[122]。他使用了维也纳俚语"掴脸"（watschn），这
听起来更亲切，但同样有力。在哲学上，一记耳光可能会无所谓，但
在教育中可能会失控。

关于这个世界，逻辑告诉了我们什么？语言如何影响我们的思
想？哲学到底是什么？维特根斯坦在《逻辑哲学论》中的简洁语句，
既神秘又清晰，震撼了石里克小组。作者以自创的方式对语句进行编
号，以表明它们在他奇特的思维格子中的位置。小组一行一行地研读
这本书，连读了两次，用了几个学期。

第一次研读是数学家库尔特·瑞德迈斯特（1893 — 1971）建议的，
第二次是哲学家鲁道夫·卡尔纳普提出的。这两个年轻的德国人很早
就加入了小组，瑞德迈斯特是汉斯·哈恩介绍的，卡尔纳普是石里克介
绍的。瑞德迈斯特只在维也纳短暂停留，而卡尔纳普则在几年后成为
小组的骨干之一。

瑞德迈斯特将纽结理论从幼儿床带回摇篮

库尔特·瑞德迈斯特出生于德国布伦瑞克。他在弗莱堡、慕尼黑、
马尔堡和哥廷根学习数学和哲学，突然被征召入伍。幸运的是，他在
第一次世界大战中幸存下来，1920 年，这位年轻的老兵在新成立的
汉堡大学获得了博士学位。汉斯·哈恩很快发现了他的才能，1922 年，
哈恩成功地让瑞德迈斯特被任命为维也纳的几何学副教授 —— 这绝
非易事，因为瑞德迈斯特当时只发表了 3 篇论文，甚至没有达到讲师
的最低要求。

在维也纳，同事和学生们立即被这位活泼的年轻德国几何学家吸引。在数学学会的一次会议后不久，一位19岁的学生朋友给门格尔写信说，在记忆中，还没有哪次会议能像瑞德迈斯特的演讲那样有那么多轻松愉快的玩笑[123]。

在维也纳的3年时间里，瑞德迈斯特奠定了纽结理论的数学基础。几千年来，纽结一直让艺术家和思想家着迷；它们是，嗯，很纠结的问题。如何解开一个纽结？如何对纽结进行分类？今天，纽结理论已经成为数学中的一个主要分支，"能让纽结表面上发生变化但根本性质不变的瑞德迈斯特变换"标志着纽结理论系统化发展的开始。

在维也纳的时候，瑞德迈斯特是第一个偶然发现维特根斯坦的小册子的人；他为这本书做了一个演讲，并建议在石里克的讨论班上进行更彻底的研讨。然而，在那之后不久，这位富有创造力的纽结大师接受了柯尼斯堡的正教授职位，这个普鲁士小镇是希尔伯特和康德的故乡。

其实纽结理论就是诞生于柯尼斯堡。1736年，瑞士数学天才欧拉居住在俄罗斯圣彼得堡，离柯尼斯堡不远。柯尼斯堡的普瑞格河上有7座桥连接两岸以及河中小岛。这里的市民们产生了一个疑问：在城中漫步时，能每一座桥只过一次吗。欧拉听说了这个难题，并解决了它（以及一大堆同类难题），200年后，他的开创性思想被认为是对纽结理论的第一个贡献。1925年，瑞德迈斯特将蹒跚学步的纽结理论从它的童床维也纳带回到它最早的摇篮。

瑞德迈斯特离开了维也纳和维也纳小组，只留下了温暖的回忆。然而，他的妹妹玛丽，曾在1924年去维也纳看望过他，很快又回来留在了这里。她被奥图·纽拉特的超凡魅力迷住了。

卡尔纳普的逻辑结构

同瑞德迈斯特一样，卡尔纳普在战争期间也曾为德军服役——这往往会打乱正常的学术生涯。在获得博士学位时，卡尔纳普已经30岁了，但不久后他搬到维也纳时，他的行李箱里已经装着他的教师资格论文的草稿，这本著作后来成为20世纪哲学的经典。

卡尔纳普1891年出生于德国乌珀塔尔附近。他幼年丧父，叔叔是著名的考古学家威廉·德普费尔德，曾与海因里希·施利曼合作，有人（尤其是他自己）说他是特洛伊城的发现者。在学校放假期间，年轻的卡尔纳普在希腊进行考古发掘工作。他喜欢上了测量。

卡尔纳普在弗莱堡和耶拿学习数学、物理和哲学。后者是戈特洛布·弗雷格教书的地方，他在数理逻辑方面的工作建立了新的严格标准，但也使他成为罗素悖论的受害者。弗雷格的讲座课程通常被认为过于深奥，但还是吸引了少量听众。由于大学要求每堂课至少有3名学生，卡尔纳普在每次上课前都要争取达到规定人数。

年轻的卡尔纳普不仅是崭露头角的逻辑学家，他还是所谓的塞拉小组的狂热成员。这个团体，他的第一个小组，是青年运动的一个特别浪漫的分支。像他那一代中的许多人一样，卡尔纳普把这场运动的远足、音乐之夜，以及冬至节视为一个新社会的征兆，这个社会基于爱和公共精神，而不是建立在乏味的旧秩序之上。

当第一次世界大战爆发时，卡尔纳普自告奋勇。在1914年之前，年轻狂热的"候鸟"渴望战争的爆发——就像他那一代许多困惑的理想主义者一样。但这一次，他被派往前线，并在战争中受了伤。在战争的最后一年，卡尔纳普在柏林当物理学家，他强烈的爱国热情消失殆尽。现在他以和平主义者的身份重生，他是呼吁和平的作家，作品在地下刊物上流传。另外，这个理想主义的年轻士兵当了父亲。

1917年，他与移居墨西哥的德国移民的女儿伊丽莎白·舍恩杜结婚。战后，卡尔纳普和他的岳父母在海外生活了半年。后来又有了更多子女。

图5.2　卡尔纳普转向逻辑

　　现在是鲁道夫脚踏实地的时候了。他的博士论文题目很简洁，《空间》，论文引起了石里克的兴趣，然后石里克对卡尔纳普正在准备的教师资格论文产生了更浓厚的兴趣。后者的目的是展示我们的实在图景是如何通过纯粹的逻辑运算 —— 即等价关系和逻辑连接词，如与、或、非、若 …… 则 ……，等等 —— 从感觉数据中构建出来的。这个雄心勃勃的计划巧妙地结合了马赫的经验主义和罗素的形式数理逻辑。

　　卡尔纳普在还是学生的时候，就曾写信给罗素，想得到一本他负担得起的《数学原理》，当时德国货币崩溃了。然而，罗素手头也没有多余的书，他只好给这位不知名的年轻德国学生寄了 30 张手写的纸，上面写满了这三卷书中最重要的公式。

　　卡尔纳普将弗雷格和罗素的逻辑看作是整个哲学的工具，有助于使它的概念和论点更加明确。他写道："可想而知，最初，新逻辑只是在小范围的数学家和逻辑学家中引起注意。到目前为止，也只有少数人认识到它对整个哲学的突出重要性；它在这一广泛领域的应用尚未开始。但是，如果哲学愿意走科学的道路（严格意义上），那么不用这种高效的工具来澄清概念和理清问题背景，哲学就无法做到这一点。"[124]

　　卡尔纳普自己的"问题背景"是申请大学教职的困难。一个朋友建议他考虑维也纳大学的编外讲师职位，卡尔纳普进行了试探。石里克马上保证支持他。他在回信中写道："我与一位数学同事谈论了此事，他很了解教职员的心理。他很有把握我们不会为难你，因为你没有通常会引起多数人反感的众所周知的障碍。因此，我们可以抱很大希望。"[125]

当然，这位"数学同事"就是汉斯·哈恩，而"众所周知的障碍"则是犹太血统和马克思主义倾向。奥地利战败后，许多具有泛德国主义信念的教授——当时在教员中占多数——认为保护所有高等教育机构不受"不受欢迎者"侵害是他们的神圣职责。最有可能被驳回的是那些尚未获得教师资格的年轻学者。顺便说一下，女性学者在这个体系中根本没有位置，这是毫无疑问的。出现女学生就够糟糕了！

就在卡尔纳普搬到维也纳的时候，"众所周知的障碍"阻碍了维也纳小组成员埃德加·齐尔塞尔获得教师资格[126]。至于奥图·纽拉特，他甚至没有试图在维也纳大学获得立足点。他在海德堡大学的讲师职位被取消了，理由是他玩忽职守。这发生在1919年，就在巴伐利亚苏维埃共和国不光彩的结束之后。纽拉特非常清楚，在维也纳，申请教职注定会碰壁。

但卡尔纳普不同。他1918年的和平主义传单还没有传到奥地利，他的种族背景也无可挑剔。因此，哈恩没有猜错，他很轻松就被维也纳大学聘为编外讲师。

卡尔纳普的教师资格论文现在已成为分析哲学的重要著作。在石里克的建议下，书被命名为《世界的逻辑结构》。但其实只是科学的逻辑结构——涵盖各种经验科学，无论涉及的是物理现象还是心理现象。卡尔纳普设计了一种方法，将所有命题还原为观察者的直接经验："科学领域的概念是从适当选择的基本概念中逐步衍生出来，从而安放在概念的谱系中；科学领域的命题必须从适当选择的基本命题中逐步推演出来，从而安放在命题的谱系中。"[127]

卡尔纳普将罗素和马赫巧妙混合在一起，调制成了品味独特的鸡尾酒，很对石里克小组的口味，而且这种吸引力是相互的。卡尔纳普后来在他的哲学自传中回忆道："与其他任何群体比起来，我的兴趣和基本哲学观点与小组的兴趣和观点更为一致。"[128]

在搬到维也纳之前，卡尔纳普其实就已经完成了《世界的逻辑结构》的大部分内容。但是他书中的最后一句话体现了他吸收当地思想的速度有多快。事实上，卡尔纳普引用了当时的入会暗号，石里克小组的口头禅："凡不可说的，必须保持沉默。"

这是维特根斯坦在《逻辑哲学论》末尾的一句话。

传奇人物的起飞

关于维特根斯坦的传说不绝于耳。在《逻辑哲学论》出版大约10年后，一位德国数学家在一次会议上公开询问在维特根斯坦的传奇背后是否真有这么个人，这个传奇维也纳小组的成员们一有机会就挂在嘴边。这个问题当然是个玩笑，但维特根斯坦的生活听起来的确像是传说。

维特根斯坦的父亲卡尔是欧洲最富有的人之一；身为钢铁大亨，他在哈布斯堡王朝中扮演着与德国克虏伯和美国卡耐基相同的角色。

他来自一个富裕的家庭，但在18岁时离家出走，身上只带着一本伪造的护照。他去了美国，在那里当了两年的侍者、酒保和小提琴手。

然后，卡尔·维特根斯坦回家了，丝毫没有为他的冒险感到懊悔。他在维也纳理工学院学习了一年，然后很快从波西米亚钢铁厂技术制图员的底层职位晋升为有实力的工业领袖。这听起来像是老套的白手起家的故事，但是有一个反转，那就是卡尔·维特根斯坦白手洗碗是在纽约，起家则是在维也纳。

1898年，年仅50岁的卡尔·维特根斯坦退出了所有商业活动，开始为期一年的环球旅行。回国后，他变成了光鲜的出资人，成为当时在维也纳流行的新艺术运动分离派的主要赞助人。他赞助建筑师和设计师约瑟夫·霍夫曼、作曲家约翰内斯·勃拉姆斯和古斯塔夫·马勒，以及画家古斯塔夫·克里姆特，邀请他们到家里参加文化晚宴。此外，这个挥金如土的人还成了尖刻讽刺记者卡尔·克劳斯的眼中钉，克劳斯将他视为资本主义的缩影。

维特根斯坦是钢铁大亨8个孩子中最小的一个。人们叫他小卢基，他有私人教师，还有自己的工作台和马。专横的父亲对学校有着强烈的厌恶，并且对如何培养他的5个儿子（其中3个最终自杀了）充满了固执的想法。路德维希在14岁时进入一所公立学校，林茨中学。在那里，他成了阿道夫·希特勒的校友，尽管不同班。这位极为倔强的年轻同学只比他大6天，并且很快就因为追求艺术家梦想而退学。

1960年，维特根斯坦在林茨参加了毕业考试，成绩平庸。早在

1895 年，莱特兄弟首次飞行之前，玻尔兹曼就发表了一篇关于重于空气的机器的文章。玻尔兹曼对飞艇没什么信心；在他看来，飞艇是可行的，但极其笨拙。相反，他构想了具有垂直或水平"转子"的"动力飞行引擎"（当时"螺旋桨"一词还没有发明）—— 因此要么是"直升机"，要么是"航空飞机"（这两个词当时倒是存在）。

玻尔兹曼问，为什么维也纳不能发明这种动力引擎呢？他以不容置疑的推理补充道："毕竟，《魔笛》和《第九交响曲》就是在这里谱写的！如果可以的话，让世界其他地区为之欢呼吧！"[129] 玻尔兹曼在结束他的呼吁时还提醒我们，除了信念和激情，还需要最后一个关键因素：钱。

我们不知道年轻的维特根斯坦是否认为钱不会成为他的障碍。毫无疑问的是他肯定有信念和激情，因此他很早就决定制造一个装有转子的风筝。不幸的是，他没有成为第一个这样做的人：事实上，当他完成学业时，飞机已经起飞了。玻尔兹曼的直觉被证明是正确的：征服空气令世界着迷。一个带来无限挑战的新领域正在开启。

1906 年夏天，在维特根斯坦完成学业后不久，玻尔兹曼结束了自己的生命，所以年长的和年轻的路德维希从未见过面。维特根斯坦转入柏林工业大学夏洛特堡分校。他于 1908 年获得毕业证书，随后前往曼彻斯特继续学习航空。在那里，他设计了巨大的风筝，并获得了各种螺旋桨的专利。

然而，这位年轻的工程师对空气动力学背后的数学，以及数学背后的逻辑越来越感兴趣。为了见弗雷格，他去耶拿朝圣，弗雷格教授建议他去剑桥跟随罗素学习，不曾想到这会给自己的英国同行带来怎样的麻烦。

维特根斯坦第一次见到罗素是在1911年秋天。这次相遇对两人都是决定性的。

"哲学的下一大步"

这两位思想家之间的关系开始得很不顺利，正如罗素写给他当时的情人奥托琳·莫瑞尔女士的一系列著名信件清楚记录的那样[130]：

> 我的德国朋友可以说是一种痛苦 —— 顽固执拗，但我认为并不愚蠢。（1911年10月19日）
> 我认为我的德国工程师是个傻瓜。（1911年11月2日）
> 我那暴躁的德国人 —— 他身披铠甲抵御一切理性的攻击。和他谈话真是浪费时间。（1911年11月16日）

但不久后，风向开始改变：

> 我的德国人在哲学和航空之间犹豫不决；今天他问我是否认为他在哲学上完全没有希望，我告诉他我不知道，但我认为不是。（1911年11月27日）

最后，罗素不知怎地发现维特根斯坦是奥地利人，而不是德国人（正是时候！）他的反应正是所有奥地利人希望看到的：

　　我越来越喜欢他了；他是文学家，非常有音乐天

赋，举止礼貌（作为奥地利人），而且，我认为，非常聪明。

（1911 年 11 月 29 日）

　　年轻的奥地利人再次问罗素，他是否认为他是个彻头彻尾的傻瓜。如果是这样，他就去当飞行员；如果不是，他就当哲学家。为此，罗素要求他提交一篇文章作为测试。"当我读完第一句话"，罗素后来说，"我就确信，维特根斯坦是天才，并向他保证，他决不应该去当飞行员。后来他没去。"[131]

　　这就是这位 23 岁的工程师在 1912 年年初进入剑桥大学三一学院就读的原因。不久后，剑桥另一位明星哲学家，罗素的朋友乔治·摩尔（1873 — 1958）也开始相信维特根斯坦的杰出天赋。摩尔的理由是："因为维特根斯坦在我的演讲中总是显得非常困惑，但是其他人没有。"[132]

　　维特根斯坦的妹妹赫尔米娜来剑桥访问时，罗素向她透露："我们期待你哥哥迈出哲学的下一大步。"[133]

　　很快，维特根斯坦成为剑桥大学哲学学会伦理科学俱乐部的成员。年末他在那里举行了他的第一次演讲，题目是"什么是哲学？"那次演讲是俱乐部历史上最短的一次。维特根斯坦用 4 分钟就回答了他自己的问题：哲学是一门在不涉及各种科学证明的情况下处理所有那些假定为真的命题的学科。

　　正如干巴巴的会议记录说的，"目前还没有采纳这一定义的普遍

意见"。但这是一个相当不错的定义，而且不仅仅是出于新手的运气。

半个世纪后，罗素在他的回忆录中写道："维特根斯坦可能是我所知道的传统意义上的天才最完美的例子，充满激情、深刻、热情和压倒性。"[134]

的确是"压倒性"。不久维特根斯坦就向罗素的哲学发起了毁灭性攻击。后者向他心爱的奥托琳坦承，在与维特根斯坦这次宿命性的邂逅之后，他再也不指望从事任何哲学方面的基础性工作："（他的批判）是我一生中最重要的事件……我的冲动被粉碎了，就像波浪撞碎在防波堤上。我彻底绝望了。"[135]

图5.3 维特根斯坦位于挪威峡湾的小屋

维特根斯坦说服当时最著名的逻辑学家放弃了逻辑，也放弃了他计划的《知识理论》（ *Theory of Knowledge* ）。最后，罗素和摩尔从他们的学生维特根斯坦那里接受指导。情况显然发生了逆转。

1913 年夏天，在和好友戴维·平森特一起去挪威旅行的时候，维特根斯坦决定将自己关于逻辑的思想写下来。他独自一人在肖伦的乡下度过了黑暗的冬季，这个村庄位于一个很深的峡湾的顶端，他在那里为自己安排了一间与世隔绝的小屋。自从摩西攀登西奈山归来之后，还没有哪个思想家找到如此格调的环境。

1913 年的圣诞节，维特根斯坦在维也纳度过，他的父亲去世了，留下了一大笔财富，大部分资产在国外，因为这位寡头不相信奥地利的和平能持久。

8 个月后，正如他父亲担心的那样，战争爆发了，维特根斯坦立即志愿加入了奥地利军队，尽管他已经被免除兵役。在加入军队之前，他从所获遗产中拿出 10 万克朗匿名捐赠给艺术家和作家，并委托资深人士路德维希·冯·菲克处理。这位资深人士做出了明智的选择：钱分给了一些名人，比如画家奥斯卡·科科施卡、建筑师阿道夫·卢斯、诗人莱纳·玛利亚·里尔克、格奥尔格·特拉克尔和埃尔斯·拉斯克-施勒，还有作曲家约瑟夫·豪尔。

入伍后维特根斯坦最初被分配到炮兵部队。然后他又捐出了一部分财产：这一次，他捐了一百万克朗给军队，用于购买迫击炮 —— 当时最大的迫击炮，钢铁怪兽。这让他的妹妹赫尔米娜想起一个老笑话：一个自作聪明的新兵最后被他的下士告知："见鬼，给自己买把枪，照顾好自己！"[136]

　　驻扎在波兰克拉科夫时，有一天，维特根斯坦在一家铺满尘土的小书店里偶然发现了托尔斯泰的小册子《简明福音》。这触发了他内心某种宗教的觉醒。后来，维特根斯坦声称："战争拯救了我"。[137]在第一次世界大战期间，他经常祈祷。但他还是坚持写他的逻辑学著作，并发现自己在削土豆时思考得最好。

　　他曾在东部和南部战线服役，后来调到步兵部队，成为一名获得高级勋章的军官。在前线服役期间，维特根斯坦中尉完成了他的《逻辑哲学论》。他在序言中总结了这部作品的意义："凡是能够说的，都

图5.4　维特根斯坦中尉的证件

能够说清楚；凡是不能说的事情，就应该沉默。"[138]

"因此，这本书将为思考划定一条界线，或者不如说不是为思考，而是为思想的表达划定一条界线；要划定思维的界线，我们必须能从这个界线的两方面思考（因此我们必须能够思考不能思考的事情）。因此，这种界线只能在语言中划分，而在界线那一边的事情只会是无稽之谈。"

如水晶般清澈？

1918年奥地利惨败后，k.k.中尉维特根斯坦被关在卡西诺山附近的一座意大利战俘营。在那里，他写信给罗素："我想我已经一劳永逸地解决了这些问题。"[139]他在书的序言中重复了这个大胆的主张：在这里所阐明的真理，在我看来是不可反驳的，并且是确定的。他解决了哲学的核心问题：它们都源自对语言运作方式的误解。

在第一次世界大战期间，罗素坚定捍卫自己的和平主义信念。为此，他牺牲了自己在三一学院的地位和自由。在监狱里，他写了一本《数理哲学导论》，与此同时，同样身陷囹圄的和平主义刺客阿德勒正在写关于马赫的书，他相信自己"找到了马赫一直在寻找的一切"。[140]

罗素在他新书最后一页的脚注中提到了维特根斯坦，说他不知道维特根斯坦的下落，甚至不知道他是否还活着。但现在，他宽慰地写信给在战俘营的奥地利人："最令人欣慰的是你还活着。"他还寄给他《数理哲学导论》[141]。然而，维特根斯坦在仔细阅读这本书时，发现了令人难堪的证据，即罗素从来没有理解过他，也永远不会理解他。

这位战俘终于得到了许可，可以把自己那份薄薄的手稿寄给弗雷格和罗素。结果弗雷格帮不上任何忙：他显然不知道如何处理维特根斯坦的论文。罗素也有点不知所措。毕竟，在维特根斯坦的手稿中，他粗暴地声称集合论和类型论是多余的，将罗素的伟大成就扔到了一边。即便如此，罗素还是像以前一样，尽力提供帮助。他写道："我相信，你认为这本书具有一流重要性的想法是正确的。不要泄气。你最终会被理解的。"[142]

到1919年夏天被释放后，维特根斯坦才有办法加快出版他那本被囚禁了很长时间的手稿。他最终在荷兰与罗素再次会面，荷兰在战争期间保持中立。天气寒冷，讨论旷日持久，发人深省。罗素答应为维特根斯坦的论著写一篇序言，目的是澄清一些比较晦涩的观点。

维特根斯坦回到了维也纳，但没有回到哲学。还有什么必要回去呢？毕竟，他已经解决了所有问题。他自己写道，这表明他在这方面实际取得的成就是多么微不足道，而这也正是他的论著值得一读的地方。维特根斯坦将这部作品献给大卫·平森特。他这位小个子纤弱的朋友是一名试飞员，在法恩伯勒军用机场的一次空难中丧生。

得益于在美国的明智投资，路德维希从他父亲那里继承的财产进一步增值。但维特根斯坦把这一切都给了他的兄弟姐妹。他的兄弟中只有一个还活着：保罗，这位钢琴大师在战争中失去了右臂。现在，保罗专门为左手谱曲，莫里斯·拉威尔和谢尔盖·普罗科菲耶夫，以及其他许多人，都为他谱写了钢琴协奏曲。

"为了心安理得地自言自语"，维特根斯坦决定去一所小学当老师[143]。当时，他和他的姐妹们住在一起。其中一位与海因茨·冯·弗斯特（1911—2002）的母亲是朋友，海因茨后来成了著名的系统分析师。10岁的海因茨刚刚通过中学入学考试，这一重大事件得用咖啡和蛋糕庆祝一下。维特根斯坦也来了，穿着他惯常的皮夹克。"那么，你长大后打算做什么呢，海因茨？"维特根斯坦问男孩。"研究！"小海因茨急切地喊道。"嗯，你需要知道很多才能做研究。"维特根斯坦温和地说。"我已经知道很多了！"海因茨说。"是的，"维特根斯坦反驳道，"但你还不知道你有多正确。"[144]

在维也纳师范学院学习一年后，维特根斯坦在特拉滕巴赫开始了他的学校服务，这里是下奥地利山区的小山村，有一根高大的烟囱，因此显得破败。

虽然《逻辑哲学论》现在已经完成了，但并没有给他带来快乐。几家出版商都拒绝了它，罗素冗长的导论没有达到维特根斯坦的期望。不过，最终还是罗素的导论促成了这本论著于1921年在《奥斯瓦尔多自然哲学年刊》的系列丛书中出版。凑巧这本书也成了这个著名书系的最后一本，而且由于出版商的时间压力，维特根斯坦没有机会对校样进行修订。令他震惊的是，他发现逻辑公式被篡改了，而且到处是印刷错误。但最糟糕的是，它包含了罗素的导论。

这本论著的英文译本比较好。它是由语言学家查尔斯·奥格登（1889—1957）在剑桥完成的。18岁的学生弗兰克·拉姆齐（1903—1930）在其中帮了很多忙，他是一位杰出的数学天才。双语版于

1922年出版，采用了摩尔提议的厚重拉丁文标题：*Tractatus Logico-Philosophicus*，《逻辑哲学论》。

维特根斯坦向罗素透露，没有人会理解这本书，尽管他认为他的书"如水晶般清澈"。[145]然而，在其他地方，他又说："我知道所有这些句子都不清晰。"他似乎至少在某种程度上意识到，他的风格在令人眼前一亮的清晰和彻底的晦涩之间达成了一种奇怪的平衡，反映了他渴望清晰表达和他意识到有些事情根本无法表达之间的紧张关系。作家英格博格·巴赫曼后来说，维特根斯坦的风格既神秘又透明。

这就如《逻辑哲学论》中说的："哲学的目的是从逻辑上澄清思想。哲学不是一门学说，而是一项活动。哲学著作从本质上来看是由一些解释构成的。哲学的成果不是一些'哲学命题'，而是命题的澄清。可以说，没有哲学，思想就会模糊不清：哲学应该使思想清晰，并且为思想划定明确的界限。"（4.112）

源自同样的脉络："凡是能思考的东西都能清楚地思考。凡是可以说的东西都可以清楚地说出来。"（4.116）

但同一位作者也写道："不可表达的东西显现——而未表达——在表达之中。"在维特根斯坦的一生中，对于什么是可以表达的和什么是只能显现的，两者的区别是他思想中反复出现的主题。"确实有不可说的东西。它们显现自己，它们是神秘的东西。"（6.522）[146]

《逻辑哲学论》在这一点上立场坚定：一个命题只有当它是某个

事实的"描画"时才有意义。不幸的是，这种理想的特质在《逻辑哲学论》中可以说只有极少的命题具备。维特根斯坦用一个优雅的姿态承认了这个问题："我的命题应当是以如下方式来起阐明作用的：任何理解我的人，当他用这些命题为梯级而超越了它们时，就会终于认识到它们是无意义的。（可以说，在登上高处之后他必须把梯子扔掉。）"（6.54）

在梯子的尽头

维特根斯坦确实扔掉了梯子。他没有读过小学，后来却成了一所小学的老师，并以传教士般的热情投入自己选择的新任务中。他为小学编写了一本字典，还为他的课堂准备了松鼠的骨骼。他带着他的学生到维也纳或山里去远足，并强迫他们学习数学。

许多年后，一个曾经是他学生的女孩回忆说："我们经常一上课就开始做算术作业，我们会一连几个小时不停地做算术题。他没有严格遵守时间表。他是个热心的数学家，想把一切都灌输给我们。"[147]

维特根斯坦的热情并不是每个学生都能接受。其中一个人回忆说："然后他非常生气，扯我们的头发，当然，这就没法继续了。"[148]

他与村民的关系恶化了。这位在剑桥接受教育的乡村学校教师从下奥地利写信给当时在中国做客座教授的罗素："我仍然在特拉滕巴赫，一如既往地被恶毒和卑鄙包围着。在这里，人们比其他地方更加没用和不负责任。特拉滕巴赫在奥地利是很微不足道的地方，而奥地利人自大战以来已如此悲惨，都让人不忍说起。"[149]

这位专横的零容忍教师在转到普赫博格和奥特塔附近村庄的小学后，情况也没有改善。

1923年，年轻的数学家弗兰克·拉姆齐来拜访他。他们一起一页一页地读维特根斯坦的论著。维特根斯坦告诉拉姆齐，没有人能够做超过5年或10年的哲学研究。他宣称自己已经完成了这项工作——不是因为哲学已经没什么可做的了，而是因为他的头脑已经失去了敏锐性。然而，事实证明，哲学思考不是维特根斯坦生命中的插曲，教小学才是，一个在6年后结束的插曲。

尽管他的同事不断恳求他不要那么暴力地对待学生，但维特根斯坦从未学会控制自己的脾气。最终，一个名叫海德鲍尔的孤儿倒下了，被维特根斯坦的一记"耳光"打得失去了知觉。慌乱中，维特根斯坦把男孩带到校长办公室，然后逃走了。

官方校督试图安抚这位伤心欲绝的老师："不会有什么事的。"他说。但维特根斯坦辞去了他的工作。神秘莫测的老师先生再也不会出现在那个古怪的村庄了。"这里的人心胸狭窄，什么都做不好。"[150]

1926年，维特根斯坦在维也纳郊区的一座修道院当了几个月助理园丁，度过了极为低落的几个月后，他决定接受一个完全不同的挑战：帮助他的姐姐玛格丽特·斯通伯勒（克里姆特为她画过肖像画）设计位于昆德曼街的别墅。

　　他们选择的首席建筑师是保罗·恩格尔曼（1891—1965），他是维特根斯坦多年的朋友。战前，恩格尔曼曾与著名记者卡尔·克劳斯和著名建筑师阿道夫·卢斯合作。后来，他简要总结了他从"我们这一代最好的三位老师那里学到的东西：克劳斯教我不要写作；维特根斯坦教我不要说话；卢斯教我不要建造"。[151]

　　维特根斯坦并没有对恩格尔曼设计的昆德曼街住宅平面图进行实质性改动，但是他极大地改进了设计的许多细节，从供暖系统到门钥匙，他都将他彻底的精确性和严谨性注入其中。

　　直到工程接近尾声，维特根斯坦才最终同意与维也纳小组的一些成员接触。时机到了。

M还是非M？（这是个问题）

　　在对《逻辑哲学论》的多次阅读中，维也纳小组发现了许多认同点。同小组中大多数资深成员一样，维特根斯坦也是生于战前的维也纳人，在玻尔兹曼和马赫的思想中长大。此外，维特根斯坦关于逻辑的思想落在了肥沃的土壤里：小组很精通罗素的工作。在他们的研讨班上，哈恩和卡尔纳普深入探讨了《数学原理》。

　　早在战争之前，维特根斯坦就已经开发出了真值表方法，这种方法在今天是分析逻辑连接词的标准方法，比如与、或、非。因此，例如，如果A和B是两个命题，那么只有A和B都为真，复合命题"A与B"才为真，其他情况下为假。

同义反复是命题A、B、C...的组合，并且总是为真，无论构成它的基本单元A、B、C...为真还是假。因此，同义反复可以说什么也表达不了。例如，"要么下雨，要么不下雨"这个命题总是为真，但它根本不会告诉我们关于天气的任何信息。同样的道理也适用于"如果草是绿色的，则要么草是绿色的，要么牛是蓝色的"。而同义反复正是可以从弗雷格的逻辑公理中推演出来的那些命题。

> 逻辑命题是同义反复。(6.1)
>
> 因此，逻辑命题什么也没说。(它们是分析命题。)
> (6.11)
>
> 逻辑命题描述世界的脚手架，或者不如说，它们展示世界的脚手架。它们不"论及"什么。(6.124)

对于数学家汉斯·哈恩来说，对逻辑的这种观点具有重要意义。"对我来说，"他写道，"《逻辑哲学论》解释了逻辑的作用。"[152]正如他向他最欣赏的学生卡尔·门格尔透露的那样："[起初]我没有感觉到这本书会被认真对待。直到听了瑞德迈斯特在小组中对此做的一个优秀报告，我自己仔细阅读了整本著作，我才意识到，这可能是自罗素的基本著作出版以来，对哲学最重要的贡献。"

后来，哈恩写道："逻辑不是关于世界特性的理论——相反，一个逻辑命题对关于世界什么也没说——它是一组指令，以我们使用的符号形式进行某种变换。"[153]

"因此，逻辑并不能说明关于世界的任何事情，它只与我谈论世界的方式有关。"

　　石里克支持这一观点："逻辑结论不表达任何真实的事实。它们仅仅是使用符号的规则。"

　　石里克在开创性文章《哲学的转折点》中这样写道："…… 但是维特根斯坦（在他 1922 年的《逻辑哲学论》中）是第一个向上推进并迈向决定性转折点的人。"

　　卡尔纳普也深受影响："对我来说，维特根斯坦是对我的思想影响最大的哲学家 —— 也许除了罗素和弗雷格之外。"[154]

　　但并不是小组里的每个人都折服于维特根斯坦神谕般话语的魅力。尤其是纽拉特完全不以为然。下面这些郑重其事的主张到底是什**么意思**？

> 　　在逻辑空间中的诸事实就是世界。（1.13）
> 　　实体是独立于所发生的事情而存在的。（2.024）
> 　　世界是怎样的，这一点并不神秘，而世界存在着，这一点是神秘的。（6.44）

　　在这位隐居乡野的先知的大多数言论背后，纽拉特只嗅到毫无意义的形而上学。当小组里的其他成员虔诚地研读《逻辑哲学论》中的隐晦语句时，纽拉特乐意抓住每个机会指出他们的谄媚。最后，当石里克恼怒地告诉他，他的打断令人不悦，"纽拉特改为只要讨论变得形而上学，就说字母'M'。但很快，他想出了一个改进方案：'我想，'他说，'如果我在那些终于没有陷入形而上学的罕见的情况下说'非M'，将节省大家的时间。'"[155]

学生罗丝·兰德用一份问卷调查表记录了小组里的主要成员对这本书中一些最重要的哲学论点的看法，在他们艰难地阅读《逻辑哲学论》之前、期间和之后都有记录。蓝色代表同意，红色代表不同意，绿色代表论点毫无意义。结果是一张彩色的图表。

第三类亲密接触

从1924年开始，石里克多次尝试与维特根斯坦会面，但直到整整三年后，才实现会面。

尽管石里克等了很久，他的礼貌从不打折扣。1925年圣诞节，他写道："如果能见到您，我将会很高兴，如果您不介意在乡村的寂静中被冒昧打扰，我将找个时机去普赫博格拜访您。"[156]

高高在上的维特根斯坦告诉他的姐姐玛格丽特，石里克的信让他"很高兴"。尽管如此，同以往几次一样，他含糊其辞地拒绝了石里克。1926年4月，石里克带着几个学生来到奥特塔，用他妻子的话说，"几乎怀着崇高的敬意……准备进行一次神圣的朝圣之旅"。但是又一次没有结果，因为那时候维特根斯坦已经辞职，匆匆离开了。

不过，第二年，玛格丽特·斯通伯勒终于能够向石里克转达她弟弟的肯定答复："他请我转达他对您最诚挚的问候，以及抱歉为了全力以赴于目前的工作而无法集中精力解决逻辑问题。亲爱的石里克教授，虽然他不愿意和一群人会面，但如果只和你一个人会面，他觉得他也许能够讨论一些问题。" [157]

就这样，禁忌终于解除了。玛格丽特获准安排一次会面。不知何故，心理学教授卡尔·布勒也参与其中。石里克的妻子布兰奇后来回忆说，石里克会面后回来时"情绪高涨"。维特根斯坦则对他的建筑师朋友保罗·恩格尔曼更为冷静地描述了这次会面："我们相互都认为对方疯了。" [158] （心理学家布勒没有留下对他们会面的看法的历史记录。）

在一封写给爱因斯坦的信中，石里克说他现在正以最大的热情探索"逻辑的深度"，受到的启发来自"维也纳的维特根斯坦，他写了一本《逻辑哲学论》（由罗素以英语和德语出版），我认为这是近代哲学中最深刻和最真实的一本书。作者没有继续写作的打算，他有艺术天性，是一个迷人的天才，与他的知识交流是我一生中最令人难以抗拒的经历"。[159] 石里克补充说，他们提供的"与其说是知识的延伸，不如说是知识的安全区"。

从1927年开始，石里克和维特根斯坦定期会面。很快，一些经过精心挑选的小组成员也被允许参与进来：值得信赖的学生魏斯曼和费格尔，费格尔的妻子玛丽亚·卡斯帕，还有卡尔纳普，他那时在小组里已成为中心角色。

卡尔纳普在自传中写道："在第一次会面之前，石里克敦促我们，不要进行我们在小组里已习以为常的那种讨论，因为维特根斯坦在任何情况下都不希望发生这样的事。我们甚至被告知在提问时要非常谨慎，因为维特根斯坦是出了名的敏感，很容易被直率的问题惹恼。"[160]

"当我终于见到维特根斯坦时，我意识到石里克的警告是完全正确的。他给我们留下的印象就好像他是通过神启获得的洞察力，我们不禁感到，任何冷静理性的评论或分析都是亵渎。"[161]

与维也纳小组的这些初步接触，尽管存在种种奇怪和武断的限制，还是逐渐使维特根斯坦回到了哲学。同一年，他完成了他姐姐房子的设计工作，回归了他真正的使命。

最后一个推动力来自荷兰著名数学家鲁伊兹·布劳威尔的演讲，名为"数学、科学和语言"。汉斯·哈恩组织了这次演讲，并邀请了维特根斯坦。很久以后，费格尔回忆了演讲结束后，他和魏斯曼在附近一家咖啡馆里和维特根斯坦一起度过了几个小时。"那天晚上维特根斯坦发生的变化，真是令人着迷。他变得非常健谈，并开始勾勒想法，这些想法成为他后来作品的雏形。那个晚上标志着维特根斯坦回归到强烈的哲学兴趣和活动之中。"[162]

石里克也在写给卡尔纳普的信中记述了这一事件，卡尔纳普碰巧在国外："最近，布劳威尔在维也纳举办了两次讲座。但更有趣的是维特根斯坦听了讲座后在咖啡馆里给我们讲的那些东西。"[163]

冠军重新回到了拳击台上。显然，在哲学领域还有一些值得做的事情！已 40 岁的维特根斯坦短暂回到了剑桥，最终获得了哲学博士学位。他提交了已举世闻名的《逻辑哲学论》作为博士论文。答辩委员是罗素教授和摩尔教授，他们和他是战前的老朋友。

对三个人来说，答辩就像一场闹剧，而且很简短。几分钟后，维特根斯坦站了起来，居高临下地拍拍答辩委员的肩膀说："别担心，你永远也不会明白的。"

科学世界观

维特根斯坦很快得出结论，卡尔纳普也是永远不会理解他的人之一[164]。仅仅见了几次面，他就拒绝再见那个冷静的德国人。两个争论点引起了维特根斯坦的愤怒。

首先是卡尔纳普对人工语言世界语的兴趣，这是一种天真但善良的尝试，目的是增进国际交流（和希望世界和平），毕竟现在英语还不是所有人的第二语言。维特根斯坦对世界语没有耐心。

另一个是卡尔纳普准备从原则上，用科学方法检验心理学家的主张。的确，为什么科学不能用来驳斥灵异现象，证伪与死者交流的可能性呢？但是，当维特根斯坦偶然在卡尔纳普的书架上发现一本关于超感官体验的书时，他愤怒地把它扔在地板上，并立即与卡尔纳普绝交。

即使没有这次爆发，卡尔纳普和维特根斯坦之间的友谊也迟早会破裂。他们的性格完全不相容：一方是充满灵感的艺术家，另一方则是一丝不苟的科学家。

卡尔纳普坚持认为，"严谨负责的科学研究态度也应成为哲学工作者的基本态度"。[165]因此，在《逻辑结构》的前言中，卡尔纳普描述了他对未来哲学的愿景："通过给每个人分配哲学研究的小任务，就像科学实践的标准一样，我们相信我们可以更加自信地展望未来。通过缓慢、仔细的构建，洞察力得以逐步形成，每个个体对集体努力的贡献仅限于他能够解释和证明的东西。按照这种有条不紊的方式，一块石头接着一块石头，逐步建成稳固的大厦，下一代可以在此基础上继续扩建。"[166]

维特根斯坦最讨厌的就是为后代建造"稳固的大厦"。他甚至不想在自己的《逻辑哲学论》里"一块石头接着一块石头"—— 恰恰相反！在接下来的十年里，他将把它夷为平地。他也没有参与"集体努力"的任何意愿。后来他又说："我不能建立学派，因为我不想被模仿。"[167]

卡尔纳普严重低估了他和维特根斯坦之间巨大的鸿沟，他写道："当维特根斯坦谈论哲学问题、知识、语言和世界时，我通常都能同意他的观点，当然，他的话总是会带来启发和刺激。因此，当他中断联系时，我感到很遗憾。他告诉石里克，他只和那些'能握住他的手'的人交谈。"[168]

然而，给予安慰性的支持和忠诚，不是卡尔纳普的行事风格。相反，他从不回避对信念的质疑，包括自己的信念，因为这是科学世界观的核心，而且卡尔纳普正是致力于此。事实上，此后不久标志着维也纳小组登上公众舞台的小册子就是以《科学世界观》为标题。

第6章
小组为自己立名

> 维也纳，1928—1930：石里克小组进入新的公开阶段，
> 宣言令小组领袖震惊。《科学世界观》发布。维特根斯坦警
> 告自负的小团体。石里克迎来转折点，把哲学描述为一门
> 艺术。自由思想家哈恩坦承信条：上帝从来不做数学。卡
> 尔纳普抨击形而上学，断言海德格尔的虚无毫无意义。纽
> 拉特把信仰寄托在无产阶级身上，称知识分子为浮油团。

"终于下了场雷雨"

《斯特鲁德霍夫阶梯》的作者多德勒尔，曾经把声望比作战舰：
起步缓慢，但很难停下来。

石里克的名字已经在德语国家以外的哲学界广为人知。1929年
夏季学期，他收到了访问斯坦福大学的邀请，这所年轻的大学曾经让
玻尔兹曼非常高兴，他热情洋溢地称之为他心爱的"黄金国"。

石里克欣然接受邀请。自从1907年与布兰奇结婚以来，他还没有
踏足过美国，正好他们的银婚纪念日就快到了。阳光明媚的加州对这

位渴望阳光的教授极具吸引力。他计划在秋天之前回到维也纳。

在启程前几周，波恩大学为石里克提供了一个哲学讲席，这是重要的认可标志。在这种情况下，本土大学通常会提价以留住自己的教授。这样的竞价按惯例会反复几次，让有声望的教授获得很大的实惠。但是，维也纳高层对石里克不以为意。奥地利文化部愿意给石里克的助理 —— 图书馆辅助馆员魏斯曼 —— 提供一份微不足道的工资，他在此之前完全是无偿工作[169]。这样一个寒碜的还价很难被认为有吸引力；可以说是一种怠慢。波恩的提议似乎越来越吸引石里克。他告别维也纳的可能性越来越大。

这时，石里克小组的成员才意识到石里克对他们有多重要。大家集体给他写了一封信："如果石里克教授离开维也纳，严格科学世界观的支持者将失去他们的精神领袖和他们在维也纳大学的著名代表，维也纳的精神生活也将承受无法弥补的损失。"[170]

当时正在达沃斯治疗肺病的卡尔纳普听说了石里克准备离开，他不安地写信给朋友："这对维也纳大学，对我们每个人都是沉重打击。"[171]

在寄给卡尔纳普的一张明信片中，石里克回复说他还没有决定。但在手写字迹的背面，是维也纳女孩丽瑟·歌达贝特的迷人照片，她刚刚被选为"欧洲最漂亮的女人"。人们不需要听弗洛伊德教授的课，也能猜到石里克最终会选哪里。

在踏上横渡大西洋之旅的前一天，石里克从不莱梅写信告知奥地利外交部，如果不是因为他的同事和学生"在最后时刻"让他相信，重要的哲学任务仍然需要他留在维也纳 —— 比任何时候都更需要 —— 他本来会接受波恩的邀请。

图6.1　石里克寄给卡尔纳普的明信片的正反面

也就是说，石里克启航前往新大陆，并计划在秋天返回。

门格尔回忆说："当听说石里克决定留在维也纳时，我们非常高兴。'值得庆祝一下！'纽拉特大声说，我们都同意。'我们得写一本书 —— 小组的宣言 —— 来阐明我们的观点，并在秋天石里克回来时献给他。'然后，同以往一样，纽拉特说干就干。"[172]

一场物理学家和数学家的会议定于1929年9月在布拉格举行。"石里克小组"的宣言写作小组决定赶在会议之前完工，这样它可以成为维也纳小组的名片。

与此同时，卡尔纳普从达沃斯回到了维也纳，他完全康复了，并迫不及待地开始工作。他在费格尔和魏斯曼的协助下起草了宣言的第一稿。他提议题目定为《维也纳哲学学派的核心思想》。但是他的纲要遭到了反对。

"纽拉特建议不要显得太沉闷"，卡尔纳普在日记中写道[173]。纽拉特首先反对的是书名。"哲学"一词是他无论如何都不能接受的，事实上他把它放在了他的"禁忌词汇清单"上；至于学派，这个词很容易引起不愉快的联想。此外，小组所有成员都一致蔑视"经院哲学"的概念，"哲学学派"同这个概念太接近了。

菲利普·弗兰克支持纽拉特："我们中的一些人非常希望避免使用'哲学'和'实证主义'这类术语，尤其是在扉页上。此外，我们中的一些人不喜欢各种各样的'主义'，无论是外国的还是本土的。所以最后我们决定用《科学世界观》作为标题。"[174]

纽拉特仍然觉得这个标题太枯燥了。因此，他建议加上"维也纳小组"作为副标题，因为这个短语会让人联想到维也纳森林、维也纳华尔兹，"以及生活中许多美好的事物"。

　　维也纳小组就这样命名了。然而，在维也纳，人们仍然称它为"石里克小组"；城里的几十个，甚至几百个其他小组肯定觉得，这个小组独占"维也纳小组"的名头真是妄自尊大。

　　这份宣言是一部集体作品。其正式作者是纽拉特、卡尔纳普和哈恩，但学生成员魏斯曼和费格尔也有贡献，还有费格尔的浪漫伴侣，哲学系学生玛丽亚·卡斯帕。卡尔纳普为自己保留了"执行最终修订的又酸又甜的任务"。[175] 由于这个作品是为了给小组的领袖一个惊喜，石里克本人根本没有被告知这件事，更不用说提供意见或发表评论了。

　　《科学世界观》旨在使事情尽可能清晰，当然任何宣言都会以此为目的。事实上，作为维也纳小组的一个总结，内容也是无与伦比的。在短短几页的篇幅里，它简要阐述了该组织的历史背景和最高使命——对所有形而上学和神学学说的集体讨伐。只承认实验和逻辑分析的结果，别无其他。宣言列出了小组成员的名字，以及要解决的问题：数学基础、物理、几何、生物、心理学和社会科学。百科全书也不过如此。

　　在7月的一个酷热周末，任务终于完成了，卡尔纳普在日记中写道："完成了小册子的打字工作。到了晚上，终于下了场雷雨。"[176]

　　纽拉特以他一贯的充沛精力，解决了出版问题。9月，赶在乘火车前往布拉格之前，费格尔从印刷厂取回了第一批印本。

蓝色宣言

夏去秋来，费格尔被委派参加1929年德国物理学家和数学家会议。布拉格现属于捷克斯洛伐克，不再属于奥匈帝国，但仍有很多人讲德语，大学也讲德语。它仍然是德语知识界的一个重要中心。

在这次重要的物理学大会上，石里克小组和一个类似的柏林团体想举办一个主题为"精确科学知识理论"的分会来吸引注意。弗兰克写道："德国物理学会并不热衷于将如此严肃的科学会议与诸如哲学之类琐碎的东西混为一谈。但由于我是当地组委会的负责人，他们很难拒绝我诚挚的愿望。"[177]

弗兰克本人在主会场的开幕全体会议上发表了演讲。当着拥挤的听众，他猛烈抨击形而上学命题，说它们只不过是早已被抛弃的物理学理论的石化遗存。对于听众中占多数的物理学家来说，这是一种强硬的姿态。他们对哲学家的无理有些不习惯；事实上，一些人可能认为德国唯心主义是神圣不可冒犯的。

在弗兰克妻子的印象中，她丈夫的话"落在观众身上，就像掉进井里一样，太深了，听不到一点回响。似乎消失得无影无踪"。[178]他的朋友理查德·冯·米塞斯在柏林建立了一个大型应用数学研究所，同时，他也在发展他的实证主义哲学。他以自己的方式响应了弗兰克的反形而上学倡议，然后，会议结束时，宣言的第一批印本在门口分发了出去。

在主会场开幕式之后，哈恩、卡尔纳普、纽拉特、费格尔和魏斯曼各自在分会场发表了演讲。他们的演讲发表在《知识》第一卷上，这是一本哲学期刊，以前被命名为《哲学年鉴》，后来由维也纳小组和柏林小组接手。作为锦上添花，还推出了维也纳小组丛书《为科学世界观写作》，由石里克和弗兰克编辑。

有了自己的期刊，自己的丛书，自己的会议，自己的宣传册，或许最重要的是，引人注目的名字，维也纳小组从最初的私下阶段跃升为公共焦点。

石里克从阳光明媚的加州返回欧洲后，又直奔阳光明媚的加尔达湖度假。在那里，他收到了一份全新的宣言，这份宣言是献给他的，用精美的蓝色皮革装订。卡尔纳普提前通过信件提醒了他："现在，出乎意料地，我给你寄去你的专属副本，蓝色的，但我希望它不会给你带来忧郁。请不要苛刻地评价内容，而是发扬你平常的温暖和宽容的精神。这是费格尔、纽拉特和我一起写的，与其说是出于技巧，不如说是出于诚意。"[179]

卡尔纳普猜测石里克会被宣言中某些自我宣扬的段落和信条激怒，这个猜测非常正确；事实上，在石里克看来，蓝色封面背后有太多的纽拉特。

维特根斯坦先生不高兴

汉斯·哈恩显然对这本小册子也不是很满意，尽管他是合著者之一。根据门格尔的说法，哈恩在很晚的时候才被要求发表评论，当时已几乎没有时间做出实质性修改。他最后只是在虚线上签了名。这是"为了亲爱的和平，他偶尔会做出的妥协"。[180] 很能说明问题的是，石里克和哈恩在一年内都各自独立发表了哲学主张。

哲学家们能就联合声明达成彻底共识的想法可以说是自相矛盾的。不过，它还是体现了卡尔纳普和纽拉特的观点。纽拉特以政治家的远见预见到这本书的副标题——《维也纳小组》（*Der Wiener Kreis*）——会被认为是整个维也纳小组的集体声明。事实上，宣言的卷首小心翼翼地避免列出真正作者的名字。

问题在于紧张的时间压力不允许写作小组获得所有小组成员的共识。因此，不仅石里克对宣言的内容感到惊讶，其他人也同样感到惊讶。例如，门格尔在阅读了宣言后就明确表示，他不希望被认定为维也纳小组的成员，只希望被认定为"与小组有关联的人"。为此，写作组煞费苦心地区分了小组成员和单纯的"有关者"。在门格尔表达了保留意见后，另外一些小组成员，包括哥德尔和维克多·克拉夫特，也要求有所保留。一种可能是，他们觉得自己被隐晦地作为团队努力的协从，他们不愿以这种方式卷入。

毫无疑问，最激烈的反应来自维特根斯坦。这个组织就他是否应被贴上"小组联盟"的标签进行了长时间和艰苦的辩论（当然，把他列为"小组成员"是不可能的）。最后，他们决定，维特根斯坦应该与伟大的爱因斯坦和罗素一起被列为"科学世界观的三个主要代表"。

　　维特根斯坦显然不是那种会被这种冒失的奉承哄骗的人。"这是一件很令人不安的事情，"他写信给他的朋友魏斯曼，"让我感到厌烦的是，一个好的出发点又一次变成了抬高自己的借口。"[181]

　　"正是因为石里克很杰出，他的朋友们才不应该这样吹捧他，而他所代表的维也纳小组，也因为他们的吹捧而显得可笑，尽管这可能是出于善意。当我说'吹捧'的时候，我指的是任何一种自满的姿态。好像拒绝形而上学是个新点子似的！将思想归功到自己身上就会臭，自我赞美也是一样。"

　　然后给了魏斯曼一些善意的建议："永远保持体面！永远不要帮小团体（哈恩、卡尔纳普等）的忙，即便以后你（和其他人）不得不为你的行为微笑着道歉。请放心，我不会乐观地认为有这种可能 —— 事实上，可能 —— 已经做了很愚蠢的事情来宣扬一个我非常尊敬的人，而且**你**也参与了这件事。"

　　不过，维特根斯坦并非毫不通人情，他写给魏斯曼的信以一句亲切的咆哮结束：

　　"你结婚了是件好事，祝贺你。"

哲学的艺术

　　维特根斯坦尊敬的人，维也纳小组领袖，没有参与写作小组的石里克在《哲学的转折点》一文中阐述了自己的哲学立场。这篇文章作为第一篇论文发表在新刊物《知识》上。它没有提到宣言，但认同了宣言的重点，将分析语言作为戳破形而上学主张的一种技术。

　　华丽的姿态并不是石里克的特点，但他知道如何掀起精彩的高潮。为了突出后面的观点，他在文章开头的语气很低调，指出历史上"描述哲学所取得进展的文章一再树立丰碑"。然后又说，"这些挑战不可避免地暴露出某种程度的怀疑"。[182] 石里克说，事实上，人们从中得到的印象是某种间接的发问，即从某个时刻以来哲学是否确实取得了任何进展。

　　"哲学的这种特殊宿命被反复地描写和感叹，以至于成了陈词滥调。沉默的怀疑和听之任之似乎是唯一恰当的态度。2000年的经验只不过表明，停止不同学说之间的激烈斗争和拯救哲学的所有努力都不再被认真对待了。"[183]

　　不过在这个引论之后是大胆的转折：

　　　　我谨提及其他人经常指出的这种哲学上的无政府状态，以便郑重表明，我完全了解我希望在下文中表达的信念的影响和重要性。

　　　　具体而言，我确信，我们现在正处于哲学的一个重大转折点，我们客观上有理由断言，现在时机已经成熟，我们应当一劳永逸地结束对立学说之间无意义的争议。我认为，我们已经掌握了原则上可以消除所有这些争议的方法。我们所要做的就是坚决运用这些方法。[184]

石里克的转变很激进。在几年前的一次演讲中，他声称自己年轻时的偶像尼采尽管才华横溢，还是不能位列最伟大的哲学家之中，因为尼采未能创建哲学体系。而现在，这些体系成了石里克轻蔑的对象；它们正是需要克服的东西。石里克这样表述："哲学不是一组命题。它不是科学。那它是什么呢？我们在哲学中看到的不是一套知识体系，而是一套行动体系：哲学是一种活动，通过这种活动，命题的意义被揭示或明确。通过哲学，命题得到解释；通过科学，命题得到验证。后者关注的是命题的真伪，而前者关注的是命题的实际含义。"[185]

让维特根斯坦自己来说也不过如此了。虽然他不是维也纳小组的一员，但在石里克的眼里，他显然是小组的焦点。"很容易看出，研究哲学不在于构造命题，给命题赋予意义也不能仅仅通过构造更多命题。这种解释意义的过程不可能一直继续永无止境。当一个人真正指明一些东西 —— 当一个人展示了正在谈论的东西 —— 最终都要以某种实际行动而不是言语作为结束。因此，解释意义总是要涉及行动。正是这些行动构成了哲学活动。"[186]

最终都要诉诸行动。在他的讲课中，这位哲学教授如此解释维特根斯坦的 4.112（"哲学不是一门学说，而是一项活动。"）：

> 科学家的任务和哲学家的任务之间的区别是，科学家寻求真理（正确答案），而哲学家试图澄清（问题的）意义。
>
> 科学的方法是观察和实验，结合计算和推理，通过这种方法建立一套关于真实世界的真命题。相比之下，哲学的方法是反思；哲学家查看给定的命题、观测和计算，并

解释它们的含义。研究哲学并不是给出一系列真命题。相

反，它是一种艺术——一种通向清晰的活动。[187]

作为一种艺术形式的哲学——石里克的这种观念似乎与卡尔纳普相对乏味的想法相去甚远，卡尔纳普的想法是将哲学与科学结合起来，让哲学模仿科学的风格。

哈恩拿起了剃刀

汉斯·哈恩也在维特根斯坦的著作中看到了转折点。

尽管这位数学家一生热衷于哲学，但迄今为止还没有在这个领域发表过任何作品。但是现在，在50岁的时候，他觉得自己准备好了。小组的刊物《知识》发表了他在布拉格会议上的演讲：《科学世界观的意义，特别是对数学和物理学的意义》。

哈恩从定义术语开始他的演讲。他解释说，科学世界观这个词既是一种信条，也是一种对比。"信条"这个词出自一位坚定的自由思想家之口，可能显得有些奇怪，但没必要遮掩："它帮助我们坦承对精确科学方法论的信仰，尤其是数学和物理学，以及我们对谨慎的逻辑推理的信仰（与之相对的是大胆的幻想、神秘的直觉和与世界的情感关联），还有我们对现象的耐心观察的信仰，并将现象尽可能地分离，不管它们本身可能显得多么微不足道（与之相对的是，诗意地、富有想象力地试图从整体领会和尽可能无所不包）。"[188]

但**科学世界观**一词不仅仅是一系列相互关联的信仰；它实际上是宣战！用哈恩的话说：

> 这个词用来区别我们的世界观和哲学通常意义上的世界观，作为一个关于世界的学说，声明与科学并肩站在一起，甚至可能超越它们。在我们看来，任何可以说出来并感觉到的东西都是科学命题，而研究哲学就意味着批判地审视科学命题，以检验它们是否是伪命题（也就是说，它们是否真的具有相关科学实践者赋予它们的清晰性和意义）；它还意味着，进一步揭示那些声称具有比科学命题更高层次的另一种类型的意义的命题为伪命题。[189]

几乎与这篇文章同时，哈恩的小册子《多余的实体：奥卡姆剃刀》与维也纳小组的宣言在同一丛书中出版。他在小册子的开头提到了"令人眼花缭乱的各种哲学体系"，然后他对**面向**世界的哲学和**背离**世界的哲学进行了区分。他说，伊壁鸠鲁和休谟面向了世界，而康德和柏拉图则背离了世界。

背离世界的哲学不合哈恩的口味。然而，根据他的观点，它们仍然存在于：

> 德国唯心主义体系中，还能在哪呢？德国毕竟是众所周知的思想家和诗人的国度。但是，新的时代正慢慢来临，解放正来自于诞生了政治解放的同一片土地，也就是英格兰：毕竟，英国被称为"店主之国"。这个国家一方面给世

界带来了民主，另一方面也给世界带来了哲学的重生，这绝非偶然；同一片土地上既看到了国王被斩首，也目睹了形而上学的死刑，这也绝非偶然。然而，面向世界的哲学的武器不是刽子手的剑和斧头——它没有那么嗜血——尽管它的武器足够锋利。今天我想谈谈其中一种武器，即奥卡姆剃刀。[190]

英国学者奥卡姆的威廉（约 1287—1347）曾经说过，永远不应假设非必要的实体。这一原则被称为奥卡姆剃刀。马赫很喜欢它，因为它集中体现了他一直推崇的经济性思想。

哈恩也接受这一原则，并在他的论文中付诸实践。他说，所谓多余的，是所有妨碍我们大脑的"模糊的半存在物"，如普遍性、空的空间、空的时间、物质、物自体、超越想象之物，当然，也包括神和魔鬼。

汉斯·哈恩写道："把它们都赶走吧！"[191]

维特根斯坦、上帝和数学

哈恩想把所有形而上学和神学的噱头扔进神秘垃圾箱，希望借此获得一个不那么受遮挡的看待哲学**真正**问题的视角。他年轻时在给朋友保罗·埃伦费斯特的信中这样写道："我的哲学天赋得到了很多认可，而且在内心深处我知道，毫无疑问我在这方面有天赋。我只能告诉你：我相信这些问题背后隐藏着真正的问题，而那些对立的说法，不管它们重复多少遍，都只不过是些愚蠢的空话，部分是出于无知，部分是出于无能。"[192]

吸引哈恩的"真正的问题"是什么呢？他这样阐述过最根本的问题："经验主义的立场如何与逻辑和数学对实在的适用性相容？"[193]

其中的思想是，我们对这个世界的有限经验永远不能为我们提供绝对确定的普适性真理。为了绝对确定，我们必须观察普适性命题可能适用的所有情况。以"猫不吠叫"这个命题为例。它似乎是真的，但是完全可以设想有一天猫会开始吠叫——虽然没有人看到过这种事情。但是也许猫在没有人的时候就是这样叫的。

另一方面，数学是由始终为真的命题组成的。无法设想有一天"二乘二等于五"会成立。那么，为什么一种知识是绝对有把握的，而另一种不是呢？由于数学是以逻辑为基础，这就引出了下一个问题：逻辑的确定性从何而来？

按照哈恩的说法，如果逻辑是关于世界的最普遍性质的科学，那么经验主义确实会面临无法克服的困难。但事实上，"逻辑并不能涉及任何关于世界的事情；相反，它与我谈论世界的方式有关。所谓的'逻辑命题'只不过是表明我们所说的东西可以用其他各种等价的方式来表述"。[194]

哈恩进一步写道："正是维特根斯坦揭示了逻辑的同义反复特性，并强调所谓的逻辑等式（如'与''或'，等）与世界上的任何事物都不对应。逻辑只涉及我们**谈论**世界的方式。一个逻辑命题的确定性和普遍有效性 —— 或者更确切地说，不可辩驳性 —— 恰恰源于这样一个事实，即它对任何类型的对象都不作任何说明。"

　　哈恩似乎预见到了维特根斯坦对 "语言游戏" 的使用，他写道："不接受逻辑推理的人并不是对客体的行为持有与我不同的观点，而是拒绝按照跟我一样的规则来谈论这些客体。这并不是说我不能说服这样一个人，而是我不得不中断我们的谈话，就像我拒绝继续和一个坚持认为月亮牌可以赢愚人牌的伙伴玩塔罗牌一样。"[195]

　　正如哈恩所认识到的，对逻辑成立的东西对数学也成立：它也是由同义反复式组成。显然，很多数学家会强烈反对这种观点，例如庞加莱，对他来说，**同义反复**这个词带有 "微不足道" 的意味。

　　"的确，"汉斯·哈恩写道，"数学中包括各种辛苦得来的定理，并不断得出令人惊讶的结果，从表面来看似乎很难相信，整个数学，除了同义反复之外，什么都没有。但这个观点忽略了一个小细节，即我们人类并非无所不知。当一组命题被断言时，无所不知的生物会立即知道蕴涵的所有事情。这样的一个生物会立即知道，根据对数字和符号 ' × ' 的用法的共识，'24 × 31' 和 '744' 是一回事；无所不知的生物不需要逻辑和数学。"[196]

　　在另一个场合他还说过："无所不知的主体不需要逻辑，与柏拉图相反，我们可以说：上帝**从来**不做数学。"[197]

冰冷清澈的化身

与哈恩从学生时代起就是朋友的菲利普·弗兰克写道："可以说，在某种意义上，哈恩一直是我们小组的中心。他会直指核心观点，不受无关紧要的意见分歧干扰。没有人比他更清楚如何用简单而又细致、合乎逻辑而又深刻的方式来描述我们小组的基本原则。"[198]

哈恩（Hahn）的名字作为单词有"公鸡"的意思，他的朋友们叫他"肉鸡"（Hähnchen）（学生们可能也会这么叫，但只会在背地里）。他的讲话和论文都非常清晰。每次讲课他都会精心准备，他发明了一种独特的演讲技巧，并将其发挥到极致。他最欣赏的学生卡尔·门格尔写道："他会以几乎无法察觉的步骤推进，遵循的原则是，通过同义反复的变换构造数学证明；然而，每次课结束时，他所涵盖的想法之多会让听众眼花缭乱。"[199]

他的一个学生崇敬地回忆起哈恩教学风格的"冰冷清澈"，[200]另一个学生卡尔·波普尔在他的最后一篇文章"一个心怀感激的学生的回忆"中写道："我留下的印象是他是一个极为有原则的人。在研究所所有的数学家中，他似乎是数学规范的化身。至少对我来说，哈恩的演讲是一种启示。"[201]

到维也纳任职之前，哈恩刚刚完成了长达865页的巨著《实函数论》第一卷。这本书以极为细致的方式推演基础，以至于像导数和积分这类在微积分中最基本的概念都只能放到第二卷。根据哈恩的说法，这部续卷的出版会"暂时推迟"到1921年[202]。而事实上，1932年出版的还只是第一卷的全面修订版，并且仍然没涉及导数和积分的概念。第二卷在作者去世14年后才出版。

哈恩对无穷维空间的研究已变得越来越重要。随着年龄的增长，他也越来越符合人们对世界级学者的刻板印象。电影迷肯定知道，如果没有一些无害的怪癖和一个漂亮的女儿，这种形象是不完整的。

哈恩的女儿诺拉当时在马克斯·莱因哈特演员学院求学。女儿毕业后，哈恩写信给他在荷兰莱顿的老朋友保罗·埃伦费斯特："我的女儿已经成为一名演员，并且已经签了下一季的合约（她的第一季是在格拉茨，现在她在布吕恩）。她主要扮演严肃角色（用戏剧行话来说，她是一个'很有感受力'的女演员），她全身心地投入工作。"[203] 后来，诺拉·米诺（这是她的艺名）在喜剧电影中表现非常出色。

而哈恩的怪癖则是他对超自然心理学的兴趣。这种兴趣与人们对冷酷推理的数学家的刻板印象不符。毫不奇怪，哈恩是自由思想家协会的重要成员，他的政治倾向很偏左。但是令他妹夫纽拉特大失所望的是，哈恩参加通灵仪式。

在哈恩看来，对超自然心理现象的批判性研究似乎完全符合科学世界观。他根据两个理由支持这个观点[204]。首先，很明显，有些人拥有大多数人缺乏的能力。例如，只有1%的人天生拥有完美的音高。既然存在罕见的天赋特质，我们为什么要急着否定灵媒可能拥有我们大多数人所缺乏的精神能力的可能性呢？其次，根据哈恩的说法，灵媒在恍惚状态中语无伦次的低语正好表明，这些低语直接来自灵媒的潜意识，而不是精心准备的骗局的一部分。

和卡尔纳普一样，哈恩认为，对于科学世界观的信徒来说，弄清楚如何以一种精确的方式将科学与伪科学、迷信、宗教和骗术区分开来是一个严峻的挑战。哈恩和卡尔纳普并不孤单。很多完全理性的人都对唯灵论者的说法抱有开放的兴趣，比如传奇魔术师哈里·胡迪尼（1874 — 1926）和世界著名作家柯南道尔（1859 — 1930），以及很多思维慎密的科学家，比如古列尔莫·马可尼（1874 — 1937）、威廉·詹姆斯和亚历山大·贝尔（1847 — 1922）。

"虚无"的纷争

像卡尔纳普这样值得尊敬的同伴，仅仅因为拥有一本关于超自然心理学的书，就激起了维特根斯坦的愤怒。在后者看来，卡尔纳普和哈恩都属于维也纳小组内"爱管闲事的小集团"。但卡尔纳普并不需要维特根斯坦，他在维也纳找到了很多朋友。他的讲座很受欢迎，吸引了一百多名学生。从专业角度讲，他非常活跃，不仅写了一本简明的《逻辑学概论》，还在《哲学中的伪问题》中热切地批判了形而上学主张。

卡尔纳普在回忆录中描述了他对形而上学的看法的变化："我一开始认为，许多传统的形而上学观念不仅毫无用处，甚至缺乏认知内容。它们只不过是一些虚假的语句，也就是说，它们似乎在断言……，而实际上并没有作出任何断言，因此既非真也非假。"[205]

事实上，形而上学的命题不能经验验证，也不是在同义反复的层面上为真。因此，卡尔纳普总结道，这样的命题毫无意义。它们只是**看起来**像是命题。它们的语法结构是完美的，但它们的逻辑正确性至少是值得怀疑的。形而上学命题使用诸如**原则**或**上帝**之类的词语，这些词语和杜撰的词语"巴比克"一样毫无意义；或者使用有意义的词语，但以毫无意义的方式排列到一起，例如"凯撒是一个素数"。

卡尔纳普写道：

> 如果有人断言"上帝存在"，或者"世界的主要基础是无意识"，或者"存在诱惑是生命体的主要原则"，我们不会说："你刚才的断言是错误的"，而是会问："你这些命题是什么意思？"这样就凸显了两类命题之间的明确界线。其中一类属于经验科学中的那种命题；它们的意义可以通过逻辑分析来确定，或者，更确切地说，通过系统地将经验数据还原为最基本的命题来确定；另一类命题，上面引用的句子所属的那一类，如果按形而上学者的意图来理解的话，则揭示出它们完全缺乏意义。[206]

形而上学者坠入了幻象，错误地认为词语组成的这些语法结构背后一定有某种思想。按照卡尔纳普的说法，这种希望类似于一个苏族印第安人的神奇想法，他给儿子取名为强壮的野牛，真诚地希望能给这个男孩带来真正的力量。同这个苏族人一样，形而上学者也陷入了一种迷信，即相信语言的魔力。

甚至像"外部世界是真实的吗？"这样看似正常的问题也不是真问题，而是伪问题，因为没有办法给出结论性答案。"任何超越事实的东西都必须被视为毫无意义。"[207]

原则上科学可以回答任何提得有意义的问题，因此不会存在无法回答的问题。或者就像宣言中自信地指出的那样，"科学世界观不涉及没有答案的谜题"。

卡尔纳普强调，"在科学中没有深度"，大概指的是充满无穷奥秘的深渊[208]。然而，在后来的岁月里，卡尔纳普变得成熟了一些，甚至承认："不过还是存在着人性中常见的情感体验，这有时令人不安。"[209]

由于他对形而上学的彻底排斥，卡尔纳普成了维也纳小组的标志性人物；然而，他这样做也严重损害了他在德国获得教授职位的机会。这位年轻讲师尖酸的俏皮语，如"形而上学者是缺乏所有音乐才能的音乐家"，并不受哲学系主任们欣赏。事实上，这些机构的一个共同观点是，清晰和深度互相排斥，而纯粹的哲学思想，只要足够纯粹，就能够超越傲慢而可怜的科学学科。

当时正是德国哲学家马丁·海德格尔开始出名的时候 —— 海德格尔（1889 — 1976）有一句很有名的话："让哲学变得可理解就是自杀。"[210] 他的讲座《什么是形而上学？》在1929年出版，也就是《科学世界观》出版的同一年。海德格尔的纲领与维也纳小组的纲领截然相反。科学，包括逻辑学在内，在其中被屈尊对待。

1928年在达沃斯疗养期间，卡尔纳普碰巧遇到了在那里讲哲学课的海德格尔。这次偶遇发生在美丽的阿尔卑斯山上，小说家托马斯·曼称之为"魔山"（他的史诗小说《魔山》中的故事就发生在达沃斯的结核病疗养院里），它象征着哲学史上的一个决定性时刻。形而上学和语言分析相互背弃，从此走上了截然不同的道路。

从那以后，每当卡尔纳普想要嘲弄无意义的语言使用方式，就会到海德格尔的《什么是形而上学？》中挑几个有趣的例子。在达沃斯，他写信给石里克，称自己遇到了"一片巨大的形而上学乌云"，在云里面他发现了 —— 虚无。也就是说，**什么也没有**。

海德格尔深深纠结于（或者说"执着于"）"虚无"这个概念和这个词，他喜欢在"虚无"（nothing）前面加上定冠词the。这里有一段话摘自海德格尔自己的形而上学宣言："我们在哪里寻找虚无？我们在哪里找到虚无？我们什么都不知道。恐惧向我们揭示了虚无。我们所害怕的，不管出于什么原因，实际上什么都不是。事实上：正因此，虚无本身就在那里。那么这个虚无是什么物质呢？虚无自我湮灭（The nothing annihilates itself）。"[211]

最后一句话是海德格尔著名的"虚无虚无化"（Das Nichts nihtet）的一种英译方式，也经常被译为"The Nothing nothings"，这是一种取乐的不合语法的表达方式。德语原文是合乎语法的，如果允许一点诗歌性的话。它的韵律很完美。然而，海德格尔的语句无关事实。

希尔伯特也选了海德格尔的一句话作为嘲弄对象。形而上学者声

称"虚无是对存在整体的彻底否定"。这位数学家嘲笑这段话，说它
"很有启发性，因为尽管它很简短，却违反我在证明论中提出的所有
主要原则"。[212]

　　海德格尔完全明白他关于"虚无"的问题和答案是不科学的，
可能是无意义的。他很愿意承认科学和形而上学是不相容的。海德
格尔认为，这对科学很糟糕；而卡尔纳普认为，这对形而上学是致
命的。

　　海德格尔一点也不在乎。他以不容置疑的教皇般的姿态宣称：
"如果科学不认真对待虚无，那么所谓的科学的冷静和优越就会变得
可笑。"[213]

　　卡尔纳普在他的文章《通过对语言的逻辑分析克服形而上学》
中，毫不客气地记录了诸如"虚无虚无化"这样毫无意义的废话是如
何通过与"雨下雨"这样的句子的错误类比产生出来的。语言失去了
牵引力，开始失控脱轨。毕竟，它只是一种不完美的工具，根据哈恩
的说法，"我们祖先的原始特性在背后偷笑"。[214] 在"It rains"这个
句子中的"it"意味着有个实体在那里下雨。像"nothing is outside"这
样的语句则暗示了外面潜伏了一个实体——也就是臭名昭著的虚无。
然而，正如《科学世界观》所阐释的："普通语言只使用言语的一部
分——名词——来涵盖物体（如'苹果'），特性（如'硬度'），关系
（'友谊'）和过程（'睡眠'）；但在这样做的过程中，人们会错误地将
抽象功能的名词也视为实际的物体。"

逻辑正确的符号语言可以避免这种混乱。卡尔纳普期望借助人工语言改善这种状况 —— 不是世界语，而是精心设计的形式化语言，例如由皮亚诺、罗素和弗雷格设计的语言，或者 —— 许多年后的 —— 计算机语言，卡尔纳普在有生之年见证了它的诞生。

卡尔纳普的维也纳时期，正如他后来所写的，"是我生命中最具活力、最愉快、最富有成效的时期之一"。[215]他与小组大多数成员都有密切的交流，几乎每天都在这家或那家咖啡馆与他们讨论。

卡尔纳普的社交精力可能部分是因为他离开了在德国的家人。他离婚了。尽管在维也纳期间，他仍然与前妻伊丽莎白和孩子们保持密切的联系，但他过着自由自在的单身汉生活，而且他的私生活肯定不像他的哲学那样严肃。

和罗素很像，卡尔纳普也对婚姻持怀疑态度。而且性开放关系在当时相当流行。布兰奇·石里克向她的丈夫抱怨卡尔纳普对他的生活影响不好，莫里茨·石里克也的确丝毫不排斥异性（他不会无缘无故称自己为享乐主义者！），最终他不得不要求卡尔纳普在给他的信中更加谨慎：即使在他自己家里，石里克似乎也不能确保自己的通信隐私[216]。

卡尔纳普的"集邮式性爱"（他的一个女性朋友这样说他）突然停止了，因为在一门课快结束的时候，他的学生伊丽莎白·斯特格尔，一个有着迷人眼睛的苗条女孩，给了他一本书。卡尔纳普克制了一阵子。几星期后，斯特格尔小姐问她的教授是否喜欢这本书；她在信中

说，她之所以想知道，是"出于技术原因"。[217] 卡尔纳普教授回问
"什么样的技术原因？"斯特格尔小姐回答说，他的声音使她想起她
以前的一个女性朋友。她补充说，她并不是想得到更好成绩的那种年
轻女孩。卡尔纳普仍然假装不懂，但经过几个星期的调情，他们俩成
了一对。

图6.2 学生时期的斯特格尔，证件照和生活照

斯特格尔更喜欢别人叫她的中间名，伊格娜西亚，或者简称伊娜。
她的另一位女性朋友，摄影师特鲁德·弗莱施曼，喜欢给伊娜多变的
脸部拍照。同伊娜共度第一个晚上后，卡尔纳普在日记中透露："她有
两张面孔：一张是从正面看起来很严肃的脸，'伊格娜西亚'，不放松，
表情有点做作；另一张面孔则更加亲切可爱，尤其是从下和往左看时。
吃早餐时，在明亮的阳光下，我被伊格娜西亚那张完全清醒的脸吓了
一跳。"[218]

不久，伊娜搬到卡尔纳普家住。

肮脏的纯哲学

奥图·纽拉特的家庭也发生了变化：奥图从德国回来后不久，他的儿子保罗就被从儿童之家接回来了。从一开始，这个10岁男孩就和他的盲人继母相处得很好。纽拉特一家住在维也纳的工人区马加雷滕，他想把儿子培养成真正的无产阶级，事实上，这个男孩已经精通工人阶级的俚语。但是抚养孩子是令人挫败的任务，并导致意想不到的结果：保罗最终成为一名学者。

纽拉特夫妇的公寓很宽敞，烟雾缭绕，昏暗。奥尔加特别喜欢抽雪茄。自来水只有走廊里才有。不过奥图的书房很大——当时大约有两万本书。客人络绎不绝。在一张巨大的沙发上不分昼夜地讨论着，周围堆满了书和烟灰缸。

海因里希·奈德（1907—1990）是一名马克思主义学生，也是维也纳小组的初级成员，他描述了他第一次来到这里的情形："于是我来到了纽拉特的家，那里当时非常破旧。气味很难闻。一位盲女人开的门：纽拉特夫人。她把我们领到她丈夫身边，他正在睡觉，她不得不摇醒他。他是个大块头，像大象一样。我被引见给他。他的第一个问题是：'你在学什么？'我回答：'哲学，纯粹哲学。'对此他说：'你怎么能做这样肮脏的事情？既然这样，干嘛不学神学？'"[219]

托马斯·曼的儿子、历史学家戈洛在一次青年夏令营担任讲师时遇到了纽拉特，并记述了这位老煽动家的类似抨击：

> 不要读康德，也不要读叔本华——你应当研究的是科学！你必须打破所有那些陈旧的蛋壳，如形而上学和唯心主义之类的东西！知识分子就像浮在汤里的油脂团，不断耍着障眼法。这就是哲学家们最喜欢做的事情！他们夸张的语言——"显现""散发""否定之否定"——在一瞬间就暴露了他们的身份。如果一个无产阶级读到或者听到哲学家惯常的夸夸其谈，他不会理解任何东西，他还会认为自己太蠢了！其实不是他蠢！[220]

纽拉特已彻底放弃了学术生涯的希望。但他成功说服了维也纳社会民主党政府建立一个社会和经济事务博物馆，并由他自己担任馆长。

有一天，一大群来拜访纽拉特夫妇的人带来了漂亮的玛丽·瑞德迈斯特，她的朋友们都称她为梅泽。梅泽当时本来准备去德国布伦瑞克参加一个数学和物理教师文凭考试，但是和一些朋友一起，她决定去维也纳短途旅行。她的弟弟库尔特，那位纽结大师，给她讲了很多关于石里克小组和精力充沛的纽拉特的故事，据说他是维也纳最有趣的人，纽拉特也没有让来自德国的访客失望。这个有着大鼻子和闪亮眼睛的魁梧男人用一连串的笑话逗得客人们开怀大笑，直到深夜。

第二天，奥图和梅泽去了位于维也纳普拉特的休闲公园休斯塔德湖。他们在那里租了一艘划艇，划了几个小时。奥图一回到家就告诉了奥尔加一个好消息："你猜怎么着，我今天亲了梅泽！""嗯…… 没花你多少时间！"他的妻子愉快地回答[221]。玛丽短暂地回到布伦瑞克参加考试。然后她搬到了维也纳。

纽拉特的科学统一论

不是所有人都欣赏这个暴躁巨人的魅力。比如，内敛、庄重的石里克就很难忍受纽拉特的粗鲁，从来没有邀请过他去家里。

"我不能让声音这么大的人在我的地方"，石里克说。"在这里，人们演奏莫扎特，轻声交谈。声音这么大的人在这儿干什么呢？"[222]

纽拉特最喜欢的话题是"科学的统一"—— 他不愿在自然科学和人文科学之间划出任何界线。他把它们看作是一个宏大统一而且高贵的结构的组成部分。

就像《宣言》中说的，"我们的努力是把各个研究者在各自科学领域的成就联系和协调起来。根据这种方法，自然会强调集体努力"。纽拉特一次又一次回到这个主题，确实喋喋不休。

根据奈德的记述，就连极为礼貌的石里克有一次在介绍纽拉特的讨论班报告时也这样说："纽拉特先生宣布他准备今天做演讲。他说他想探讨科学的统一。我无法想象这样的话题会引起在座各位的兴趣，但我还是诚挚地邀请纽拉特先生开始他的演讲。"[223]

纽拉特咽了一下口水，然后开始了自己的演讲。毕竟，没有人能阻止他沉迷于自己的激情之中。他勇敢地向前航行：

直到19世纪末和20世纪初，各门学科的科学研究才取

> 得了足够的进步，能够实质地追求一种统一，在这种统一中，所有概念都是遵循一种方法形成的，而且也只有一种方法。这种方法通过使用特定的规则，系统地将给出的每一个断言还原为个人的感官经验，每个人都可以自行检验。
>
> 只有通过几代以科学为导向的人们的共同努力，才能最终完成这项艰巨的集体任务。
>
> 一些人已经从传统的思维模式中解放出来，例如马克思，他认为社会生活是脚踏实地的、受制于经验，还有马赫，他把一切都物理还原为个人的感觉数据。[224]

在纽拉特看来，马克思主义是在进行正义的斗争，与科学世界观紧密相连。纽拉特所说的一切听起来都像是一份宣言，而且还是共产主义宣言。

纽拉特邀请维也纳小组的成员参加每周一次的马克思主义课程。然而，他的传教士般的热情并没有取得多大成功。石里克就从没去过。在纽拉特看来，这证明了资产阶级的反动阶级意识。正如门格尔写的，他"通过常常是扭曲的社会主义哲学镜头来看待一切。我从没见过哪个学者像纽拉特这样，如此一贯地痴迷于一个思想和理想"。[225]

从纽拉特的一小段关于罗素的文章可以了解这个思想："社会主义无产阶级的道路是由所有那些宣扬反资本主义学说和敏锐清醒的人准备的！像其他少数人一样，英国的罗素对两者都做出了贡献。在战争期间，他经历了英国司法的全面迫害，因为他热切地反对军国主义洪水。这位反战活动家为自己的信念而战。今天，同样是他作为精确哲学的领袖在全世界享有盛誉,这种世界观探索物体及其相互作用的逻辑数学结构,并将一切还原为经验本身。"[226]

到目前为止,还不错——如果你能跟上他的思路的话。但是罗素最近刚从苏联访问回来,他对苏联的现状没什么好话可以讲。纽拉特认为这是对他个人的侮辱:"对罗素来说,马克思主义意味着思想的一致化,以及对理性的蔑视,因为它宣扬阶级斗争,而这正是罗素不能接受的。对他来说,马克思主义本质上是敌人。"[227]

这就导致了这样的结论:"在他的社会观点中,罗素是非科学的:他不研究关联;他不用逻辑手段来描述事实,而只是表达自己的个人愿望;他认为理性的力量应该是一个社会学事实,从未对其进行更深入的历史分析。同一个人,作为精确的哲学家,既表现出了无与伦比的批判和敏锐的分析头脑,却又不认为有必要对社会议题进行更深入的研究。一个环球旅行者的道听途说变成了科学小资产阶级的傲慢信条。"

大约10年后,当罗素受邀在巴黎由纽拉特本人组织的科学统一会议上发表开幕演说时,他欣然接受了邀请。被纽拉特称为"科学小资产阶级"似乎并没有让罗素感到尴尬,在他的兄长去世后,他成了第三代罗素勋爵,并在上议院享有永久席位。

第7章
外延

两次世界大战之间的维也纳：小组通过外延拥抱生活。马赫协会很快被视为右翼国家的左翼城市的右翼大学的左翼团体。紧张局势不断升级。犹太作家被枪杀，他预见了《出埃及记》的到来。学校的请求被驳回。成人教育创历史新高。纽拉特将小规模园丁变成了一排排小人，创建了一个新的博物馆作为展示的窗口。图表统计给无产阶级带来欢乐。维也纳的建筑师工作于棚户区和包豪斯之间。数学和统计学激励着维也纳的作家们。

谁也不要置身事外！

维也纳小组新的公开阶段始于1929年前后。然而，周四晚上的会议仍然是完全私人的事情——人们称之为学术的私密无间。你必须收到石里克的邀请。

但是小组里的许多成员想要做的不仅仅是参与学术讨论，然后在咖啡馆里放松，在台球轻轻的撞击声中闲聊。卡尔纳普后来写道："我们小组里的所有人都对社会和政治进步非常感兴趣。我们大多数人，包括我自己，都是社会主义者。"[228]

　　大多数，但不是全部：例如，石里克和门格尔就不是。维也纳小组的宣言承认了这一少数派，尽管有点不情愿："当然，不是每个科学世界观的信徒都愿意成为战士。有些人喜欢独处，在逻辑冰冷的山坡上离群索居；有些人甚至鄙视与大众打交道。但是，他们的成就也将在历史发展中占有一席之地。"[229]

　　小组里所谓的左翼致力于推进这一"历史发展"，其中包括哈恩和卡尔纳普，当然最积极的是纽拉特。由于这些人恰好也是《科学世界观》的作者，所以其中写道："维也纳小组不自限于作为一个封闭团体。它也试图接触当代其他活跃运动，只要他们对科学世界观有好感，远离形而上学和神学。"[230]

　　但学术讨论小组并不是与"当代其他活跃运动"结成战略联盟的最佳载体。事实上，为维也纳小组的公开活动阶段铺平道路的是一个正式社团的成立——马赫协会。该组织的首次会议于1928年11月在维也纳旧市政厅的礼堂举行，纽拉特发表了主题演讲《马赫与精确世界观》。

　　不用说，纽拉特是整个运动背后的灵魂人物。但第一步是其他人迈出的。警方记录显示，马赫协会最初的支持者是奥地利自由思想家联盟的成员，他们都不属于维也纳小组。然而，一个偶然的机会，纽拉特被叫了进来。他一来就抓住机会彻底接管，一夜之间，在他们还没反应过来之前，曾经的无神论者俱乐部就变成了维也纳小组的一个分支。

石里克被选为协会主席，哈恩担任副主席，纽拉特担任秘书，卡尔纳普担任副秘书。"接触当代其他活跃运动"是通过任命两名红色维也纳的城市顾问进入咨询委员会实现的：著名解剖学家朱利叶斯·坦德勒，当时正专注于维也纳卫生系统的改革，以及儿科医生约瑟夫·弗里德荣，弗洛伊德心理分析协会的成员。

马赫协会的活动很明确。正如宣言中所述："我们正在目睹科学世界观的精神以各种形式日益渗透到个人和公共生活、教育、育儿和建筑中，以及它如何根据理性原则帮助塑造经济和社会生活。"[231]这正是施加杠杆的支点。

当维也纳小组的宣言出现的时候，已经提到了马赫协会第一年的活动，并在结束时呼吁："谁也不要置身事外！"

由坚定的无神论者组成的马赫协会无法不引起宗教界的对立反应。保守派日报《帝国邮报》刊登了报道"反宗教思想的宣传前哨"，以轻蔑和怀疑的态度观察其活动。报道称，汉斯·哈恩在一次名为"多余的实体"的演讲中，恣意批评宗教机构。他在演讲中提到了与数字7有关的迷信，比如七项圣礼和七宗罪。日报要求哈恩守规矩。一个数学家应该坚持数学，不要妄议天主教义。不仅如此，更让人难以放心的是，一个叫卡尔纳普的博士还计划了下一次演讲，标题很平常，"论上帝与灵魂"，但副标题却露了底："形而上学与神学中的伪问题"。这不是什么好迹象。

马赫协会资助的第一批讲座包括菲利普·弗兰克的"海外科学世

界观：一位旅行者对苏联的印象"。这样一个标题很容易让人将这群激进分子归类为一群"同路人"。自由派学者石里克担任名义主席的幌子无法蒙骗那些精明的神职人员。此外，奥地利马克思主义领袖奥托·鲍尔也曾在马赫协会发表演讲，当协会秘书处搬进当时是红色维也纳据点的旧市政厅时，右翼分子所有最糟糕的怀疑都得到了证实。

低俗小说

从1918年停战协定开始，奥地利一分为二，城市和乡村。维也纳牢牢掌握在社会民主党手中，而农村地区则由基督教社会党掌控。一边是马克思主义者，另一边是宗教保守主义者，两者之间的鸿沟似乎不可逾越，而且还在不断扩大。战后，两大阵营曾有过短暂的联盟，但在1920年破裂。

基督教社会党的领袖是伊格纳兹·塞佩尔牧师（1876—1932），他不仅是一位主教，而且还是神学教授。通过严格的财政政策，这位牧师控制住了通货膨胀，并且新发行了一种稳定的货币。通过承诺奥地利永远不会与德国联合，他减轻了法国的恐惧，并得到了国际联盟的经济援助。但随后失业人数增加了一倍多，大多数中产阶级失去了他们拥有的一切。结果，民族主义团体（即所谓的复克什，Völkischen）越来越倾向于极右翼。在那里，激进的分裂政党（比如德国国家社会主义工人党和国家社会主义德国工人党（纳粹党）——注意其中微妙的差别！）在等待时机。后者已经在支持希特勒，而前者注定很快也会加入其中。

各种各样古怪的意识形态都出现在这个边缘地带。这个世界显然是由一小撮犹太人操控的：“锡安长老议定书”证明了这一点。历史是优等种族和劣等人种之间永恒的斗争，这是符文启示过的。今天的宇宙是冰与火激战的结果。一些人承认地球是一个球体，但坚持认为我们生活在它的内部：世界是空心的。所有这些信条都憎恶“专业科学”。他们都渴望拥有某种独一无二的秘密知识，让自己与众不同；就算这种知识违背了常识，那又怎样？看那个流氓爱因斯坦如何逃脱惩罚！

基督教社会党和社会民主党这两个主要政治势力都有自己的“自卫力量”，模仿军事组织：左翼是保护联盟，右翼是护卫队。这两支私人军队都忙着标记他们的领地，在街上游行，试图恐吓对手，对抗正变得越来越紧张。

意识形态的冲突似乎无法避免。一方宣扬灵魂的救赎，另一方宣扬阶级意识。任何小小的分歧都可能被用来进一步加剧争端。例如，天主教会严禁火葬，违规者会被逐出教会。作为回应，好战的无神论者迅速成立了焚烧尸体的协会，并起了圣火之类富有诗意的名字。毫不意外，牧师拒绝为所谓的“尸体燃烧协会”的成员主持葬礼[232]。任何在临终时改变主意的人去世后都会引来双方争夺尸体。

红色维也纳市政府建立了一个大规模火葬场，正对中央公墓。就在举行第一次火葬的前一天，一位基督教社会党部长吊销了它的营业执照。社会民主党的市长卡尔·塞茨完全不担心，直接进行了火葬。他立即被送上法庭，又很快被宣告无罪。右翼保守派日报《帝国邮报》惊呼血腥谋杀，骚乱爆发。

战后维也纳充斥着疯狂的紧张气氛，这为胡戈·贝陶尔（1872—1925）的"便士小说"提供了灵感。每年都有几部惊悚小说从这有趣的、极具争议的作家笔下诞生，包括《无拘无束》《为维也纳而战》《拳头统治》和《被解放的维也纳》，其中许多小说传达了进步的社会信息。他有多部小说被拍成电影，其中《悲情花街》让年轻的瑞典女演员葛丽泰·嘉宝名声大噪。这也成了贝陶尔下一本书的主题。

图7.1 贝陶尔的小说《没有犹太人的城市》

　　贝陶尔的小说《没有犹太人的城市》尤其具有煽动性。剧情梗概是一位铁腕的奥地利总理 —— 很容易认出是基督教社会党党魁伟格纳兹·塞佩尔 —— 决定，所有犹太人都必须离开维也纳。他称自己欣赏这个种族的优秀品质，但正如园丁虽然欣赏甲虫闪亮的颜色，但还是必须把它们从花坛移走，所以他觉得有义务保护他的人民驱逐犹太人离开奥地利。他们太聪明了。所以犹太人都移民了；很快，所有的银行都倒闭了，这座城市变得非常贫穷，而且愚蠢，但还没愚蠢到死不悔改。犹太人被允许重新入境，眨眼之间，金钱和才人就卷土重来了。内容很直白。

　　贝陶尔还主编了一本名为《他和她：爱欲与更美好生活周刊》的杂志。不出所料，天主教媒体被激怒了，这是"纯粹的色情"。至于它的编辑，他是"一个直接从粪坑里爬出来的变态禽兽"。甚至比亚瑟·施尼茨勒还坏！当然，反犹分子发现了犹太人对淫秽和肮脏的一贯热爱。

　　1925年3月的一天，年轻的前纳粹党员，牙科技师奥托·罗斯托克进入贝陶尔的办公室，锁上门，开了几枪杀死了作家。然后他平静地等待着被捕，没有反抗。

　　右翼报纸全力开动。他们都承认谋杀就是谋杀，这是不可否认的。但受害者贝陶尔是自找的。他那些破烂色情读物和惊世骇俗的小说误导了奥地利的年轻人。没有人会对他的生命以如此残忍的方式终结感到惊讶。毕竟，贝陶尔公然犯下了那些明目张胆的罪行。成千上万正直的公民谴责他，但效果如何呢？完全没用！很明显警察和法院只是共产主义者和犹太人的走狗,不愿采取行动,正直公民的正义愤怒只能无助地憋屈。因此,难怪一个有着纯洁灵魂的理想主义青年,对越来越多的淫秽色情作品感到绝望,觉得有必要自己当法官。毕竟,这个可耻的丑闻已拖延太久了。

罗斯托克的辩护律师是沃尔特·里尔,他也是德国国家社会主义工人党的领导人(不是与希特勒结盟的那个党,至少现在还没有)。事实上,里尔可以夸耀,而且确实如此,他在1907年就已经举起了纳粹旗帜。那个名叫希特勒的暴发户剽窃了他 —— 然而出于某种奇怪的原因,似乎没人在乎。

贝陶尔案的陪审团听取了里尔的意见。犯罪行为无疑属于谋杀,但行凶者肯定是精神错乱,精神不正常;而那个让他心神不宁的人正是受害者本人,贝陶尔。杀人犯就这样被送进了精神病院。18个月后,罗斯托克重获自由。他搬到了汉诺威,重新加入了国家社会主义德国工人党(这是希特勒自己的党,纳粹党),此后一直担任牙医,直到20世纪70年代。

事实上,贝陶尔关于驱逐和暗杀犹太人的小说似乎是对维也纳小组命运的神奇预测。

在维也纳,一个新的口头语流行起来:"某个罗斯托克将会站出来!",意思是某个正义的灵魂,用一颗恰到好处的子弹,终于结束了引起公愤的丑闻。认为暴力是最终解决政治紧张局势的唯一办法的信念不断增强。

　　1927 年夏天，这种恐怖的紧张气氛爆发了。陪审团宣告几名退伍士兵无罪，他们在一次示威活动中枪杀了一名手无寸铁的男子和一名儿童。判决宣布后，维也纳街头爆发了严重骚乱。这座城市的主要法院，也就是著名的正义宫，被纵火焚烧。警察和社会民主党的政客都无法控制局势。在那可怕的一天有 80 多人丧生。

　　第二天早上，一切又恢复了平静。但这是一种不祥的沉默。奥地利正走向内战。然而，起初，这仍然是一场冷战。

熊窝里的方阵

　　维也纳大学变成了政治斗争最激烈的竞技场之一。大多数人是民族主义者，也就是右翼。只有以汉斯·哈恩为首的几位教授公开表达了他们对社会民主党的同情。这是一个城市远远落后于知识分子的时代。

　　许多教员支持防止犹太教授和学生进一步侵入的计划。他们要求设立一个"关门数字"（类似于配额），意思是以例如 10％为上限。奥地利总理塞佩尔很赞同这项提议，他称之为"反犹主义自卫"。1930 年，纳粹校长温泽斯劳斯·格雷斯帕奇提出根据"语言和出身"对学生进行分类，目的是限制犹太人。

　　奥地利宪法法院驳回了这项提议，但这并没有让民族主义群体服气：因为宪法是犹太人汉斯·凯尔森起草的，所以显然是一派胡言。大学里爆发了激烈骚乱。

所谓的德国学生会公布了反对教授的黑名单。名单中包括石里克、汉斯·凯尔森和弗洛伊德。这些魑魅魍魉被称为"不受欢迎的人"——也就是被怀疑有马克思主义倾向或犹太背景的人。这两个标准都不适用于石里克，但他还是被认为有罪。

这些"不受欢迎者"的授课遭到抵制，他们的任命受到阻挠。反犹主义比k.k.双重君主制时期更加狂热。社会学家马克斯·韦伯在当时写道，从事科学事业是一场"疯狂的赌博"——*ein wilder Hasard*。至于犹太人，他补充说，我们应该诚实地告诉他们：放弃你们所有的希望[233]。他们中的许多人尽管受到恶毒的反犹主义的压制，但还是成功了，这一事实被用来支持阴谋论。

在1923年于维也纳举行的年度会议上，德国学生联盟要求犹太作家的所有书籍都要印上大卫之星。大学图书馆馆长自己也是犹太人，他拒绝这样做。结果，他成了一场仇恨运动的受害者。

在维也纳大学哲学系内，一个由教授组成的非正式组织以狡猾和坚决的手段对付"不受欢迎者"。这个派系由古生物学家奥塞尼奥·阿贝尔（1875—1946）领导，他后来夸口说，他"把反犹团体紧密团结在一起，甚至可以组成一个方阵"。[234]组成这个方阵的19位教授的秘密会议在一个生物研究室举行，那里存放了动物标本和动物骨骼，包括一头洞熊的骨头，因此也被称为"熊窝"。

埃德加·齐尔塞尔是石里克小组最早和最稳定的成员之一，也是熊窝的受害者。他是一个典型的"不受欢迎者"。门格尔这样评价他：

"齐尔塞尔是激进的左翼。我曾经听过他在华沙的一次会议上的精彩演讲。我已经忘了细节，但我记得他谈了一些哲学观点，在他看来，这些观点在理性的基础上是站不住脚的。他最后可以说比纽拉特更纽拉特，抨击社会经济制度激发了这些观点，并又通过这些观点得到强化。我碰巧坐在杰出的逻辑学家简·卢卡斯维奇旁边，他被这番话折服，一遍又一遍惊呼：'真是有才华！'"[235]

图7.2　大学大楼里的"熊窝"

　　齐尔塞尔一直在学习哲学、数学和物理学。1915 年，他提交了关于著名的统计学大数定律的哲学的博士论文。早在第一次世界大战之前，齐尔塞尔就已经是文学和音乐学术联盟的重要人物。战后，他活跃在维也纳多家成人教育中心，全职讲授哲学和物理学。后来，他又在维也纳教育学院指导未来的学校教师。

齐尔塞尔没能成为维也纳大学的讲师。他关于"天才"概念发展的教师资格论文被认为是"过于片面的理性主义"——正符合人们对一个马克思主义犹太人所写论文的预期。大多数教授甚至决定不等外部评审意见：石里克和龚珀茨不得不怀着沉重的心情让他们的门生齐尔塞尔撤回了申请。送回来的外部评审意见实际上是支持，但为时已晚。"众所周知的障碍"已见成效。

1927年，维也纳大学哲学学会——20年前乌尔克瑞斯成员哈恩、弗兰克和纽拉特最喜欢去的地方——打算将自己转变为国际康德学会的一个地方分会。是的，康德！这种荒谬的哲学吞并可以说是挑衅，最终激发反形而上学圈子创建了马赫协会。可以肯定的是，从此以后，哈恩、纽拉特和弗兰克都不会再在哲学学会演讲了。

新人创造更美好未来

1929年经济危机在一年后冲击了奥地利，政治局势紧张进一步加剧。氛围变得无可救药的极端化。国家政府是右翼，市政府是左翼，大学越来越多地转向极右翼。从敌对的眼光来看，马赫协会只不过是一个不擅伪装的工具，用来进行来自红色维也纳的邪恶反教会宣传。

维也纳小组里的左翼人士觉得正合本意。他们热切地走上了这场战斗的前线，自豪地在诸如公共教育和学校改革这类热点问题上表明自己的立场。这正是科学世界观最容易转化为政治行动的地方。

成人教育是启蒙运动的产物。在18世纪，科学还只是知识分子沙龙里最受欢迎的话题；19世纪，它需要更大的舞台。在这方面，它与音乐非常相似；很快，除了音乐协会那些富丽堂皇的音乐厅，还增加了一些富丽堂皇的公共演讲厅，供那些志同道合、致力于普及科学的协会使用，比如乌拉尼亚。

图7.3　成人教育：乌拉尼亚

　　早在第一次世界大战之前，维也纳小组的资深成员就积极组织公开讲座和课程。奥地利马克思主义者认为教育是增强普通民众意识的关键。知识就是力量。教育意味着自由。大家都在谈论新人。（也可能有新女性的说法，但当时还没有人想到语言上的男女平等。）

　　位于奥塔克林的"人民之家"和维也纳人民教育协会是红色维也纳的示范项目。它们的建立不是为了传授专业技能，而是为了提高公众对工人阶级的认识，并以最崇高的意义帮助教育工人。

在第一次世界大战之前，常有大学教授在成人教育机构担任兼职教师。现在，随着经济形势持续恶化，这些机构不仅承诺改善工人的命运，也为无法在大学找到工作的科学家提供工作。维也纳大约有400所这样的"社会主义学校"。仅在乌拉尼亚，每年就有数千次公开讲座。

"新人"（以及新女性 —— 奥地利是最早有女性投票权的国家之一）的培育已经在学校开始。教育部长奥托·格罗克尔起草了一份包罗万象的学校改革计划。他的第一项措施是取消每天的祈祷仪式。这可能也是他最后一项措施。愤怒的风暴席卷了全国。天主教报纸《帝国邮报》谴责"学校布尔什维克"正在发生。没过多久，格罗克尔的教育部部长职位就被撤掉了。然而，他毫不气馁，继续以维也纳学校委员会主席的身份推行他的计划。

汉斯·哈恩也是学校委员会的成员，在报纸文章中，他勇敢地声援格罗克尔提出的学校改革。他的许多主张马赫也曾提出过，但是收效甚微。

现代博物馆的图形文字

每当纽拉特在马赫协会演讲时，大厅里总是座无虚席。他是天才演说家。但纽拉特一直没获得在维也纳大学授课的资格 —— 这是"众所周知的障碍"的又一个例子。但这丝毫没有减损他的言语激情。

他喜欢惊叹号。这里有一些简短的样本：

　　"经验主义的终极结果：没有哲学的科学！"[236]

　　"从形而上学和神学的压迫中解放出来，同时从社会压迫中解放出来！"

　　"经验主义和科学的统一，以及社会行为主义和社会伊壁鸠鲁主义，是当今时代的标志！"

　　宣言的最后一句话肯定要归功于纽拉特："科学世界观拥抱生活，生活拥抱科学世界观！"

　　除了作为作家和演说家的不懈努力之外，纽拉特还擅长通过另一种手段传播他的观点：图画。从巴伐利亚的监狱出来，到达维也纳后不久，他又成为一家博物馆的馆长。社会和经济事务博物馆完全是由他一手缔造。

　　这家博物馆与众不同。它不是保存过去的事物。相反，它旨在通过描绘社会关系来塑造未来。对纽拉特来说，这意味着"为无产阶级服务"。他写道：

　　"无产阶级，作为一个阶级，渴望社会事实的真实呈现，而资产阶级，本质上，害怕给予统计学和其他科学自由。"[237]

　　对纽拉特来说，统计数据无疑是理解社会的关键，因此："统计数据是国际无产阶级在与统治阶级进行不懈斗争时的纯粹快乐！"[238]

纽拉特说，为了传达一种清晰的"纯粹快乐"感觉，统计数据必须摆脱神秘科学的形象。统计必须在无需任何预备知识的情况下能立即理解。为此，必须用图画语言。他写道：

"当代人通过图片、插图、幻灯片和电影获得大量信息和普及教育。"[239]

当然，这是在电视、幻灯片和视频网站出现之前。

"到目前为止，图像表征的方法还很落后。我们的目标是尽可能创造不需要语言就能理解的图片。"

图7.4　纽拉特在市政厅举办的展览之一

"我们必须创造出所有人都能'读懂'的符号，就像我们能读懂字母，就像音乐家能读懂音符一样。这就需要创造一套可以国际通用的'象形文字'。"这在今天看来似乎稀松平常，图标在机场大厅、汽车仪表盘、用户界面中无处不在，无言地引导我们穿越错综复杂的迷宫，但在当时这是很激进的想法。

"我们必须尽可能在整个博物馆和所有展览中对同一个对象使用同一个符号。如果说世界上有什么地方可以具体展现抽象设计，那就是这里。"

在 20 世纪早期，抽象艺术似乎是横空出世。一切都变得越来越抽象 —— 甚至包括音乐和数学。"一门艺术变得越抽象，它就越成为艺术，"罗伯特·穆齐尔吟诵道[240]。

抽象艺术常常散发出一种精英主义和仅限于秘密小团体的气息 —— 在瓦西里·康定斯基的手中甚至有一丝神秘主义。但纽拉特的目标完全不同：他通过绘制"一排排小人"来以具体形式表达抽象概念，引发了所谓的维也纳图像化统计方法的发展。这种方法的目的是向大众传达难以领会的复杂的社会和经济状况。

维也纳方法的关键很简单："较大的数量由较多数量的符号表示（而不是较大的符号）。"[241]在埃及艺术中，重要人物，如法老和将军，都是由较大的人像来表现。但是一个两倍高雕像的面积是另一个的 4 倍，体积和质量是它的 8 倍。那么，这表示什么呢？ 2 倍，4 倍还是 8 倍？

例如，如果纽拉特想要展示，古埃及的工人数量是失业人口的8倍，他会画出8个工人，每个都和失业人口一样大。任何可能分散注意力的东西，例如面部特征，都被去除。

红色维也纳的政治家们很快明白，他们有了宣传和推广运动的非凡媒介。纽拉特很容易就说服了他们，他的博物馆是"一个社会启蒙的成人教育机构"，一扇"了解当下的窗户"。[242] 它位于市政厅的宏伟大厅里，还有一个较小的分部——时代展——位于市中心一个更热门的景点。源源不断的新展品以精确而且清晰的方式展示了有关教育、营养、卫生、农业和城市建设的状况，甚至还有复杂的经济。

年轻的玛丽（"梅泽"）·瑞德迈斯特拿到毕业证书后又回到了维也纳。从1924年开始，她在博物馆担任设计师，也被称为"造型师"。私下里，她可以说是纽拉特的缪斯女神。纽拉特的妻子奥尔加对此似乎并不在意。

德国平面艺术家格尔德·阿恩茨（1900—1988）很快成为维也纳图像式统计的重要人物之一。1926年，在禁止纽拉特重返德国的禁令解除后，纽拉特在杜塞尔多夫遇到了他。起初，阿恩茨不愿搬到维也纳。他愿意和奥图的博物馆合作，但只通过邮件。纽拉特坚持把他放在身边，就在他的维也纳博物馆里。

阿恩茨虽然不情愿，但还是在1928年来到了维也纳，住了几个月。1929年，他永久移居维也纳。他的到来对博物馆来说是件大好事，因为他创造了成千上万种新的象形图标，并发展出一种特殊的、高度原

创的风格。不久，这座博物馆就引起了国际社会的注意。它成为红色
维也纳的展示窗口。

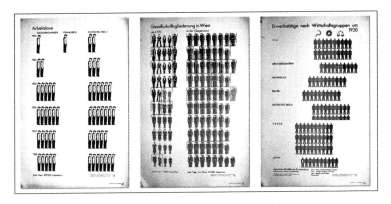

图7.5　维也纳的图像化统计方法，也称为象征性图表（Isotype）

　　因此，就在维也纳小组陷入对维特根斯坦的语言图像理论的激烈
讨论的时候（"命题仅仅在它是一个图像时才能陈述某种东西"——
4.03），纽拉特的博物馆从一开始就直接使用图像；当他的哲学同行
们还在从事晦涩的知识分析和对语言的批评时，纽拉特更进一步，试
图完全不用语言进行交流。

　　"任何能通过图片表现的东西都不应当用语言表达。"[243]

　　纽拉特以不懈的热情不断锤炼他的口号：

　　"语言分裂，图像统一！"[244]

　　"图片教育学正在前进！"

"记住简单的图片要好于忘记准确的数字。"

"谁略去最多，谁就是最好的老师。"[245]

纽拉特当然没有忘记他那个理想主义的"所有计划的计划"："对世界经济的图像式调研不仅是对重要事实的学术性表述，也是迈向计划世界经济的第一步。"[246]

大建筑师造小房子

为了建立社会和经济事务博物馆，纽拉特付出了很大努力。他与红色维也纳的主流政治人物关系友好，但在某些方面，这个不再有火红头发，开始有点秃顶的"红色巨人"仍然是边缘人物，对于普通的社会民主党人来说他过于张扬，而他们则更循规蹈矩，因而也更容易融入权力体系。

纽拉特的政治观点经常与党的路线相左。在短暂的彻底社会主义化或国有化后，奥地利马克思主义领导人已经背离了它。因此，对于一个渴望成为中央经济计划局局长的人来说，前景并不乐观。被巴伐利亚遣送回奥地利后，纽拉特不得不四处寻找其他行动领域。他首先成了奥地利定居者和小规模园丁联盟的秘书长！没有什么比这听起来更无害的了，甚至相当小资产阶级——但是纽拉特立刻嗅到了这场运动中蕴藏的革命潜力。

事实上，面对战后极为严重的住房和食物短缺，许多维也纳人已经住到了城郊自己搭建的简陋住所。这些定居点是非法的，有点像巴西的贫民窟或印度、南非等国的棚户区。但经过最初的一些摩擦后，维也纳市政府决定协助定居者的行动。当地的政客们也感受到了它的革命潜力，尽管速度比纽拉特慢。

一些著名建筑师，如阿道夫·卢斯、约瑟夫·弗兰克和玛格丽特·利霍茨基开始支持定居者的行动。那个时候，卢斯已经因他的建筑和写作获得了国际声誉，在维也纳他享有一种近乎邪教的地位。光滑的表面，简洁的线条，雅致的设计，以及 —— 请不要再用灰泥了！早在1908年，他的书《装饰与犯罪》就触动了现代主义运动的敏感神经。这个标题经常被错误地引用为"装饰就是犯罪"，而且这个口号变成了教条。第一次世界大战后，人们既没有心情也没有钱去进行装饰。

维特根斯坦非常喜欢卢斯。卢斯回敬了维特根斯坦的敬意，他送给维特根斯坦一本他的书《话入虚空》，附了一份文笔优美的献词，献给这位哲学家和建筑师同行。但仅仅几次私人交往之后，维特根斯坦突然断绝了一切联系，宣称"卢斯已经变成了一个让人难以忍受的俗人"。[247]

不管是不是俗人，卢斯在1920年成为了定居者联盟的名誉首席建筑师和维也纳市定居办公室的负责人。"大建筑师造小房子"，他下命令[248]。

一场大规模的社会实验开始了。一些涉及自助、公共物品和合作财产的试点项目已经激进到连纽拉特都能满意。例如，当定居者在玫瑰山上建造住房时，他们还没有分配土地。只有在房子完工后，才通过抽签的方式将地块分配出去。

　　纽拉特从乌尔克瑞斯时代就认识建筑师约瑟夫·弗兰克，两人是通过弗兰克的哥哥物理学家菲利普·弗兰克认识的。而年轻的玛格丽特·利霍茨基则是奥地利第一位女建筑师，她爱上了无可救药的引诱者纽拉特，并曾短暂成为他的情人。在他们的激情结束后不久，她和她的同行威廉·舒特结了婚。

　　玛格丽特·舒特-利霍茨基拥有功能设计的天赋。她在1930年设计的法兰克福厨房，模仿了美国铁路餐车的厨房设计思路，旨在优化厨房工作效率，成为所有预制式厨房的原型。她对自己的设计施加了一个限制，那就是厨房里不应该有仆人或帮手的位置。在阶级意识方面，玛格丽特几乎无人能及。

　　不久，郊外定居者被彻底组织起来，真正定居了。纽拉特编织了一个紧密的工会和社团网络。他对自给自足和物物交换的热情重新燃起，他下令："所有小规模园丁都应该是定居者，所有定居者也都应该是小规模园丁。"[249]

　　1921年，为了促进公众更清楚地了解建造房屋的经济基础，维也纳市政府在市政厅前的公园举办了一个大型展览。纽拉特用这个作为一个新的定居和城市化博物馆的起点。从这里他开启了创建社会和经济事务博物馆的第一小步。

　　与此同时，红色维也纳选择了建造高层公寓楼的大规模住宅项目，而非低矮的花园城镇。这就意味着为小人物建造高大的建筑。感到挫败的卢斯退出了这项事业。他不愿意建造"人民公寓的宫殿"。[250]

　　而纽拉特则发现自己是个建筑迷，特别着迷于德国包豪斯建筑。钢管家具不正是新客观主义的体现吗？纽拉特被邀请参加在德绍举行的新包豪斯开幕式。在那之后不久，赫伯特·费格尔和卡尔纳普也在那里演讲，所有人都被新时代先锋派艺术家的热烈反应打动，这些人都是伟大的艺术家，如瓦尔特·格罗皮乌斯和密斯·凡德罗、保罗·克利和瓦西里·康定斯基、拉兹洛·莫霍利-纳吉和约瑟夫·亚伯斯。

现代广告商

　　约瑟夫·弗兰克是社会和经济事务博物馆的建筑顾问。他是阿道夫·卢斯和约瑟夫·霍夫曼后面一代的维也纳最著名的建筑师之一。他和纽拉特一起加入了奥地利工匠联盟，这是一个由工匠和艺术家组成的协会，成立于马赫协会成立之前几天。弗兰克在工匠联盟发表了题为"现代世界观和现代建筑"的开幕演讲。

　　在他那个时代的建筑师中，约瑟夫·弗兰克属于自由现代派。他批判了新客观主义的形式严谨性，这是一场将"实事求是"提升为一种生活方式的艺术运动，而且显然与维也纳小组的严肃方法相一致。弗兰克还嘲笑了精英主义者刺耳的"现代广告商"抱负。比起勒·柯布西耶的"生活机器"的模块化功能主义，他更喜欢活泼、个性化的设计。在弗兰克看来，建筑师最重要的任务之一就是拒绝正在接管建筑的统一风格。

穆齐尔大概也赞同弗兰克的观点，他写道："我无法忍受住在按照规范建造的公寓里。我会觉得自己仿佛是从一位室内设计师那里订购的。"[251]

像纽拉特和卢斯一样，弗兰克反对维也纳市政府青睐的市政公寓大楼。他曾经写道："这里发生的事情看起来好像是随意扔在路上，每个窗口都透露出自满的愚蠢。"[252]

他看不到高层公寓楼的前途。相反，他提议建成一排排独立的单户住宅，每户都有自己的花园。但是，由于维也纳市政府顽固地坚持其建设计划，弗兰克最终还是参与了公寓楼的建设。毕竟，建筑师是要谋生的。但是在他内心深处，他仍然坚持己见："拥有庭院的房子过去是，现在也是理想的生活方式，在每种文化中都是家庭生活的基础。"

弗兰克的目标不是创造一个包罗万象的艺术作品，或总体艺术，而是为人们的生活带来舒适。同样，纽拉特也想找出"在不久的将来人们如何在真正的家中过上最大幸福感的生活。技术上的最佳解决方案可能与产生最大幸福感的解决方案关系不大，甚至根本没有关系"。[253]

作为奥地利工匠联盟的副主席，弗兰克组织了1932年工匠定居维也纳国际，其中的建筑师除了他自己，还包括阿道夫·卢斯、约瑟夫·霍夫曼和玛格丽特·舒特-利霍茨基，她也是唯一的女性。这些房屋是由政府拥有的红色维也纳企业杰士巴建造的。几年后，在国家社会主义这个不祥的旗帜下，杰士巴活跃的主管赫尔曼·纳布切尔成了维也纳市长。命运会有奇怪的转折。

20世纪的细致魅力

纽拉特的社会和经济事务博物馆有一位冉冉上升的雇员是纯粹的无产阶级 —— 出身就很纯粹。鲁道夫·布伦格雷伯（1901—1960）出生于维也纳工人阶级聚居区法沃里滕，是一个酗酒泥瓦匠和一个体力劳动者的私生子。布伦格雷伯曾经接受过当老师的训练，但是在任何学校都找不到工作，所以他在电影院里勉强糊口，做散工、伐木工、布告牌画家和小提琴手。最终，他成为一名商业艺术家。

布伦格雷伯不仅在纽拉特的博物馆找到了一份工作，而且还在这里为他的第一部小说找到了很迷人的主题 —— 统计学。

布伦格雷伯写了一部题目很抒情的小说《卡尔与20世纪》。这个虚构的卡尔来自法沃里滕，是一个酗酒泥瓦匠和一个体力劳动者的私生子。卡尔受训成为一名教师，但在任何学校都找不到工作，所以他靠做散工、伐木工、布告牌画家和在电影院拉小提琴勉强维持生活。一次又一次，可怜的卡尔流落街头，身无分文。

以下是这部小说扣人心弦的节选：

城里有14个失业办公室，每个办公室每天向800名失业人员发放救济金。对于整个国家来说，这意味着每年超过2亿先令。但是卡尔在排了将近3小时的队后，每周只能得到16先令，每月还有额外的3先令的房租补贴。4月5日，他领取了第一份薪水。从4月3日起，他参加了工业区委员会的职业再培训课程。这门课花了他整个上午的时间，10个星期后，他就有资格成为一名商店橱窗装饰师。[254]

与创造他的作者不同，这位让人伤感的主人公没有找到纽拉特给他提供一份工作，因此，在小说结尾，他把自己扔到了火车底下。

受害者的讣告是新客观主义的微型宝石。布伦格雷伯细致描述了如何"根据卡尔尸体中所含原材料的数量"准确给卡尔的尸体赋值[255]。因此，一个人的脂肪组织足以生产7块肥皂。用人体内的铁，可以制造1个中等大小的钉子。糖足够做6个嘉年华曲奇。石灰粉可以把鸡笼涂白。镁可以生产1剂氢氧化镁。硫磺可以去除1只狗身上的跳蚤。钾元素足够制作1个玩具枪的火药帽。

布伦格雷伯的小说发表于1932年，并在《工人日报》上连载了全文。一个一直失业的严肃而又有趣的人生经历成了畅销书。

奥地利社会民主作家协会选举布伦格雷伯为主席。然而，这一荣誉没有给他带来好处，因为不久后，新的奥地利法西斯政权解散了该协会，并禁止他的作品出版。但奇怪的是，在邻国纳粹德国，他的书很受欢迎。他的小说《鸦片战争》成了第三帝国的畅销书。故事中英国人是恶棍，这一点可能起了作用。戈培尔博士甚至派了一架飞机去维也纳，把这位杰出的作家接到柏林参加一个艺术家招待会。

第二次世界大战后，政治上灵活的布伦格雷伯回到了奥地利的社会党。奥地利第二共和国决定从第一共和国的错误中吸取教训。加强民族团结是新联合政府的首要任务之一。人们认为，这项任务不应该完全交给奥地利那些著名的速降滑雪选手，他们是为数不多的爱国自豪感的来源之一。因此，政府将一项利润丰厚的任务委托给了布伦格雷伯：他将与另一党派基督教社会主义党的成员恩斯特·马博一起编写电影剧本《2000 年 4 月 1 日》。因为从第一共和国的错误中吸取的教训之一是不要彼此开战，而要携手合作，形成快乐的团队；也就是说两人干一份工作，每个党派一个人。

两位作者用夸张手法完成了剧本。奥地利最受欢迎的演员约瑟夫·麦拉德扮演了总理的角色，他被认为是理想奥地利人的化身（诚实，谦虚，而且极具魅力）。这部电影描绘了在被盟军占领 55 年之后，他是如何设法解放奥地利的。这是奥地利对过去进行美容手术的一个典型例子。在影片中，总理通过讲述奥地利的历史和莫扎特之类的东西来唤醒占领军的善良本性。他的故事刻意遗漏了一些不那么愉快的时刻：希特勒、纳粹和两次世界大战 —— 这些情节直接被忽略了。这是维也纳古老谚语的一个很好的例子，"一个人不能说话，就应当保持沉默"。在影片中，占领军似乎是神秘地从另一个星球降落。布伦格雷伯总是能敏锐地嗅到时代精神。

1949 年，也就是纽拉特去世几年后，布伦格雷伯又写了一本小说。

这本小说重现了作者的前任老板，他是一家博物馆的馆长，身材魁梧，秃顶，大腹便便，"就像从卡斯塔诺的画作中走出来的冒险家"。[256]他胡子剃得光光的，尖凸的鼻子像立方体从脸上冒出来，肩膀像座山。布伦格雷伯补充说："仔细观察，他大象般的眼睛看起来既狡黠又友善，他的嘴像女孩一样风骚。"

这部小说的标题是《迷宫之路》，故事的最后是博物馆馆长被逮捕，立即审判，并被他的反对者射杀。

20世纪的另一部小说

除了布伦格雷伯，还有3位奥地利小说家与维也纳小组有关联。个人关系没什么值得说的，因为这些作家和思想家经常光顾同一家咖啡馆，但偶尔也会有更深层次的联系。这3位作家——罗伯特·穆齐尔、赫尔曼·布洛赫和里奥·佩鲁茨——对于从小组的精确思维和科学世界观主旋律中汲取艺术灵感感到相当自豪。事实上，这3个人都学过数学，每个人都以自己的方式确保没有人会忘记这个事实。

穆齐尔为了文学放弃了学术生涯。然而，他早期的成功被证明是很难超越的。当1914年战争爆发时，穆齐尔曾欢呼这是一次解脱，但事实上，这只给他带来了"5年奴隶生活"。作为一名预备役上尉，他把第一次世界大战的大部分时间浪费在为提洛尔军事报纸撰文。战后，他试图以自由撰稿人的身份谋生，写了中篇小说、散文和几部戏剧，但他的作品只能算是平庸。现在他正在计划他的重大突破：用一部伟大的奥地利小说为他的文学作品加冕，描绘他那个时代的全貌。

最初,《没有个性的人》中的主人公被称为安德斯,他将成为一名哲学讲师。但很快,穆齐尔对他笔下英雄的这一职业又有了新的想法:"哲学家是恐怖分子,只不过没有军队可以指挥,只能通过将世界锁定在一个系统中来征服世界。"[257]

这就是为什么穆齐尔在早期的手稿中决定"把安德斯变成数学家"。他在笔记中将这些话用粗线框了起来,并补充说:"他的数学风格来自尼采:他的思想是冷静的,锋利如刀,数学化。"后来,穆齐尔改变了他的英雄名字:安德斯变成了乌尔里希。"关于乌尔里希,有一点可以肯定,那就是他代表所有无法忍受数学的人热爱数学。"[258]

在穆齐尔的喜剧《文森特和重要人物的情妇》中,主角同样是一个数学家,但这个人其实是行骗高手,他诈骗对手的钱,以便为"与概率法则不矛盾的"赌博系统提供资金。

《没有个性的人》中的主人公不是行骗高手,而是"未来的知识分子",一个无畏地面对"清清楚楚的神秘主义"的人。在穆齐尔看来,数学是一种强大的武器。穆齐尔的攻击个性在他最初拟定但后来放弃的章节标题中表露无遗,比如"逻辑学家和拳击手"或"数学,邪恶之眼的科学"。这种"无畏的充沛"和"数学家智力的邪恶危险性"的某些方面也曾为穆齐尔第一部小说的主人公——年轻的托尔勒斯——提供精神食粮:"如果人们真正有责任心,数学就不会存在。"

穆齐尔钦佩数学家们对"可能性的感觉"。在他看来,这种特质就是能够想象出各种假设实体,并且像对待真实事物一样认真对待想象出来的事物。

尽管以极大的自律不懈地写作了20多年，穆齐尔最终还是未能完成他那本世纪小说。他自己对"可能性的感觉"一直在妨碍他。新的变化不断涌现在他的头脑中，然后又因其他变化而否决。甚至连小说的标题都不断变化：《间谍》《救世主》《双胞胎姐妹》—— 新的视角不断出现。

小说的情节（至少这一点是有把握的）围绕着发生在1913年的所谓"平行行动"。这次行动的目的是准备1918年的庆祝活动，两位君主的加冕庆典：奥地利的弗朗茨·约瑟夫（他当时已在位70年）和德国的威廉二世（仅仅30年），一个特别委员会正在寻找关于如何庆祝这一重大事件的好主意。坚持科学世界观的乌尔里希建议设立一个精

图7.6 穆齐尔的朋友理查德·冯·米塞斯准备起飞

确与灵魂总秘书处。精确确实是穆齐尔的口头禅；至于灵魂，他把它定义为"一旦谈到代数就会躲藏起来的一切"。[259]

1930年，《没有个性的人》第一卷终于出版了。评论家们对这部作品赞誉有加。然而，穆齐尔的经济状况丝毫没有改善，人们对第二卷寄予了很高期望，这进一步拖慢了作者的脚步。他抱怨说，虽然他还在写，这本书却已经有了成为历史小说的迹象。

因为觉得住在维也纳与小说中的世界太过亲近，穆齐尔于1931年搬回了柏林。然而，他的大部分社交生活都在理查德·冯·米塞斯的沙龙里度过，这位维也纳数学家和哲学家1920年后在柏林建立了第一个也是最重要的应用数学中心。他也坚持不愿被视为维也纳小组的外国成员，他费了很大的劲才说服纽拉特满足他这个愿望。

维也纳小说家对数学及其实践者的偏爱，冯·米塞斯是活生生的例子。冯·米塞斯在学生时代与作家胡戈·冯·霍夫曼斯塔尔是朋友；此外，他还赞助了著名诗人莱纳·玛利亚·里尔克，以及彼得·艾顿柏格，一个机智的波西米亚作家，总是把他的邮件送到中央咖啡馆。冯·米塞斯成立了一家基金会，唯一目的就是支持穆齐尔。然而，不幸的是，这一切随着希特勒的上台戛然而止。纳粹的文学品味是不同的。

因此，1933年，穆齐尔决定回到维也纳。那里也建立了一个支持他的协会；但是同样只维持了很短时间。德奥合并之后，这位作家移民到了瑞士，因为他的祖国让他"没有足够的空气呼吸"。

穆齐尔死于第二次世界大战期间,在日内瓦附近一个阳光明媚的花园里,他一贫如洗,几乎被人遗忘。他刚刚完成了他最抒情的一章——《夏日的呼吸》。读它就是理解"像白昼一样清楚的神秘主义"的含义。

在穆齐尔的地盘上偷猎的年轻企业主

维也纳作家赫尔曼·布洛赫(1886—1951)也选择了一位数学家作为他一部小说的主人公。在《未知量》一书中,这位年轻的科学家梦想发现一种没有公理的逻辑。主人公这样表达他的信念:"有一个深不可测的人启发,逻辑和数学其实是相同的。""是的,是的,这叫'逻辑斯蒂',"他的同伴无动于衷地回应,"又是一个新奇的想法"。

赫尔曼·布洛赫继承了一家大型纺织公司。像穆齐尔和维特根斯坦一样,他在转向数学和哲学之前也学过工程学。作为准继承人,他的父亲要求他获得纺织工业技术学院的文凭。布洛赫讨厌这个他戏称为"纺锤学校"的地方。同时,他还在维也纳大学上课。

很小的时候,布洛赫就认为自己是天生的数学家,他对自己在学校数学成绩不好一点也不气馁。他的《文集》中的第一首诗名为《数学的神秘》,听起来好像是一个痴迷于数学和韵律的浪漫学生写的。开头的四行足以表现它的韵味:

Auf einsame Begriff gestellt,

Ragt ein Gebäude steil hinauf,

Und fügt sich an den Sternenhauf,

Von ferner Göttlichkeit durchhellt.

完全建立于纯粹的思想，

高耸入云的结构，

飞升融入星光，

闪耀于上帝的苍穹。

　　当这位年轻的思想家了解了玻尔兹曼明确的实证主义后，他对于形而上学的朦胧激情破灭了。在数学、哲学和文学之间摇摆不定的布洛赫决定暂时放弃学业，全身心投入纺织工业，成为附近下奥地利州一家大型工厂的所有者和经理。

　　尽管如此，布洛赫仍然是维也纳咖啡馆的常客，以烟斗和妙语连珠为特色，身边总是环绕着美女。事实上，这正是他在 1920 年进入文学生活的方式 —— 不是作为一个作家，而是作为剧中人物。他其实就是穆齐尔的喜剧《文森特和重要人物的情妇》中青年纺织企业家的原型。然而，在现实生活中，这位青年企业家并不是那么年轻（快 40 岁了），除了他的财富和花花公子名声，他没有什么可炫耀的。

　　但布洛赫并没有忘记他年轻时的雄心壮志。因此，他卖掉了自己的公司，重新进入维也纳大学，再次投身于数学和哲学。他参加门格尔和哈恩的讲座，与另一位衣着优雅的纺织业继承人并肩而坐，只不过这位继承人比他小 20 岁。这个人很内向，名叫库尔特·哥德尔。

布洛赫在笔记本上草草记下的一些句子，比如"数学是完全基于自身的同义反复的学科典范"，听起来像是对石里克和卡尔纳普研讨会内容的感悟。不过哈恩认为很深刻的一个启示在他看来则没什么价值。事实上，布洛赫熟悉维也纳小组的思想并不妨碍他持有截然不同的观点。

尽管如此，他还是向实证主义者坦承"理解了他们的痛苦"，因为他和他们一样意识到，即使哲学问题能以数学的方式解决，它也永远无法彻底解决"庞大而且神秘的道德领域"。这种顿悟在布洛赫的心里引发了一种治愈性的宣泄，因为它使他相信艺术优于数学和哲学。从那一刻起，他无休止的动摇成了过去。

现在布洛赫可以全身心投入文学创作中去了。尽管45岁还没有写出任何重要作品，但他现在成了一位不知疲倦、极为高效的作家。嫉妒的穆齐尔甚至称他职业文人，说他实在是太多产了。

穆齐尔一读完布洛赫的小说处女作《梦游者》三部曲的梗概，就酸溜溜地指出："我认为布洛赫的意图和我的意图有相似之处，这种相似甚至延伸到了某些细节。"[260] 未来的诺贝尔文学奖获得者埃利亚斯·卡内蒂当时是维也纳一名默默无闻的化学专业学生。他证实，穆齐尔认为布洛赫的三部曲"是他自己的事业的副本，这个事业已经困扰了他几十年，而布洛赫没花多长时间就完成了这本书，这一事实让他产生了极深的怀疑"。[261]

布洛赫继续镇定自若地在穆齐尔的地盘上偷猎。他下一部小说

的主角是一位刚刚获得博士学位的数学家，就像穆齐尔笔下的"没有
个性的人"一样。当穆齐尔继续写他的杰作的第二卷，并陷入更深的
困境时，布洛赫一口气写完了《未知量》。他只用几个月（1933年7月
到11月）就完成了他的"写大众作品的尝试"。同时，为了配合这本书，
他还匆匆为派拉蒙电影公司写了一部电影剧本；然而，令他懊恼的是，
好莱坞对此并不感兴趣。

在接下来的几年，群众的政治狂热无情地增长，布洛赫写了散文、
戏剧、广播剧、小说的片段，甚至还为国际联盟写了决议。当1938年
德奥合并时，布洛赫被关押在巴德奥斯的一座监狱里三个星期。最终，
他借道苏格兰移民去了美国。

在横渡大西洋的轮船上，布洛赫遇到了一张熟悉的面孔：那是青
年数学家古斯塔夫·伯格曼（1906 — 1987），他在1927年至1931年是
维也纳小组的初级成员。这两位移居海外的旅伴成了一生的朋友。伯
格曼这位身穿双排扣大衣、叼着烟斗的旅伴现在已是一位非常杰出的
作者。除了与布洛赫长时间的交谈外，伯格曼在旅途中还有别的事情
要做：纽拉特让他写一篇关于维也纳小组的回忆文章。1938年时，小
组已经成为往事。

数学道具

布洛赫并不写伯格曼接触的第一个作家。几年前，伯格曼和他的
朋友汉斯·魏斯一起写了封信给里奥·佩鲁茨（1882 — 1957），他是
维也纳战争期间最成功的作家之一。

这封信写在佩鲁茨发表短篇小说《没有夜晚的一天》之后不久。同穆齐尔和布洛赫一样，佩鲁茨的主角也是数学家。这个角色名叫波特雷尔，是位数学天才；佩鲁茨做事从不虎头蛇尾。据说，年轻的波特雷尔过着平静的生活，一天又一天，当一个没有任何野心和勤奋迹象的学生。后来有一天，他无缘无故卷入了一场失去控制的争吵，最后发展到以手枪决斗收场。在决斗前的三天，波特雷尔开始拼命写作。就好像大坝决了堤，洪水奔涌而出。不用说，波特雷尔在这场决斗中丧生了，直到致命一枪射出前几分钟，他还在狂热地草草记下笔记。令后人震惊的是，这些笔记阐述了新的数学理论，深度前所未有——如此之深，以至于直到今天，科学院的一个委员会仍在致力于出版波特雷尔的全集。

当然，这个故事纯属编造——但如果我们再深入一点看的话，它其实又不是，因为一百年前在法国发生过非常类似的事件，20岁的伽罗瓦在类似的事件中死去。伽罗瓦是真正的数学天才，他确实在生命的最后一夜写下了大量杰出深奥的新数学知识，数学界花了数十年时间才彻底理解伽罗瓦的笔记。

伯格曼和魏斯这两位学生写给佩鲁茨的信肯定让作者非常高兴：

> 两位年轻的数学家饶有兴趣地读了您的文章《没有夜晚的一天》，请允许我们问一下，您写的这个迷人故事是否有任何事实背景；因为，尽管这些事件听起来确实像是小说节选，但有关凯莱曲线、立方体圆等细节，与其他作者胡编乱造的"数学道具"是如此不同，以至于我们不得不

猜测，波特雷尔先生真的存在。谨最谦卑地请求提供进一
步的信息（如波特雷尔笔记的存放地等），我们特此签名，
并致以崇高的敬意……[262]

　　不知道佩鲁茨是否回复了这封信。但很容易解释他的"数学道具"是从何而来。是的，同穆齐尔和布洛赫一样，佩鲁茨也学过数学。他以精算数学家的身份挣生活费，事实上，有一个不那么重要的数学公式就是以他的名字命名的。佩鲁茨会确保他经常光顾的那些咖啡馆的常客都能看出这种差别。

　　与穆齐尔和布洛赫相比，佩鲁茨没有哲学野心；不过他在哲学领域还是占有一席之地，尽管只是小角色。在佩鲁茨的奇幻小说《末日主宰》中，提到了一种名为"鼓槌红"的不同寻常的颜色。只要看一眼这种颜色，观众就会感到难以名状的恐惧，以至于立刻精神错乱，紧接着就自杀。卡尔纳普在他的文章《哲学中的伪问题》中，使用了"存在一种会引起恐惧的'鼓槌红'颜色"这句话作为虽然为真却不可证的命题的例子。石里克很喜欢这个例子："你的'伪问题'一出来我就读了，非常愉快。尤其是'鼓槌红'——棒极了！"[263]

　　布洛赫很快就认识到了佩鲁茨的才华，并在1920年为佩鲁茨的小说《波利巴侯爵》写了一篇热情洋溢的书评。穆齐尔也很了解佩鲁茨，但他的躁脾气无法忍受他。穆齐尔并不是讨厌作为作家的佩鲁茨（尽管他对佩鲁茨没有多大好感），他厌恶的主要是他的数学家身份，这位数学家不知怎么得到了一个以他名字命名的公式。该死的！

最终，他们的敌意公开了：《布拉格日报》发表了一则轶事，4天后敏感的穆齐尔对此做出了尖刻的回应："不久前，这份报纸发表了一则轶事，内容大致如下：[264]一位名叫穆齐尔的著名三流作家曾向伟大的作家兼数学家佩鲁茨提出这样的要求：'你愿意为我的报纸写一些关于数学，或者伦理学之类的相关话题吗？'作家兼数学家佩鲁茨眼睛都不眨一下，回答说：'你知道吗？我会给你写一些关于等腰三角形的道德基础的东西！'这件事发生在对爱因斯坦大肆抨击的高潮时期。"

穆齐尔继续说道："我不会屑于去质疑自己是站在伟大的里奥·佩鲁茨的对立面的作家的说法。但是我的确知道一些关于数学的事情。是的，我甚至还写过关于数学思维和伦理思维之间的某种联系的文章；虽然不是以传统方式写的，但我很高兴能够说明确实存在另一种方式。"

事实上，这个话题对穆齐尔来说至关重要。他曾经写道："我们今天可能已经到了道德分裂成两部分的节点。可以这么说：分裂成数学和神秘主义。"[265]

穆齐尔的神秘主义和他的愤怒都没给佩鲁茨留下什么印象。佩鲁茨不停地写一本又一本畅销书。他的小说被转载、翻译并改编成电影。希区柯克和伊恩·弗莱明都是他的崇拜者。但是当1933年希特勒德国禁他的书时，他失去了大部分读者。5年后，他也失去了自己的祖国。

1938年，佩鲁茨移居到了巴勒斯坦。当他乘坐的蒸汽船驶出威尼斯的泻湖时，他在袖珍日历上忧郁地写道："向欧洲冷静地告别。"

第 8 章
平行的小组

> 维也纳，1929 — 1932：年轻的数学家们发展出他们自己版本的维也纳小组：数学研讨会。门格尔写剧本，定义维度，密封信封。哥德尔给希尔伯特的计划泼了一盆冷水：公理系统必然是不完备的，一致性是不可证的。冯·诺依曼留下了深刻印象。门格尔盛赞这种新逻辑。

"卡尔？他会成为教授的！"

卡利·安德曼是个聪明的小伙子。"卡尔？他会成为教授的！"他一年级的老师对自豪的母亲说。10 岁时，卡利轻松通过了中学入学考试。

有了新同学，生活开始了新篇章。现在似乎是为这个年轻人改名的适当时机：从现在开始，他将是卡尔·门格尔。就这样，这个私生子在 1912 年根据皇帝特许的认领合法化。法庭顾问卡尔（Carl）·门格尔教授现在把 10 岁的卡尔（Karl）视为自己的儿子。

男孩很快就明白了新名字带来的荣耀。但他并不满足于笼罩在父亲的光环下；他想拥有自己的名望 —— 或者更确切地说，是名字的首字母：K.门格尔，而不是C.门格尔。

卡尔的父亲，卡尔·门格尔（1840 — 1921），是与玻尔兹曼和马赫同时代的传奇，哪怕站在巨星身边仍能有一席之地。他创立了国民经济学奥地利学派，他的边际效用理论标志着经济思想的转折点。作为一名30岁的律师和记者，卡尔·门格尔注意到，古典经济学理论不能解释市场如何决定价格，因此他决定对此做些什么。

在没有任何指导的情况下，他写了《国民经济学原理》一书。书在1871年面世后，这位自学成才的学者几乎一夜之间成了经济学领域的领导者之一。

他的想法在当时可以说是呼之欲出，几乎在同一时间，法国的里昂·瓦尔拉斯和英国的威廉姆·杰文斯也产生了同样的想法。他们认为，核心原则是，任何特定商品的价值不是由生产成本、工作时间，或原材料决定的，而是由对额外单位商品的**需求**决定的。用门格尔的弟子弗里德里希·冯·维塞尔的话来说："人对商品的估值不是根据商品自身而是根据人自身。"[266]这是一个全新的方法，允许经济学家从基本原理开始推导模型，独立于特定的社会结构或历史偶然事件。

门格尔的书出版后不到一年，他就获得了教师资格 —— 也就是在大学里讲课的权利。1876年，他被任命为皇储鲁道夫大公的科学导师。门格尔指导这位未来的奥匈帝国王位继承人学习政治经济学，并带他进行游学。在他们访问的所有国家中，英国给这两位师生留下了最深刻的印象。

　　门格尔完成皇储导师的工作后，被任命为维也纳大学的教授。他和他的兄弟安东，著名民法教授和社会理论家，几乎每天都在环城大道一家很热闹的咖啡馆会面，阅读报纸，讨论时事。有时候，他们的兄弟马克斯也会加入，马克斯是奥地利议会帝国党的知名代表。

图8.1　父亲的雕像：卡尔·门格尔和阿图尔·施尼茨勒

　　在帝国的所有大学里，到处都是卡尔·门格尔的徒子徒孙。至于卡尔本人，他一边研究货币理论，一边把钱花在大量书籍上，就像纽拉特的父亲那样。此外，门格尔打算写一本哲学论著，如果他有时间的话。他最早的笔记可以追溯到1867年，读起来像是维也纳小组的先驱："没有形而上学 …… 康德反对形而上学，用纯粹理性批判代替它。我认为没有纯粹理性。世界没有什么谜语需要解答。只有对世界的错误考虑。"[267]

一位名叫赫尔米娜·安德曼的年轻记者开始为卡尔庞大的私人图书馆编目。她并没有被繁重的工作吓倒,事实上,这已经变成了一种爱的劳动。事情一件接着一件,很快,她的雇主,60岁的单身汉,成了一个男孩的父亲。此后不久,他申请提前从大学退休:像稍年轻的玻尔兹曼一样,他患有严重的神经衰弱。

小学毕业后,门格尔进入了维也纳西郊德布灵区新成立的中学。这所学校由私人资助,有现代化的课程设置。在这里第一外语是英语,而不是通常的法语。然而,很快,法语和英语课就中断了。第一次世界大战开始了。学校被迫搬迁,因为它的建筑需要用作军事医院。但是老师们 —— 老年人都不必参军 —— 依然忠实地坚持着最严格的教育标准。

卡尔·门格尔在学校里面临的期望值不比家里低。比他高几年级的一个班里,有两个学生后来获得了诺贝尔奖:理查德·库恩(化学奖,1938)和沃尔夫冈·泡利(物理学奖,1945)。

"妄自尊大和古怪的性格"

还在上学的时候,卡尔·门格尔决定写一部戏剧。这似乎是一个有望扬名的途径。他把作品命名为《无神的喜剧》,带有对但丁的讽刺意味。中心人物是杜撰的女教皇琼安,她在生下孩子之前一直假扮成男人。这位自鸣得意的年轻剧作家有幸将自己的手稿呈交给奥地利最著名的剧作家，因为他的同学兼好友海尼（海因里希的简称）是阿图尔·施尼茨勒的儿子。卡尔不是他们班上唯一一个父亲很有名的人。

历史会重演吗？几十年前，当时还是学生的胡戈·冯·霍夫曼斯塔尔向施尼茨勒展示了他的一些诗歌，后者给予了很高的评价，在著名大师的力荐下，《青年维也纳》的作者们找到了新的天才。但是命运对卡尔·门格尔并不是那么友好，他的剧本完全没有价值。

尽管遭受了这样的挫折，卡尔对戏剧艺术的涉足还是让他在施尼茨勒的日记中占据了一个小小的角色。其中有几条简要提到了这位年轻的未来作家。以下是一些摘录：

"1919年10月27日。在餐桌上，海尼的同伴门格尔最近给了我一个关于教皇琼安的剧本计划；认真、有天赋的男孩（尽管在文学方面，我有些怀疑）。"

"1920年1月19日。下午，海尼的同伴门格尔，我就他关于教皇琼安的第一次失败的戏剧尝试说了几句（'奇迹'）。"

"1920年11月11日。下午阅读。门格尔的戏剧。他很有才华，但文学不行。"

"1920年11月13日。卡尔·门格尔（海尼的同学）来了，关于他的戏剧（教皇琼安），我不得不说一些不那么好听的话。他没有文学野心，只是想写一部反对宗教、天主教、迷信的戏剧。他真正的前途：

物理学家 …… 在回答我关于长期计划的问题时：'我最想自杀。' 当然是个很有天赋的年轻人，但可能不太正常。"

与此同时，这个 " 可能不太正常 " 的年轻人已经进入大学学习数学、物理和哲学，并且有幸得到了1921年1月爱因斯坦所有3次讲座的门票。他对相对论已经相当熟悉。事实上，在那个夏天，这个 " 当然很有天赋 " 的年轻人在与他高年级同学沃尔夫冈·泡利的通信中讨论了这个问题。顺便说一句，泡利的中间名叫恩斯特，来自他的教父恩斯特·马赫。维也纳是一个小世界！

就在那时，泡利以最优异的成绩获得了慕尼黑大学的博士学位。谈到神童：尽管只有18岁，他已经为享有盛誉的《数学百科全书》写了一篇具有里程碑意义的相对论文章。在与玻尔、爱因斯坦和马克斯·玻恩等杰出前辈进行激烈的专业辩论时，他毫不怯场。据说，有一次，当爱因斯坦刚刚就一个大胆的新想法发表演讲时，这位少年天才在演讲厅当众脱口而出：" *Was Herr Einstein gesagt hat ist nicht so blöd*？"（" 爱因斯坦先生刚才说的也不是那么愚蠢。"）泡利的表现真可谓是厚颜无耻的代名词。

卡尔·门格尔和泡利一样研究物理学，但他还没有完全放弃他的文学计划。亚瑟·施尼茨勒在他的日记中写道：

" 1921年2月11日。卡尔·门格尔 …… 大声朗读他剧本中的一个新场景（教皇琼安和异教徒之间）。有才华，也许是个天才，但却有妄自尊大和古怪的性格。"

几年后，语气听起来似乎变了：

"1928年1月17日。年轻的门格尔刚从荷兰回来，坐在桌旁，等待着教授职位。他只有25岁，但似乎已经享誉全欧洲，我早就意识到了他在这个领域的天赋，不过这个领域离我太远了。"

密封的信件，第一封

7年的时间里，卡尔·门格尔从一个小学生变成了教授，经历了很多起起伏伏。

他的父亲在爱因斯坦讲座后不久就去世了。那时，卡尔·门格尔已经80多岁了，作为奥地利经济学派的创始人举世闻名。这个伟大的学派信徒广布，大师辈出，包括欧根·冯·庞巴维克、弗里德里希·冯·维塞尔、路德维希·冯·米塞斯和哈耶克。（新共和国废除了旧的贵族前缀冯（von），但出于某些奇怪的原因，这些经济学家似乎都没有注意到这一点。）

在卡尔·门格尔留下的文件中，他的儿子发现了一些文件，揭示了一个深深撼动了旧君主制的事件。1878年，一本名为《对奥地利贵族青年的劝勉》的匿名小册子流传开来。小册子将奥地利青年的享乐主义和肤浅生活方式与英国进行了比较，并宣称"王国的领导地位，部分归功于贵族的政治和经济活动"。

如果不是从鲁道夫大公那里传出来的话，这种"劝勉"本来不会引起多少人的注意。最终，一家自由主义杂志转载了一些最荒诞的内容，并声称作者是卡尔和他的学生皇储。审查人员四处出击，尽可能快地扑灭了火焰，但这一事件使皇帝和他的继承人之间产生了隔阂。这种冷淡持续了10年，直到鲁道夫在梅尔林的狩猎小屋血腥自杀。这一悲惨的插曲为新闻审查制度提供了又一个好借口。

在父亲留下的文件中，卡尔·门格尔发现了这本小册子是由大公和他的导师共同撰写的确凿证据。卡尔就他的发现在报纸上发表了一篇文章，他把文件装在一个密封的信封里寄存在维也纳科学院。

父亲还给卡尔留下了大量关于计划出版的《国民经济学原理》新版的笔记，自从退休后，他就一直在写这本书，而书的前言在30年前就写好了。现在轮到儿子来完成新版了。

"可怕的烦琐和辛劳，"卡尔在他的日记中写道，"只有想到我是在完成一项伟大的科学工作，甚至可能是人类的伟大工作，才能让我宽慰"。[268] 此外，他还为奥地利的大报《新自由报》写了一篇文章，讨论如何才能使奥地利支离破碎的经济复苏。报纸编辑补充注释说："我们发表了这位国民经济学大师之子的一篇文章，但并不完全同意其结论。"[269]

财政部最高长官威廉·罗森伯格邀请这位19岁的年轻人共进午餐。门格尔曾严厉斥责他的财政政策是恶性通货膨胀的推手。吃饭时，罗森伯格解释说，奥地利的战后经济并不像门格尔想象的那样容易恢复。就连著名经济学家约瑟夫·熊彼特在短暂担任财政部部长期间，也曾遭遇惨败。

密封的信件，第二封

剧作家、物理学家、经济学家，甚至记者 —— 卡尔·门格尔在找到自己真正的理想 —— 数学家之前，曾尝试过许多工作。关键事件发生在他大学的第 3 个学期。新任命的汉斯·哈恩教授给他的研讨班上了第一堂课，介绍曲线。哈恩说，每个人对曲线都有一个直观的概念，然而到目前为止依然没有在数学上无可挑剔的定义，一些杰出的数学家甚至怀疑这是否可能。

很长一段时间以来，人们一直认为，用一支理想化的、无限细的笔画出一条不间断的连续线，就能得到一条曲线。但皮亚诺和希尔伯特给出了让同行惊讶的证明，可以构造出沿一条曲折的路径前进的连续线，它可以穿过正方形或者立方体内部的每一个点（也称为"空间填充曲线"或皮亚诺曲线），但是没有人会说实心正方形或者实心立方体是一条曲线。

哈恩用这种看似矛盾的构造物来警示直觉陷阱："康德认为直觉是获取先验知识的纯粹手段，这是不正确的；相反，它仅仅是一种习惯，根源于心理惰性。"[270]

根据常识，曲线是一维的，曲面是二维的，等等。但是如何定义**维度**呢？根据确定一个点的位置所需的坐标数？这带来了几个问题。大多数点集不能用方程定义；它们比通常认为的要复杂得多。即使是最简单的集合，例如正方形，也不符合这样的定义。事实上，"空间填充曲线"的例子表明，一个数字，无需两个，就足以确定一个点在正方形中的位置。(想想圆周率的无限小数展开，奇数位的数字可以用来确定点的x坐标，偶数位的数字则确定点的y坐标。反之亦然——给定正方形中任意一点的x和y坐标，你可以将它们交错构成一个实数。)这种认识是违反直觉的，并带来了关于**维度**到底是什么的深刻问题。

图8.2　构造皮亚诺曲线的步骤

　　而门格尔一下就发现了解开"维度"本质之谜的新方法。其基本思想出人意料地简单。分割三维物体，例如用锯子锯木块，切口是二维的。分割二维物体，例如用剪刀剪纸，切口是一维的。分割一维物体，例如用钳子剪电线，切口是零维的。门格尔建议将这个过程反过来得到维度的定义，首先引入零维集(切割为空集)，然后引入一维集、二维集、三维集，每次都用定义好的低维来定义高维。(当然，没有理由止步于三维。)

　　显然，要让这个粗糙的想法具有数学的精确性，还需要付出大量努力，但门格尔很快就让汉斯·哈恩相信他的方法能成功。他狂热地继续他的研究。

　　狂热——很快就变成了真正的发热。大学教室里没有暖气。没有钱，就没有煤。年轻人虚弱的身体垮了。诊断：胸膜炎。

　　几个月后，卡尔·门格尔结束了疗养长假，又怀着同样的热情重新投入工作。1921年，卡尔·波普尔曾在维也纳大学上过数学课。70多年后，他回忆说："在研究所里，还有和我年龄相仿的卡尔·门格尔，但他显然是个天才，充满了新奇而天才的想法。"[271]

　　然而，很快又有了更大的打击。哈恩在门格尔的一个关键证明中发现了错误，门格尔又病倒了。这一次，诊断结果是肺结核，这种疾病在战后夺去了许多人的生命。医生们甚至称之为维也纳病。这是一个可怕的时期。

　　数学专业的学生们对挪威的阿贝尔和法国的伽罗瓦耳熟能详，这两位19世纪的数学天才在他们的成果得到应有的认可之前就悲惨地英年早逝：阿贝尔在27岁时死于肺结核，伽罗瓦只活了20岁，就在前面描述的悲剧性决斗之后的几天。现在卡尔·门格尔忍不住怀疑，是不是也有类似的"浪漫"命运在等着自己。在再次去疗养院之前，他在学院里放了另一个密封的信封，这个信封勾画了他还来不及完善的数学思想。

非常懊恼

卡尔·门格尔在施蒂里亚地区的阿夫伦兹疗养院度过了将近一年半的时间。后来，他把那里的乡村疗养胜地比作托马斯·曼描述得极为美妙的魔山。这当然是透过玫瑰色眼镜看待事物！但事实上，他很好地利用了这段时间。当他回到维也纳时，他已经完全修补好了他的证明，并且可以很有信心地将他的成果作为博士论文提交。

图8.3 多面手卡尔·门格尔

疗养期间，一位值得信赖的朋友一直给他寄这3个学期他错过的所有数学课程的讲义。这位朋友是奥托·施雷尔（1901—1929），和卡尔上同一所高中，比他高一个班级，也是极具才华的校友之一。

1923 年，施雷尔前往马尔堡参加德国数学家年会。有抱负的年轻数学家过去常常嘲笑这些会议是"奴隶市场"，因为，很自然，年长的教授们总是热切地观察这些年轻的新成员。那些才华显露的学生有希望被聘为科学导师，甚至可能成为助理教授。

施雷尔在那一年的"奴隶市场"上表现很好：他得到了一份在汉堡的工作。但他的朋友卡尔·门格尔没有出席，他通过明信片告知了一些不好的消息："等我们碰头时我会告诉你一切细节。但是有一件事我必须马上告诉你，虽然我担心会令你非常懊恼。一个年轻的俄罗斯人，来自莫斯科的乌里申先生做了一个关于维度理论的演讲。据我所知，他的研究结果与你的基本相同，而且他似乎是在大致相同的时间（可能更早一点）发现这些结果的。"[272]

"可能更早一点！"这对门格尔来说是毁灭性打击。就在他在"魔山"疗养期间，帕维尔·乌里申向巴黎科学院提交了他的研究结果摘要。这种正式宣布新科学成果的方式，比起不知名学生存放在维也纳的学院里的密封信封，更有说服力。

门格尔极其匆忙地完成了他的手稿。哈恩安排在奥地利《数学月刊》上迅速发表论文。在文章末尾的一个脚注中，提到了不祥的乌里申。门格尔向世界各地的顶尖数学家寄送了复本。

就在那个夏天，在布列塔尼的某处海岸，帕维尔·乌里申在大西洋凶险的海浪中溺水身亡。和他在一起的朋友，另一位年轻的俄罗斯数学家帕维尔·亚历山德罗夫，除了从海浪中找回他的尸体之外，也无能为力。乌里申去世后，详细介绍他的维度理论的文章才发表。

在那之后不久，奥托·施雷尔也因败血症早逝，年仅28岁。他和伽罗瓦一样，是近代代数史上的重要人物之一。而曾担心自己英年早逝的门格尔则活到了84岁，直到他生命的尽头，都一直在为深入发展维度理论的荣誉该归于谁的问题而困扰。人类的自我总是如此脆弱！

排中律

1924年，拿到博士学位后不久，门格尔获得了洛克菲勒基金，并用它拜访了荷兰数学家鲁伊兹·布劳威尔。布劳威尔是门格尔的数学领域最重要的专家。此外，他还是一个叫作直觉主义的新逻辑学派的领袖。这个学派对数学基础的看法与希尔伯特的形式主义观点截然不同。

根据布劳威尔的观点，数学完全是人类心智的产物。它只包括思维对象 —— 点、数、集合等等 —— 所有这些都必须被构造出来。这样的构造需要明确的步骤。仅仅通过证明一个数学对象**不**存在的假设会导致矛盾并不能推断出这个对象的存在。在布劳威尔看来，这种几乎所有数学家都标准化地使用并得到希尔伯特明确支持的存在证明，是对排中律的滥用。

这条古典法则指出，真与假之间没有中间地带。如果一个给定的语句为假，那么它的否就为真，反之亦然。但布劳威尔却大胆质疑这个神圣的原则。让我们来看一个例子。

　　一个实数要么可以写成两个整数的商（比如说2/7这样的分数），要么不可以。前一种情况是有理数；后一种情况是无理数。例如，$\sqrt{2}$就是无理数，自从大约两千年前毕达哥拉斯和他的同伴以来，我们就知道这个数。考虑以下命题，存在两个无理数x和y，使得x^y是有理数。这里有一个可爱的小证明：以$\sqrt{2}^{\sqrt{2}}$为例，它是一个无理数的无理数次方。这个数是有理数吗？如果是，我们就证明了。如果不是呢？那么它就是无理数，现在我们来考虑下面这个数：$(\sqrt{2}^{\sqrt{2}})^{\sqrt{2}}$，它具有$x^y$的形式，其中（根据假设），$x$和$y$都是无理数。高中代数学过的一条指数法则——$(a^b)\,c = a^{bc}$——告诉我们这个数等于$\sqrt{2}^2$，也就是2，这显然是有理数。所以我们又证明了！无论哪种情况成立，都证明了存在这样的无理数x和y。

　　我们再梳理一遍。有两种情况需要考虑。要么$\sqrt{2}^{\sqrt{2}}$已经是有理数，这样我们就证明了——要么它是无理数，在这种情况下，由于$(\sqrt{2}^{\sqrt{2}})^{\sqrt{2}}$是有理数，所以我们还是证明了。我们不知道这两条路径中的**哪**一条给了我们想要的一对无理数x和y，但是对于普通人来说，这个缺憾并不重要。证明是无懈可击的；如果我们**最初**选择的x和y的值不起作用，那么我们**后来**选择的x和y的值就能起作用。唯一的问题是，我们没有明确这两个选项中**哪一个**能给出我们想要的x和y——但这又有什么关系呢？它们中必有一个会赢。

　　对于希尔伯特和几乎所有数学家来说，上述证明是完美的，因为我们建立了两个分支，并且我们证明了其中必定有一个分支能引导我们到达期望的结果。只是我们不知道这两个分支中的哪一个会起作用，但这似乎无关紧要，因为我们已经证明了这两个分支中必有一个起作用。但是对于布劳威尔和他的弟子们来说，这种分支的证明还不够好！对他们来说，这是一个无法得出任何结论的典型案例。

今天我们已经知道了 $\sqrt{2}^{\sqrt{2}}$ 是无理数，但这不是重点。问题的关键是，布劳威尔对排中律的使用提出了质疑，并且他有支持者。布劳威尔认为，将排中律应用于无穷集合尤其令人担忧，尽管结论似乎是不言自明的。

简单地说：如果一些苹果放在两个袋子里，要么两个袋子里都有苹果，要么一个袋子里没有；在这两种可能性之间没有什么难以捉摸的"中间"区域。这是显而易见的。但是数学家们用类似的论证来处理**无穷**多的苹果：要么两个袋子都装了无穷多个苹果，要么其中一个袋子只装了有限个（可能一个也没有）。不管出于何种理由，如果我们能够排除其中一种选择，那么另一种必然成立；没有中间道路。

这个看似不证自明的真理正是布劳威尔所怀疑的。检查一个袋子是否为空很容易，但是如何检查它里面的苹果数量是有限还是无穷呢？当然，我们可以计数：我们可以一个接一个地从袋子里取出苹果。如果这个过程在一段时间后结束，就意味着袋子空了，那么我们可以有把握地推断它最初的苹果数量是有限的。但是只要我们还在计数的过程中，我们就无法判断苹果数量是无穷还是有限。

布劳威尔认为，我们应该警惕无穷，除非有一个明确的、构造性的程序可以依赖。只要命题A和命题非A都没有得到证明，我们就不能说两者必有一个为真。

布劳威尔的构造性约束使得数学逻辑推理变得更加困难。希尔伯特立即大声抗议：阻止一个数学家使用排中律就像"禁止一个拳击手使用他的拳头"。然而，许多一流的数学家加入了布劳威尔的阵营。

阵营？数学一直为自己不存在对立的阵营、信条，或门派而骄傲。这种可耻的分裂最好留给神学家或哲学家。然而，事情就是这样：一个哲学上的分歧不请自来地毁掉了聚会。

门格尔竭力向石里克小组解释什么是直觉主义。然而，布劳威尔的论点让他们感觉晦涩难懂，也肯定与他们所说的"直觉"截然相反。因此，思想非常开放的门格尔开始了一次朝圣之旅，直接跟随大师深入学习直觉主义。

鲁伊兹·布劳威尔是一个很显眼的人物，个性尖锐，棱角分明。还是学生的时候，他写了一篇题为"生活、艺术和神秘主义"的论文，猛烈攻击传统逻辑。他现在住在阿姆斯特丹郊区一个艺术家聚居地。事实上，他的家只是一个花园里的简朴小屋，里面只有一张桌子、一张床和一架钢琴。

除了门格尔，还有其他年轻的数学家也在跟随这位神秘大师，其中包括运动员帕维尔·亚历山德罗夫，是他在海上打捞了乌里申的遗体。布劳威尔承担了出版这位溺水俄国人身后作品的任务，并附上了他自己的序言。

门格尔非常钦慕布劳威尔。他成了布劳威尔在阿姆斯特丹大学的助理，并在那里讲学。门格尔的母亲意外去世时，布劳威尔贴心地关照着他的门徒。但过了一段时间，棘手的优先权问题开始显露出来，带来了很深的不和谐。门格尔认为，布劳威尔的维度理论没有充分考虑他的贡献。然而，布劳威尔并不准备修订自己的观点。他就像昔日的骑士一样，因战斗而出名。而门格尔也不愿回避冲突。这样他在阿姆斯特丹的处境就变得非常不稳定和困难。

在一片混乱中，一个来自维也纳的机会扭转了这种局面。1927年，纽结理论大师瑞德迈斯特接受了柯尼斯堡的邀请，因此辞去了维也纳几何学副教授的职位。这个空缺的职位马上给了25岁的门格尔。这是一次突出的职业跃迁。甚至他的高年级同学沃尔夫冈·泡利也没有这么快当教授。

然而，与布劳威尔的争吵一直困扰着门格尔。他为了支持自己的主张而存放在学院里的那封密函，在证人面前正式打开了，里面的内容也正式公布 —— 但似乎没有人在意。门格尔的下一步是发表一系列关于这个论证的论文，他甚至要求汉斯·哈恩给布劳威尔写长信来支持他的主张。

在同一时期，门格尔和哈恩还邀请这位荷兰数学家到维也纳演讲。毕竟，科学世界观要求把个人事务和科学事务严格分开。布劳威尔愉快地接受了邀请，他很乐意抓住每一个攻击希尔伯特形式主义的机会。

就这样，他著名的维也纳演讲重新点燃了维特根斯坦郁积已久的哲学激情。

在布劳威尔第一次演讲开始之前，汉斯·哈恩在拥挤的演讲厅向《逻辑哲学论》的作者做了自我介绍。门格尔写道，维特根斯坦"用抽象的微笑回应他，他的眼睛聚焦在无穷远处"。他惊愕地目睹了那一幕。年轻的几何学家被维特根斯坦明显的缺乏兴趣惹恼了，就好像这种怠慢是针对自己。他决心永远不去巴结任何人！正如他后来写道："我一直尽量避免结识那些似乎对结交我不感兴趣的人。"[273]

门格尔认为自己知道冷漠背后的原因。他把维特根斯坦的冷漠归咎于对所有维也纳数学家的愤怒。对于这种非理性的偏见，我们无能为力。就这样，该怎样就怎样。

这就解释了，尽管数学很快成为维特根斯坦思想的中心，维特根斯坦却从未和维也纳数学家之间有过任何私人接触：无论是哈恩，还是门格尔，或是那个安静文弱、戴着牛角框眼镜的学生库尔特·哥德尔。

和维特根斯坦一样，在那个难忘的时刻，哥德尔也坐在演讲厅里，听布劳威尔的暗语，对他来说，这些话也标志着他人生的一个转折点。

为什么小先生

库尔特·哥德尔1906年出生在布尔诺。这个小镇当时叫布吕恩，坐落在摩拉维亚南部，在维也纳北面，乘火车只需几个小时。当时的一些旅行指南将其描述为"奥地利君主国的曼彻斯特"。哥德尔的父亲是维也纳人，后来移居布吕恩，凭借自己的技术能力和创业精神，从一个身无分文的辍学生攀升为一家大型纺织公司的合伙人。

库尔特和哥哥鲁道夫一起在斯皮尔博城堡南坡的一幢别墅中长大，城堡是布尔诺的标志性建筑。哥德尔家的院子直通镇上的公园，那里有纵横交错的小径。附近是孟德尔曾经种植豌豆的修道院。

库尔特聪明而有教养的妈妈被她最小的孩子热切的好奇心逗乐了：在家里，他被称为"为什么小先生"。一本记录了他第一次接触数学的笔记本，虽然很笨拙，却被小心地保存了下来。

这个男孩成了一个对科学有浓厚兴趣的聪明学生。他的成绩几乎都是最好（"非常好"），只有一门例外，他不得不满足于仅仅只是"好"；奇怪的是，这门课居然是数学。但那时，库尔特只有11岁。从那以后，他再也没有粗心过。

1924年，库尔特进入维也纳大学学习理论物理。相对论仍然是热门研究领域，这所大学在这个领域有一些著名专家。物理学家汉斯·蒂林（1888—1976）和数学家约瑟夫·伦瑟（1890—1985）刚刚证明了（像地球一样）旋转的球体产生的引力场不同于没有旋转的球体。这个奇妙的发现是爱因斯坦称之为马赫原理的较早论证；然而，这种效应是如此微弱，以至于这个预测在80年后才被实验验证。

哥德尔很快就掌握了广义相对论的要领。然而，就像4年前的门格尔一样，他从物理学转向了数学。他被菲利普·富特文格勒的介绍性讲座吸引，富特文格勒是那个时代最杰出的数论专家之一。由于重病，富特文格勒不得不使用轮椅，被抬进报告厅。尽管如此，他的讲座还是以优雅的完美令人敬仰，有很多学生站着听。

在哥德尔读大学的第一年，另一门对他产生影响的课程是《哲学的主要问题概述》，由海因里希·龚珀茨主讲。学生们崇敬地互相透露，这位留着浓密胡须的哲学家在把马赫请到维也纳的过程中发挥了关键作用。但是那些光辉的日子现在看来似乎已经很久远了。

不久，哥德尔的才华就引起了汉斯·哈恩教授的注意，从1926年开始，这位天才年轻人被邀请参加石里克小组的讨论。在那里，哥德尔结识了石里克的两个学生，赫伯特·费格尔和马塞尔·纳特金。他们三人成了密友。

门格尔这样描述库尔特："他是一个身材瘦弱，异常安静的年轻人。我从来没有听到他在这些会议上发言或参与讨论，但他表现出了他的兴趣，他的头轻轻动作表明同意、怀疑或不同意。"[274]

哥德尔表示不同意的动作肯定不容易看出来。几十年后，人们才能明显看出，在那个时候，他的观点已经与维也纳小组的主流观点截然相反。然而，这个年轻人不愿参与激烈的辩论，相反，他只是友好地静静地听着，形成自己的观点。他最感兴趣的是哈恩关于罗素和怀特海著名的《数学原理》的讨论班。他自己买了三卷本大部头中的一本。这花了他一大笔钱，不过话说回来，库尔特也不是穷光蛋。不久后，这项投资获得了丰厚的回报。

每年，库尔特和他的哥哥鲁道夫都会搬进新的公寓。他们一直住在大学附近，并且总是住在世纪之交修建的那种优雅的四层公寓。鲁道夫·哥德尔在维也纳著名的医学院学习，那里每隔几年就会有教授获得诺贝尔奖，弗洛伊德总是会抱怨他再一次被无视。人类的自我总是如此脆弱！

完备性

国际数学家大会每4年举行一次。1928年在博洛尼亚举行，哈恩和门格尔做了演讲。希尔伯特率领了一个庞大的德国代表团。这很值得关注，因为德国在1920年和1924年被排除在外 —— 这是获胜方协约国的数学家们坚持的条件。但是最终禁令被解除了。

作为荷兰人，布劳威尔并没有受到直接影响，但他对这种不公平感到愤怒。他认为，德国人应该采取报复行动 —— 或者他们的数学期刊不接受法国人的投稿，或者至少抵制博洛尼亚大会。然而，希尔伯特在这两个问题上没有这样做，从而解决了德国数学家的问题。从那时起，布劳威尔对希尔伯特的愤怒甚至超过了对法国人的愤怒。并不是说失去了很多的爱：布劳威尔一直尖锐反对希尔伯特的数学形式主义方法。

在大会上，希尔伯特讲述了他证明数学一致性的计划。自1900年巴黎大会以来，发生了许多事情。希尔伯特曾一度以为自己找到了圣杯，结果却发现自己犯了一个至关重要的错误。但他继续寻找证明。在博洛尼亚大会召开的前一年，他出版了与弟子威廉·阿克曼合著的《数理逻辑原理》。这本书像希尔伯特的所有著作一样，是简洁优雅的杰作，哥德尔饶有兴趣地研读了它。

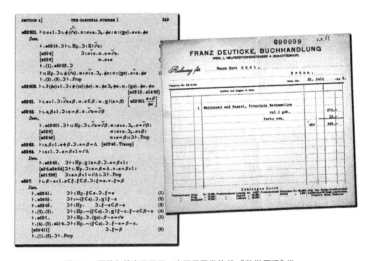

图8.4 哥德尔给自己买了一本不忍释卷的书：《数学原理》卷一

希尔伯特和阿克曼在书中描述了一系列未解决的问题，年轻的哥德尔着手解决了其中的两个。它们都与一阶逻辑有关。（简单地说，这是一种形式化的推理系统，可以证明关于"所有实体"的命题，但不能证明关于"所有性质"的命题。）哥德尔能够证明一阶逻辑的公理和推理规则足以推导出所有普遍成立的命题，以及反过来，这些公理没有一个是其他公理的推论。换句话说，每个公理都需要，但不需要其他公理。

哥德尔向汉斯·哈恩教授提交了他的证明。哈恩没有马上加以首肯。学期假期到了，哥德尔回到了布尔诺的父母家中。

然后哈恩宣布了他的判定。证明是正确的。这篇论文可以作为博士论文提交，并让哥德尔在《数学月刊》上发表他的研究成果。

图8.5　库尔特·哥德尔博士

当哈恩肯定这篇论文时，他在报告中写道，哥德尔的工作"满足了博士论文的所有要求"。但这仍然是一个极为保守的说法。对于任何数学家来说，解决希尔伯特提出的任何问题都是一项至高无上的成就，随之而来的荣耀犹如被授予爵位。

1929年2月，在哥德尔获得博士学位的前几个月，他的父亲突然去世了。寡母决定搬到维也纳，离她的两个儿子近一些。大儿子鲁道夫最近刚完成学业，现在是一名放射科医生。他们三人住在约瑟夫大街一个宽敞的公寓里，离马克斯·莱因哈特著名的剧院不远。

刚刚获得数学博士学位的库尔特未能在大学里谋得职位，但幸运的是，他并不需要。作为富裕的私人学者，他可以随心所欲。他就这样养成了工作到深夜，很晚起床，然后漫步到斯特鲁德霍夫街的数学研究所的习惯。在那里，他几乎总是在图书馆里，代表门格尔和哈恩批改试卷，或者帮助学生准备讨论班报告。

不完备性

布劳威尔的演讲引起了许多人的思考。排中律意味着，每一个未解决的问题必然有一个明确的答案，非此即彼。在布劳威尔看来，这相当于做了一个不容置疑的假设，即每个数学问题都有一个解。希尔伯特认为这是理所当然的。但是，有没有可能希尔伯特钟爱的形式系统无法涵盖整个数学呢？那段时间卡尔纳普不时会遇到年轻安静的哥德尔 —— 经常是在咖啡馆里讨论逻辑 —— 他在日记中写道：

"（1929年12月23日）哥德尔。论数学的不可穷尽性。他从布劳威尔的维也纳演讲中获得了灵感。数学不能完全形式化。可能他是对的。"

在那个时候还只是"可能"，但是半年后，哥德尔得到了奇迹般的新洞见，给出了能消除所有疑虑的证明。卡尔纳普的日记再次捕捉到了这一时刻：

"1930年8月26日，星期二，6点至8点30分。国会咖啡馆。哥德尔的发现：《数学原理》系统的不完备性。证明一致性的问题。"

1930年夏末，维也纳小组的一些成员在国会后面的国会咖啡馆会面，计划一起前往波罗的海沿岸的柯尼斯堡。德国数学家年会——惯例性的"奴隶市场"——定于那年9月在那里举行。在前一年的布拉格会议取得成功之后，决定再举行一次卫星会议。又一次，维也纳小组要安排人在现场组织这次活动。在布拉格是菲利普·弗兰克。现在，瑞德迈斯特很想介入，作为现场代理人帮忙。

这次卫星会议的主要议题是数学基础。三大相互竞争的学派：**逻辑主义者**，他们的目标是将数学简化为逻辑学；**形式主义者**，他们在寻找一个铁证，证明数学是没有矛盾的；**直觉主义者**，他们坚持一切都要是明确可构造的，并限制排中律的使用，从而重新定义数学。三个派别都有一位著名的长老：罗素、希尔伯特和布劳威尔。然而，具有讽刺意味的是，三人都没能参加这次卫星会议。即使当时在柯尼斯堡的希尔伯特也无法参加，因为他正忙于德国数学大会。

因此，这三种竞争方法都由一个值得信赖的副手来代表：卡尔纳普代表逻辑主义，阿兰德·海廷代表直觉主义，而约翰·冯·诺依曼——希尔伯特最喜欢的门生——则代表形式主义。此外，弗里德里希·魏斯曼决定代表维特根斯坦发言。

然而，魏斯曼的计划未能如愿。在去柯尼斯堡的路上，他病倒了。旅程的最后一段是搭乘汽船，而一场猛烈的暴风雨正在肆虐。更糟糕的是，维特根斯坦坚持要求魏斯曼在演讲一开始就宣布维特根斯坦不会对魏斯曼想归结于他的任何观点承担任何责任。这不是一个能吸引人的传播福音的方式。

奇怪的是，在维也纳小组成员的演讲中，谁也没有对哥德尔不朽的新成果发表任何评论。甚至连哥德尔也没有谈论他的不完备性定理，而是报告了一年前他在博士论文中证明的完备性定理。只是在最后的讨论中，他顺带提到了他的不完备定理的一个必然推论。此时已临近午餐，会议就要结束了。

转念之间，匈牙利人约翰·冯·诺依曼已无心于午餐，因为他已经找到了精神食粮。他立刻就领会了哥德尔这句随意提到的话的重大意义。现在，他专心致志地研究着哥德尔的证明。冯·诺依曼博士（你可以喊他强诺、约翰或强尼），充满活力的美食家和天生的娱乐家，当时已被誉为数学超级明星。尽管只有 26 岁，他对集合论、分析和量子理论的基础都已做出了开创性贡献。

冯·诺依曼在第一时间明白了一切。世界上没有人能比他思考得更快。他意识到，在一次炫目的闪光中，哥德尔的发现彻底颠覆了他的世界观。冯·诺依曼一下就明白了，**存在为真但不能用形式化方法从一组公理中推导出来的数学命题**。

几周后，冯·诺依曼写信给哥德尔指出，他的不完备性证明表明希尔伯特的计划是不可行的。也就是说，如果数学是一致的，那么"数学是一致的"这个命题正好就是那些奇怪的哥德尔命题之一，为真但不可证！从表面上看，这似乎完全自相矛盾，但的确是这样。

不过，哥德尔已经得出了这个结论，他回信时把论文校样寄给了冯·诺依曼。这篇划时代的文章"论《数学原理》及相关系统的形式化不可判定命题，Ⅰ"几周后发表在汉斯·哈恩主编的《数学月刊》上。标题末尾有个罗马数字Ⅰ，是因为哥德尔原本还打算写第二部分，这部分将对他的证明进行更详细的阐述，但由于冯·诺依曼等人对"Ⅰ"的热烈接受，很显然"Ⅱ"已经是多余的了。第一部分非常清楚，已足以说服数学界的领军人物。为了给哲学家们提供指导和帮助，哥德尔还写了一个简短的大纲，发表在维也纳小组的刊物《知识》上。

冯·诺依曼对此印象非常深刻。居然有人比他思考得更快！这位匈牙利天才经常在睡梦中找到证明。有时候，当他醒来时，他发现梦中的证明是错误的。但是他喜欢说，最迟到第三个梦时，他的证明就会是对的。他已经两次梦见自己证明了数学是一致的。他笑着说，幸亏他没有做第三次梦！事实上，如果冯·诺依曼真找到了一致性的形式化证明，那就意味着，根据哥德尔的悖论结果，数学的确是**不一致**的。

哥德尔配数

哥德尔的证明有几十页，然而它是基于一个简单得惊人的基本思想。在任何形式系统中，数学命题都只不过是符号串。哥德尔找到了一个系统性方法，可以将任何这样的字符串转换成一个唯一的整数（肯定是很大的整数，但这个细节不会有什么影响）。对于给定的符号串有与之对应的唯一整数（也就是说，字符串可以被机械地"编码"为整数），反之亦然——给定一个大整数，如果它表示了一个符号串，那么该符号串就是唯一确定的（你可以理解成大整数可以被机械地"解码"）。这些大整数后来被称为与它们对应的字符串的**哥德尔数**，而编码/解码过程则被称为**哥德尔配数**。

接下来的想法基于这样一个事实，即《数学原理》（或任何其他形式系统）中的证明是按规则构造出来的，也可以被映射到数字世界中。因此，对于任何定理，都存在一个可以用加、乘和其他数学概念定义的**定理数**。因此，形式系统中一个字符串的可证性就对应一个非常大的数的纯数学性质，这个性质可以用《数学原理》的标记法来讨论。换句话说，就像人们可以断言数字 N 是一个平方数、立方数或者素数，并且证明关于这些概念的各种定理（例如，"有无穷多个素数"），人们也可以断言 N 是一个定理数，而且有各种各样关于这个更复杂的"定理数性"概念的定理（例如，"有无穷多个定理数"）。通过这种方式，《数学原理》获得了（编码）讨论《数学原理》本身的字符串可证性或不可证性的能力。就好像咬自己尾巴的蛇！

哥德尔的致命一击是一个特殊的数学命题 G 的构造，命题 G 断言某个具有哥德尔数 g 的字符串是不可证的——也就是说它不能形式化地从《数学原理》的公理系统中推演出来。令人惊讶的是，哥德尔设法使整数 g 正好就是命题 G 的哥德尔数（"有点偶然"，正如他狡猾地指出）。

因此，命题G在《数学原理》中断言了它自己的非定理性，或者说不可证性。你可以认为G说的是："我在《数学原理》中是不可证的。"现在G为真还是为假呢？它可证还是不可证？如果G被证明了，就会导致矛盾；反过来，如果它的否——非G——被证明了，又会导致另一个矛盾。这似乎是一场灾难，不可避免地会导致一个自相矛盾的体系——但是等等！也许无论G还是非G都不可证。在这种情况下，这个系统（《数学原理》）就避免了自相矛盾，但代价是永远无法判定"相信"G还是非G。

简而言之，如果《数学原理》是一致的，也就是说它永远不会证明两个相互矛盾的命题，那么无论是G还是非G都不能用它的公理和规则来证明。既然G声称它自己不能被形式化证明，那么它所声称的就是正确的。然而，哥德尔对G为真的论证依赖于G的**意义**。这**不是形式化**可证意义上的证明；这个概念仅适用于遵循《数学原理》的形式化规则的证明。哥德尔则设法通过在系统的规则**之外**的思考，证明了他奇怪的命题G为真。

作家汉斯·马格努斯·恩岑斯贝格（1929—）在一首诗中将哥德尔的证明与吹牛大王闵希豪生男爵的滑稽故事进行了比较，闵希豪生男爵声称自己能够通过拉自己的辫子从沼泽中爬出来。"但是闵希豪生是骗子，而哥德尔是对的。" [275]

"我不可证"这句话看起来根本不像一个正常的数学命题。毕竟，数学家通常处理的是数字、图形或函数而不是**可证性**之类抽象的有点像哲学的概念。但是通过哥德尔的编码和解码方法，一个命题的形式化可证性被视为精确对应于命题的哥德尔数的算术性质。

　　很快就证明，除了哥德尔的命题G（通过哥德尔配数）的确断言了自己"我不可证"之外，还有无数其他真命题也不可证，这些命题对数学家来说可能更熟悉——例如，有一些形式类似于哥德巴赫猜想的不可证的真命题，哥德尔在柯尼斯堡会议上提到了这一点。这个例子很有启发性。

　　早在1742年，一位名叫克里斯蒂安·哥德巴赫的业余数学家推测，每个大于2的偶数都是两个素数之和。你可以部分检验一下这个命题。比如：6 = 3 + 3，12 = 5 + 7，等等。借助世界上最快的计算机，哥德巴赫猜想已被证实对直到300 000 000 000 000 000（17个零）的所有偶数都成立。当然，这项先进的技术并不能证明哥德巴赫猜想，甚至不能推进证明：毕竟，还有无穷多个未被检验的偶数！

　　计算机程序可以逐个检查偶数，看它是否是两个素数之和。如果哥德巴赫猜想是错误的，那么计算机迟早会揭示这一点——我们只需要等它发现某个偶数**不**是两个素数之和。但如果这个猜想是正确的，计算机就会一直检查下去，我们坐在那里等到世界末日，也不知道它是否会在某个时刻发现反例。显然，哥德巴赫猜想不能用这种方法证明。计算机程序可以**证伪**这个猜想（如果它确实为假），因为这只需要有限时间，但是它不能**证实**它（如果它确实为真），因为那将需要无穷时间。

　　类似地，计算机也可以检查任何形式化的数学公式序列——这样的序列毕竟只不过是一串符号 —— 看它是否是形式化证明。这种检查纯粹是机械动作，不需要理解符号代表什么意思。计算机可以逐个检查排列在一个无穷列表中的所有可能文本。这份列表永远不会结束。但是如果命题A或者它的否 —— 非A —— 可证，那么计算机最终会找到相应的证明：毕竟，这个证明必定会出现在列表中的某处。初一看这似乎表明，所有数学命题都可以机械地判定。只要启动计算机，看看哪一个最先被命中 —— A的证明还是非A的证明。小菜一碟！

不过，有一个问题需要注意，那就是，根据哥德尔的不完备性定理，存在**没有形式化证明**的真命题。如果A是这样一个式子，那么计算机就会不断执行它的检查过程，永远不会发现A为真还是假，因为无论A还是它的否都没有证明！

这意味着，哥德尔的不完备性定理蕴涵了关于计算机程序的绝对局限性的深刻观点。1936年，英国数学家艾伦·图灵（1912—1954）首先发现了这些限制。经过哥德尔、图灵和其他杰出逻辑学家的多年努力得出的结论是，纯粹形式化的公理推理永远无法完全捕捉数学的思维过程。从这个意义上说，数学是永不枯竭的源泉。

在哥德尔和图灵的开创性论文发表几十年后，一款名为数独的逻辑推理游戏吸引了数百万人。它的受欢迎程度表明，逻辑可以非常有趣。此外，数独的谜题可以被认为类似于希尔伯特形式化的数学理论，就像下面展示的这样。

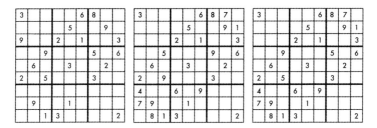

图8.6　数独谜题：（a）不完备，（b）不一致，（c）"正常"

数独谜题的目标是把数字1到9放进81个小格子里，形成一个9×9的正方形，每一行，每一列，以及每个3×3的子正方形中都不会有相同的数字。

在一些格子里，已经放好了数字。在与形式系统的类比中，这些放好的数字对应于"公理"。我们希望数独谜题既要可以破解，又只有一种破解。也就是说，对于81个格子中的每一个，都应该有且仅有一个数字能放进去。如果有格子填不了任何数字，那么"公理"就导致了矛盾。或者，如果有格子可以用两种或两种以上不同的方式填充，那么"公理"就是不完备的：无法回答哪个数字填入哪个格子的问题。人们需要更多的"公理"来唯一地锁定数字。

因此，一个理想的数独谜题应该是一致的和完备的。然而，无论是谁，如果期望从数学的形式化中得到同样的结果，都会失望。这就是哥德尔在1931年所证明的。

后来，维特根斯坦将问题总结如下："哥德尔定理迫使我们从新的角度来看待数学。"[276]（然而，大多数学者都认为，无论是维特根斯坦还是罗素都没有真正理解哥德尔的思想。）以后见之明来看，计算机程序可以逐个构造出数学中所有真命题（并且没有假命题）的想法似乎和炼金术士希望点石成金的想法一样奇怪。刻板的自动机没法取代数学家。其他一些工作大概也是如此，但还没有人证明这一点。（顺便说一句：2013年，数学家哈拉尔德·黑尔夫戈特证明了每个奇数都是三个素数之和。但是我们还没有达到证明哥德巴赫猜想的阶段。）

有时候哥德尔会被误读。当然，这几乎是不可避免的，这也是哥德尔和达尔文、爱因斯坦等伟大先驱们共同的命运。有些人认为哥德尔证明了数学是不一致的。事实绝对不是这样。他所证明的是一致性不能被**形式化证明**。类似地，你可能会发现不可能给出一个没有漏洞的法律论证来证明你从未犯过谋杀罪——永远找不到。尽管如此，我们通常不会假定谁是谋杀犯。这一点同样适用于数学。没有人真正相信数学是矛盾的。套用一位法国数学家干净利落的总结：上帝使数学一致，魔鬼确保这不会被证明。

平行活动

门格尔错过了柯尼斯堡会议的戏剧性事件，当时他正在美国做访问教授。但是当他知道了哥德尔的发现后，他意识到了这个发现的重大意义，于是他把这个消息尽可能地传播开来。

门格尔只比哥德尔大4岁，但一定程度上他已经成为哥德尔的导师，像父亲一样的朋友。回到维也纳后，他和哥德尔慢慢远离了维也纳小组。对他们来说，小组有太多的维特根斯坦和纽拉特的味道；对前者有太多的狂热崇拜，而后者有太多的政治色彩。

　　门格尔不希望被算在小组的左派之列。他对纽拉特博物馆的图片统计数据中的抽象艺术充满热情，但他永远无法对纽拉特"完全社会主义化"或国有化的梦想产生热情。这种天上掉馅饼的幻想与他父亲的自由主义世界观以及奥地利学派的国民经济思想相去甚远。后者更贴近实际的方法是基于个人的需要和决定，而不是不可能理想化的集体、阶级和群众。

　　至于维特根斯坦，门格尔当然不会认同石里克对这位执拗天才近乎宗教般的崇拜。门格尔认为《逻辑哲学论》的前三分之一是难以理解的浮夸。不管怎样，一个人对不可说的怎么有这么多话要说呢？

　　在维也纳小组的一个晚上，石里克、哈恩、纽拉特和魏斯曼滔滔不绝地谈论语言，会议结束后，门格尔在回去的路上对哥德尔开玩笑说："今天，你我又一次比这些维特根斯坦们更维特根斯坦：我们保持了沉默。"哥德尔回答说："我越思考语言，就越惊讶于人们竟然能相互理解。"[277]

　　这两个年轻的怀疑论者仍然偶尔出现在周四的小组会议上，但越来越少了。他们的兴趣日益转向门格尔创办的维也纳数学研讨会。用穆齐尔的话说，它是按照维也纳小组的思路设计的一个平行活动。事实上，与小组一样，研讨会最初也是由受到一位鼓舞人心的年轻教授的想法吸引的学生组成的——这一次是门格尔，而不是石里克。

　　维也纳数学研讨会创办了自己的杂志，《数学研讨会成果通报》。每年出版一次，大部分内容都是以研讨会的手稿为基础。文章最常见的主题包括维度理论、数理逻辑和数理经济学。

研讨会的主要参与者包括亚伯拉罕·瓦尔德（1902—1950）、弗兰兹·阿尔特（1910—2011）、乔治·诺贝林（1907—2008）和奥尔加·陶斯基（1909—1995）。德国人诺贝林是门格尔最欣赏的学生，这是可以理解的，因为他极大地扩展了门格尔关于维度理论的早期成果。

罗马尼亚数学家亚伯拉罕·瓦尔德来自一个极端正统派犹太教家庭，在家接受教育。当他开始学习数学的时候，已经比一般的本科生大了很多。但他进步得更快。仅过了3个学期，他就获得了博士学位。他的导师门格尔年龄也差不多。他形容他的学生"又矮又瘦，显然很穷，看起来既不年轻也不老，与活泼的初学者形成了奇怪的对比"。[278]

弗兰兹·阿尔特，一位维也纳律师的儿子，跟随门格尔学习数学。在获得博士学位后，阿尔特和瓦尔德都没有工作，为了维持生计，他们不得不去上私人课程。门格尔尽他所能帮助他们。经济危机给这座城市带来了沉重负担。

奥尔加·陶斯基是这个团体中唯一的女性。拿到博士学位后，她在哥廷根找到了工作，做《希尔伯特文集》出版准备工作的助理。在那里她遇到了艾米·诺特（1882—1935），她是那个时代最重要的女数学家。事实上，诺特是德国第一位获得大学授课资格的女性。然而，为了得到这个荣誉，她不得不等待魏玛共和国的到来。前几年，她的教师资格申请总是被拒绝，理由是不合适——尽管有希尔伯特大力支持。希尔伯特曾打趣说："教职不是公共澡堂。"

现在奥尔加·陶斯基能够参加艾米·诺特的讲座，诺特发明了一种革命性的新方法来认识现代代数。然而，虽然魏玛共和国还尚未终结，在一次陶斯基短暂访问维也纳期间，就有人要求她不要再返回哥廷根。"政治因素"显露出丑恶的一面。奥尔加不仅性别不对，种族也不对。

陶斯基被困在维也纳，找不到工作。但是哈恩和门格尔决定做点什么。他们组织了一系列关于科学的公开讲座。门票价格高昂，几乎与歌剧票价差不多。有了这些收入，两位数学家就能为他们的朋友兼同行奥尔加·陶斯基提供津贴。

图8.7 门格尔和哥德尔探访陶斯基

这一系列讲座被命名为《精确科学的危机和新基础》，举办得非常成功。哈恩讲述直觉在数学中经常起到的误导作用，门格尔讲述维度的概念，海森伯讲述量子力学，物理学家汉斯·蒂林推测人类冒险进入外太空的可能性。这会发生吗？当然会，蒂林说，但肯定不是在这个世纪。但最终，他活到了目睹人类在月球上行走的那一天。

不是小事

在这群失业的年轻数学家中，哥德尔是无可争议的明星。他的不完备性定理在多方面的深刻含义正变得越来越清晰。德国人恩斯特·策梅洛曾让玻尔兹曼头痛，他一度认为在哥德尔的证明中发现了一个错误，但后者很容易就澄清了这个误解。

"我亲爱的哥德尔"，哥德尔的朋友马塞尔·纳特金亲昵地写道，"毫无疑问，我非常骄傲……所以，你已经证明，所有希尔伯特式的形式系统都包含不可判定的问题。这可不是一件小事！"[279] 当时，纳特金是巴黎崭露头角的摄影师。

哥德尔马上强调他的不完备性定理不仅适用于某些**特定**的公理化推理系统，比如《数学原理》，而且适用于**任何**定义了**自然数**、**加**和**乘**的概念的一致公理系统。也就是说，不存在能推导出整个数论的有限公理集。

1932年，门格尔在维也纳大学做了一次题为"新逻辑"的公开演讲，吸引了大批听众。就这样，他成了第一个向大众介绍哥德尔的成果的人。门格尔的这次讲座成了《精确科学的危机和新基础》系列讲座的亮点之一。对哥德尔本人来说，这次讲座是如此有意义，以至于他终身保留着自己的入场券（只是站票）。

1932 年春天，哥德尔获得了新的结果。由于直觉主义限制排中律的使用，它所蕴含的定理集必定是古典数学所有定理集的子集。希尔伯特强烈反对这种限制。然而，从某种意义上说，哥德尔现在已经证明了截然相反的结论。直觉主义只是**表面上**狭隘。如果以适当的方式重新解释形式符号，古典数论定理就成了直觉数论定理的子集。那么，数学为真和可证性的本质是什么呢？这样的结果使得它变得更加微妙。

在数学中什么可以允许，什么又不应被允许，这个深刻的意识形态冲突像被钉子刺破的轮胎一样开始失压。持有哪种解释仅仅只是传统习惯问题。哥德尔的惊人结果与门格尔的观点完全一致。门格尔长期以来一直认为，什么是允许的，什么又是禁止的，关于这些教条规定在数学中没有立足之地。重要的是，人们应该说清楚将要使用的基础规则。

当哥德尔向维也纳数学研讨会报告他的新结果时，奥斯瓦尔德·维布伦（1880 — 1960）是他为数不多的听众之一。维布伦是美国最杰出的数学家之一，他的父亲是著名的索尔斯坦·维布伦，曾把炫耀性消费变成一个研究课题。当时维布伦正作为新成立的普林斯顿高等研究院的代表在欧洲旅行。他的任务是寻找优秀的科学新星。门格尔建议他来听哥德尔的报告。维布伦被深深打动，立即把哥德尔列入了他的候选人名单。

1932年，哥德尔申请了大学教师资格。几年前，维也纳的数学家们认为一个人在获得博士学位之后必须满4年才能申请教师资格。哥德尔差不多符合条件了。他申请将"形式化不可判定命题的构造"作为考核讲座的主题。

汉斯·哈恩对他的讲座进行了总结："一流的科学突破，在专家圈子里引起了最高的兴趣。可以肯定地说，它将在数学史上占有一席之地。由此证明了，希尔伯特证明数学一致性的计划是不会成功的。"[280]

1933年春天，哥德尔成了私人讲师（大学的编外讲师，基本上没有薪水）。由于糟糕的经济状况，他没有希望获得任命。哥德尔倒不缺钱：他有足够的钱生活。此外，他还被邀请在下一年去普林斯顿高等研究院待一年。维布伦没有忘记他。

普林斯顿的这个研究机构是由路易斯和卡罗琳·班伯格（一位百货商店大亨和他的慈善家妹妹）私人资助的，他们的慷慨捐赠选择的时机刚好，就在1929年大崩盘前夕。第一批获得永久职位的成员包括爱因斯坦和冯·诺依曼。1933年纳粹掌权后，两位科学家都不得不逃离柏林。

第 9 章
受到挤压小组

> 维也纳，1930—1933：后来者波普尔成为哲学家，提倡证伪，与小组论争。石里克排斥波普尔，但接受波普尔的书，又拒绝了纽拉特的书。纽拉特威胁要起诉。魏斯曼的维特根斯坦书面临无尽的拖延。卡尔纳普搬到布拉格，发现逻辑中没有道德。维特根斯坦愤怒，感觉自己被卡尔纳普剽窃。

波普尔的个人革命

卡尔·波普尔年轻时曾跟一位年长的维也纳木匠当过学徒，这位木匠知识渊博，擅长横竖填字游戏。老人带着谦虚的骄傲用维也纳口音说："来吧，孩子 —— 随便问我什么，我什么都知道！"

波普尔后来写道，他从他亲爱的、差不多无所不知的大师那里学到的关于知识理论的知识，比从其他任何老师那里学到的都多。"我之所以成为苏格拉底的信徒，他起的作用最大。"[281]

据说苏格拉底曾宣称："我知道自己一无所知。"波普尔喜欢补充说："并且经常连这个都做不到。"没有安全的知识。不过，虽然号称持有如此谦虚的观点，波普尔却非常地固执己见和自信。

卡尔·波普尔1902年出生，家里并不打算让他成为木匠。毕竟，他的父亲是维也纳最受尊敬的律师之一，他们家在市中心，距离圣斯蒂芬大教堂只有一个街区，住在巴洛克时期翻新过的一栋古老而庄严的住宅里。这里以前属于塞缪尔·奥本海默（1630—1703），这位银行家资助了皇帝对抗土耳其人的战争并获得一连串的胜利。在这样一个历史悠久的地方长大真是特别。

然而，到波普尔16岁时，多瑙河畔伟大的王朝解体，再也看不到胜利的希望。年轻的皇帝卡尔不再参与国家事务，搬出了哈布斯堡帝国的古老宫殿霍夫堡。在附近的绅士街，国民议会正式成立。共和国于1918年11月12日宣布成立，那是一个寒冷多雨的日子，刺骨寒风吹过环城大道。

波普尔近距离目睹了那些灰暗日子里的骚乱和示威活动。他听到拐角处的口号声，子弹呼啸飞过头顶。他决定退学，一部分是为了发起自己的个人革命，正如他后来写的那样，另一部分是因为数学课的进度慢得令人痛苦（几何是他最喜欢的科目）。他以非全日制学生的身份进入了大学。

70多年后，波普尔写道："那是在1918—1919年的冬天，很有可能是在1月或2月，我第一次踏入圣地，位于玻尔兹曼街的维也纳大学数学研究所。我完全有理由感到忐忑不安。"[282]

年轻的波普尔没有完成中学学业，只能临时注册。其他学生都通过了中学毕业考试，被正式录取，并且取得的进步已经远远超过他的水平。换了环境后，讲课进度对波普尔来说太快了，他沮丧地放弃了。

他加入了一个共产主义青年团体，但只是短暂的放纵。在目睹了一场以警察向几名年轻工人开枪而告终的示威活动后，波普尔放弃了他的马克思主义信条。他后来解释说，他不希望以任何方式加剧阶级斗争。

1922年，波普尔终于通过了中学毕业考试。他现在和大学之间不再有任何障碍了。他试听了各种课程：历史、文学、心理学、医学、物理学和哲学。但数学仍然是他最喜欢的科目："只有数学系的课才真正是饶有趣味的，"他写道，"我从汉斯·哈恩身上学到的最多。他的讲课是我见过的最完美无缺的。每次讲课都是一件艺术品：逻辑结构鲜明突出；一字不多；纯洁无暇；语言优美隽永。一切都很生动，虽然由于尽善尽美而有点高冷。"波普尔补充说："数学是宏大而困难的学科，如果我曾经想过成为职业数学家，我可能很快就会灰心丧气。但我没有这样的雄心。"[283]

那么，这个年轻人的雄心究竟**是**什么呢？由于还不确定，他涉猎了各种各样的职业。正如前面提到的那样，有一段时间，他曾试图当木匠学徒（就像马赫那样，不过年龄要大得多），然后他又去了心理治疗师阿尔弗雷德·阿德勒（1870—1937）的诊所，当义工帮助受虐儿童，当时阿德勒已不再是弗洛伊德的信徒。阿德勒研究了所谓的补偿防御机制，即人们在生活中的选择是对真实或想象的缺陷的无意识反应，比如一个小个子男人通过积极争取社会地位来弥补他的身高。

（顺便提一下，波普尔的身高偏矮。）

过了一阵子，这个年轻的学徒决定当教师。他进入维也纳新成立的师范学院学习。这是一个幸运的改变，因为在那里他遇到了一个名叫约瑟芬·安娜·亨宁格的同学，当时名叫亨妮。两人被对方深深吸引，不久就结婚了。他们和亨妮的父母一起住在维也纳郊区的莱尼兹，很缺钱。波普尔的父亲在战后失控的通胀中失去了所有积蓄，维也纳的大多数中产阶级也是如此。

在师范学习期间，波普尔在大学里不断地参加物理、数学、心理学和哲学方面的讲座课程。1928年，他以论文"论思维心理学中的方法问题"获得博士学位。这项研究由卡尔·布勒指导，布勒和石里克同时加入教职，他所在的维也纳心理学院具有世界级声誉。

波普尔的博士论文，正如他自己说的，是"仓促写就的。我甚至从没有再看它一眼"。[284]

然而，无论谁只要看一眼，都会立刻感受到这位年轻作家的敏锐和凶猛的战斗精神。毫无顾忌！从第一行开始，波普尔就驳斥石里克关于知识和科学的观点。当然，这种肆无忌惮的攻击是一种高风险策略，尤其是石里克还是这篇论文的第二个读者。

不过石里克并没有应战。他可能太忙了，没时间和一个不知名的学生争论。他只是同意了布勒建议的高分，不冷不热地附和了布勒的赞美之词，大意是"波普尔的作品显然是中等的，是文学性的。另一方面，也体现了博学的作者的自发性和结合比较的能力"。[285]

就这样，论文被接受了。然而，在接下来的"严格测试"（要获得博士学位需要通过严格的哲学史口试）中，波普表现得很糟糕，认为自己肯定通不过。但石里克和布勒再一次表现得很慷慨。波普尔写道："当我听到自己以最高成绩通过考试时——"Einstimmog mit Auszei chung"（一致通过，优等）——我简直不敢相信自己的耳朵。当然，我感到很宽慰和快乐，但有很长一段时间我都不能克服我理应不及格的感觉。"[286]

图9.1　波普尔老师远足

接下来他必须写一篇论文，这一次是为了教师资格证书，波普尔回到了他的旧爱："几何中的公理、定义和假设"。在这个熟悉的领域没有出现任何问题，一切顺利。

1929年，波普尔成为一所小学的老师，就像维特根斯坦几年前所做的那样。新晋博士波普尔指导10到14岁的年轻人学习数学和物理。他的兴趣慢慢从主观思维过程的研究转向科学的逻辑。一切似乎都在把他推向维也纳小组的方向。

波普尔把两者联系起来

许多年前，"无所不知"的木匠大师激发了他年轻的徒弟无畏探索的精神。而现在，作为一个初出茅庐的哲学家，波普尔把他的批判性思维转向了他认为是人类知识中最令人兴奋的方面——科学，知识在这块草地上生长，被仔细审视和争论。界定科学的特征是什么？这是小组最喜欢讨论的话题，这也是理所当然的。任何支持科学世界观的人都应该能将科学与非科学区分开来。

波普尔写道："直到博士学位考试之后，我才把两者联系起来，我早期的想法才得以实现。我的观点意味着，科学理论，如果没有被证伪，永远是假设或猜测。这种思考引申出一种理论，即科学的进步并不在于积累观察结果，而在于推翻不那么好的理论，取而代之以更好的理论，尤其是涵盖更广泛的理论。"[287]

波普尔强烈反对自然科学是建立在归纳之上的观点。他坚决反对归纳——即从具体的局部观察得出包罗万象的断言——可以具有确定性。我们可以重复观察或进行实验，直到精疲力尽，然而，做再多工作，也永远无法以绝对的安全断言任何一般规律。

当然，归纳不具有与演绎相同的逻辑地位这一事实并没有逃脱其他人的注意。例如，石里克就曾声称："归纳只不过是一种由方法引导的猜测 —— 一种心理学、生物学过程，其研究与逻辑无关。"[288]

很明显，对于这些思想家来说，归纳不可能成为科学方法论的界定标志。那么，人们还能在哪里找到科学的本质定义呢？伪科学和科学的区分成为波普尔最喜欢的话题，尽管他不愿浪费宝贵的时间驳斥炼金术或占星术之类典型伪科学的愚蠢。他没有屈尊考虑通灵学的主张，也没有考虑地球是空心的、人类居住在地球内部的概念，没有考虑宇宙是冰与火的竞技场的学说，也没有考虑纯雅利安种族一直受低劣人种色鬼的威胁的论点。在疯狂的20世纪20年代，这些耸人听闻的信条吸引了一批追随者，有的甚至信徒广布。但波普尔并没有因为他对伪科学的思考而认真对待这类疯狂的牵强附会。

相反，秉承他一贯的风格，他选择的是重量级对手。马克思主义和精神分析是当时维也纳最热门的两个话题。因此，波普尔发起的攻击针对的正是这两者。他不会接受其中任何一个作为科学的一部分；事实上，他准备直接锁定这两者。有一段时间，甚至达尔文的进化论也引起了波普尔的怀疑。波普尔指出，任何人只要稍微掌握一点辩论技巧，就可以轻而易举地保护这些教义不受任何批评，无论批评有多尖锐。他指出，正是这种刀枪不入或不可战胜的特性使得这些理论不能成为真正的科学分支。

一个理论，无论多么宏大，都只是假设，不可能有更高的地位，一个理论只能通过经验观察被彻底驳斥而改变地位。因此，在波普尔看来，与使用或不使用**归纳**这一可疑过程相比，构成科学与伪科学之间更可靠分界线的是一种主张的可检验性，或者更确切地说是**可证伪性**。

与这种观点相反的是，大多数维也纳小组成员认为，一个主张的经验可检验性，或缺乏经验可检验性，告诉你的是这个主张是属于科学还是仅仅属于形而上学。换句话说，对于大多数小组成员来说，可验证性的重要性在于它在有意义和无意义的语句之间画了一条分界线。

波普尔轻蔑地驳斥了这种观点。首先，他对哪些语句有意义哪些没有意义的无休止争论并不感兴趣。对谁有意义？其次，对他来说，认为验证不仅仅意味着通过一些测试，而是最终确证一个理论，确定性地封印其为真，这对他来说是荒谬的白日梦。

事实上，维也纳小组的任何成员都不会这样理解这个词。但是波普尔很任性，不准备听有关可能的误解的争论。"决不要让自己被诱导去认真对待词及其意义的问题。"[289] 通过这条个人格言，波普尔希望把哲学从那些热爱**语言批判**的人的魔爪中拯救出来。这是波普尔所鄙视的一种趋势，他认为这使得好的思想家偏离了对真正问题的追求。

波普尔环绕小组

这位青年哲学家的第一位导师是海因里希·龚珀茨，他年轻时就为马赫回到维也纳铺平了道路。"龚珀茨不时邀请我去他家做客"波普尔写道，"并让我发表看法"，不过，"我们对精神分析的看法不一致。当时他相信精神分析，并在《意象》上发表了他的看法"。[290]《意象》是弗洛伊德的期刊。

龚珀茨向维也纳大学的图书管理员维克多·克拉夫特介绍了年轻健谈的波普尔。克拉夫特很早就是维也纳小组的成员。波普尔还和石里克的图书管理员魏斯曼交上了朋友，他在埃德加·齐尔塞尔的公寓里做了第一次哲学演讲。他说自己被严重的怯场所困扰，但这并没有阻止他无情地抨击维也纳小组的观点。在接下来的讨论中，他表现得很好。此后，围绕着维也纳小组的其他团体也开始邀请他参加他们的讨论。

波普尔与赫伯特·费格尔的结识是他的一个转折点。正如他后来写的那样，"这次会面在我的一生中是决定性的"。[291]在一次激烈的通宵讨论后，费格尔筋疲力尽地向波普尔建议，他可以把自己的想法写成书出版。在此之前，波普尔从未有过这样的想法。

不过，除了费格尔，其他人都完全反对写书的想法——尤其是波普尔的妻子亨妮，她更愿意利用空余时间和丈夫一起去滑雪和登山。维也纳森林以及附近的拉克斯山和施尼贝格山是理想的远足地。"但我一开始着手写书，她便自学了打字，自那以后她把我写的所有东西几乎都打了几遍。"[292]

事实上，波普尔夫妇在徒步旅行时总是随身携带打字机。每当他们在某个乡村客栈的花园里休息时，亨妮就会拿出机器开始打字。

图9.2　卡尔·波普尔和亨妮·波普尔，这里没带打字机

波普尔正在创作的著作名为《知识理论中的两个基本问题》。两个基本问题很明确：**归纳**和**划界**。波普尔的两个答案同样鲜明：没有归纳这回事，可证伪性是科学理论和非科学理论之间的分界线。

正如波普尔所写的："从一开始，我所构想的这本书就是对维也纳小组观点的批判性讨论和纠正。"[293]纽拉特也承认，波普尔正逐渐成为维也纳小组的"官方反对派"。但波普尔仍然是局外人："我从没有被邀请，我也从没有从侧面尝试过获得邀请。"[294]

在另一个场合，他写道："我从来不是维也纳小组的成员，但如果有人认为我没有加入小组是因为我反对他们的想法，那就错了。事实并非如此。我很乐意成为维也纳小组的一员。但事实是，石里克从未邀请我参加他的研讨会。受到邀请是成为维也纳小组成员的唯一途径。"

这个邀请从未到来，这似乎是石里克的严重失误。事实上，波普尔的卓越才能早已昭然若揭。但石里克担心波普尔的攻击性和固执会破坏对维也纳小组极为重要的善意气氛。石里克在 1932 年 12 月龚珀茨小组的一次会议上目睹了波普尔的火力全开。

这时可能正是波普尔说自己很怯场的那段时期，但就算是这样，也丝毫没有削弱他的好斗。他毫不犹豫地对维特根斯坦的思想进行了猛烈抨击。他批评了后者的观点，即一个命题只有描述了一个可能的事实才有意义。维特根斯坦声称其他一切都是"不可说的"，这被波普尔贴上了压制言论自由的标签，他将其比作天主教会的教条。

石里克的耐心很快耗尽，他愤怒地离开了会场。他愿意承受任何针对他自己的批评，但不愿被动地坐视对维特根斯坦进行野蛮攻击。

其他人也对这位年轻搅局者的自以为是感到恼火。哥德尔绝不是维特根斯坦的崇拜者，他在给门格尔的信中写道："最近我遇到了一位波普尔先生（哲学家），他写了一本长篇大论，声称解决了所有哲学问题。他急切地想引起我的兴趣。你觉得他怎么样？"[296]

但波普尔不是会担忧别人质疑的人。在完成了那本关于哲学基本问题的"长篇大论"之后，他设法让费格尔、卡尔纳普、石里克、弗兰克、哈恩、纽拉特和龚珀茨至少读了其中一部分。提醒一下，这份手稿是对维也纳小组的严厉攻击！这种批评令人不安，尤其是在波普尔说得对的地方。

费格尔早期曾敦促波普尔把自己的想法写成书，但他后来也发现"整个事情留下了一种令人不快的余味。这就是波普尔，仅仅领先我们一步，却妄想居高临下向我们传道。他的语言技巧难以辩驳，他的精力无法驯服，他对辩论有不懈的渴望（这让我失眠了许多个晚上），有将任何强大对手击倒的力量。但在我的记忆中，最令人不快的是他一贯的傲慢——他贪婪地攫取每一次'胜利'，把它们带回家，一次又一次封印确证"。[297]

头脑一贯清醒的卡尔纳普同以往一样愿意听取任何批评。他在给石里克的信中写道："龚珀茨说，在波普尔与我们小组的观点意见相同之处，他的表述更容易理解；在那些他批评我们观点的地方，他与科学中使用的技术更加接近。在我看来，龚珀茨在这方面并没有完全说错。我个人认为，我们可以从波普尔的评论中真正学到东西。"[298]

"波普尔太性急"，石里克抱怨道[299]。但是他愿意接纳不同意见；事实上，他接受了波普尔的书作为《科学世界观》系列出版。因此，在出版商要求大幅缩小篇幅后，这本书于1934年出版，书名为《科学发现的逻辑》。

波普尔之前没有出版过任何书籍。显然，石里克完全能够领会波普尔思想的价值，他只是无法忍受作者的个性。值得一提的是，波普尔的《两个基本问题》全本直到 45 年后才出版。

"这是一部极具才智的作品"，石里克在谈到《科学发现的逻辑》时写道："但我无法带着纯粹的快乐去阅读它，尽管我认为，如果站在同情的角度去理解，作者几乎都是正确的。然而，在我看来，他的表述似乎有误导性。事实上，在他想尽量突出自己的贡献的潜意识冲动下，他举了我们小组立场的很小的例子（有时仅仅是几个术语），随意歪曲它们，然后他把这些观点描绘成我们在重大原则问题上犯的致命错误，其实这些观点是他自己炮制的，不是我们的（而他真诚地相信它们就是这样）。这种扭曲的做事方式很不利于整个观点。不过，随着时间的推移，他的自负无疑会下降。"[300]

石里克乐观的预测从未得到证实。

石里克感到震惊

如果说石里克发现自己阅读波普尔的书只是"无法带着纯粹的快乐"，那么当他看到纽拉特提交的关于历史和经济学的科学基础的书稿时，感觉就更糟了。读完书稿之后，石里克觉得自己别无选择，只能反对将它列入系列丛书出版。他向合作编辑菲利普·弗兰克吐露了自己的感受："我开始读这本书时怀着极大的希望，结果却让我感到非常震惊！我认为表述寡然无味，也不符合我们的目标，因此我相信，除了狂热支持者之外，没有人会认真对待这本书。"[301]

拒绝一位亲密同事的书稿不是件小事，尤其是这位同事还曾被不公平地排除在学术生涯之外。此外，纽拉特也不是那种接受"不"作为回答的人。他抨击了石里克的评判，坚持要求书面审稿报告，并请求弗兰克的支持，他们从学生时代起就是最信任的同志和朋友。

因此，石里克不得不为自己的决定辩护。他在给弗兰克的信中写道，"经过最认真的审读和最谨慎的反思"，他仍然无法承担将纽拉特的书纳入丛书的责任；这"不是因为书中表达的观点 —— 事实上，我基本上同意作者的观点 —— 而是因为它的风格，使得这本书非常不科学和不严肃 …… 这本书的目的完全是宣传和说服。这是显而易见的，书中大约有一半语句 —— 我没有夸大 —— 以感叹号结尾；尽管可以改成句号（现在纽拉特可能已经这样做了），也无法改变这些表述的感叹特征"。

石里克抱怨道："几乎每个论证都是相同的套路：'什么什么必然如此，因为任何根植于唯物主义的科学统一论的信徒都必须接受这一观点'；或者'什么什么必然如此，因为任何相反的观点都将是形而上学和神学'。几乎每一页都是自鸣得意地宣称，没有上帝或天使，人们也可以做得很好，即便是富有同情心的读者也会觉得极其乏味，站在对立面的读者则会觉得非常教条，双方都会觉得荒谬。"[302]

由于这件棘手的事情，石里克不得不推迟他的暑假，这使他更加恼火。纽拉特的固执是最后一根稻草。他曾承诺在石里克的系列丛书中为科学世界观正名；但是，除了一本煽动性的小册子，他什么也没提供。石里克懊恼地写道："谁能相信有哪个对手会因此而改变信仰？如果纽拉特真的抱有这样的希望，那只能是因为他有一定的孩子气和天真幼稚。如果一个作者在每一页都讨伐形而上学，那么读者就会不禁怀疑，作者在内心深处究竟有没有彻底拒绝形而上学。"

在报告后面附的一封长信中，石里克向弗兰克吐露了心声：

> 不幸的是，当我在咖啡馆告诉纽拉特我的决定时——你可以想见，所有这一切都是在一种看似友好的氛围下进行的——我的意见没有得到任何谅解。相反，他立马回应我，我的观点可以解释为资产阶级偏见的残余仍在困扰着我；尽管他承认我的意图是纯洁的，但他还是称我为贵族，而且傲慢。如果出版商基于我的报告而拒绝出版，他会起诉，他说，也许他会在出版这本书时附上一条注释，说我反对它。你要知道，这一切都是用最温和的语调说的。
>
> 第二天，也就是昨天，他和我在电话里谈了几个小时，语气同样友好，但始终都在对我进行严厉的指责。在他看来，我违反了学者共和国的礼节，任何中立的政党都会认为我在道德上是错误的。他说我没有权利担任审查员。他也利用这个机会告诉我一些基本的事实。特别是，他指责我是一个不合群的人；虽然表面上表现出同情，但实际上我是一个冷漠的人，完全缺乏内心的温暖。[303]

然后，石里克非常严肃地问弗兰克，他能否请爱因斯坦对这个问题做出评判。然而，再三考虑后，这个选项即使对石里克来说也似乎成问题："纽拉特只会声称，爱因斯坦也因为与普鲁士科学院成员接触之类的事情而被宠坏了。"[304]

幸运的是，弗兰克从学生时代就是纽拉特的朋友，他想出了一个办法来安抚纽拉特，并在顾全脸面的情况下解决了冲突。很快，心情舒畅的石里克就向卡尔纳普报告，纽拉特"正计划提交一份全新的书稿，这份书稿的内容是理论社会学入门，这个主题对他来说很熟悉，他想都不用想就能写出来"。[305]

这一次，纽拉特用句号代替了感叹号，他的新书很快在丛书中占据了一席之地（旧的那本马克思主义小册子还是没有出版）。然而，昔日的小过节留下了永久的痕迹。纽拉特现在比以往任何时候都更加确信，石里克具有资产阶级的拘谨性格。石里克的结论是："我不认为智慧和品味是'资产阶级'成员才应具有的品质。"[306]

没有首卷的丛书

纽拉特的《经验社会学》作为《科学世界观著作》系列的第5卷出版，波普尔的《科学发现的逻辑》是第9卷。

然而，没有第1卷——这个奇怪之处并不是由于粗心。缺少的是魏斯曼的《逻辑，语言，哲学》。在1929年的维也纳小组宣言中，这本书就已经被宣布是对维特根斯坦《逻辑哲学论》的"主要思想的一个易于理解的阐释"。几年前，石里克甚至为它写了一篇序；然而，那篇文章仍然安静地躺在他的书桌抽屉里积灰。

魏斯曼是石里克小组的创始学生成员之一。对于一个学生来说，他的年龄已经很大了。他出生在维也纳，父亲是俄罗斯人，他最初学的是数学和物理，但在26岁时，被新任教授石里克吸引，他全身心转向了哲学。

作为回报，石里克为魏斯曼提供了图书管理员和"科学辅助人员"的职位；起初这个职位是完全没有报酬的，后来的报酬也极其微薄。幸好通过在维也纳的成人教育机构教书，魏斯曼能够补足一些收入，但也是杯水车薪。他的授课以清晰生动著称。此外，他还擅长教授石里克的实践课程。因为这个原因，他最终得以非正式地承担正规的讲座课程，比如《数学哲学导论》，他很擅长这方面的主题。但他不是讲师，事实上，他甚至没有博士学位。遗憾的是，魏斯曼无法鼓起内心的勇气写论文或面对考试。一种奇怪的缺乏意志力的状况困扰着他。

在维特根斯坦同意与维也纳小组会面后，魏斯曼很快就被他迷住了。因此，石里克鼓励他这位助手写一本《逻辑哲学论入门》。魏斯曼很适合这一任务，他从最初就一直积极参与小组内的所有讨论。

维也纳的学生都知道可以从魏斯曼这里学到很多关于维特根斯坦逻辑思想的东西。来自柏林的年轻访客卡尔·亨佩尔（1905—1997）写道："我非常喜欢他谨慎的推理和引导讨论焦点的方式。"[307]

1928年1月，石里克告诉卡尔纳普："魏斯曼写了一篇非常好的文章阐述维特根斯坦的基本思想。"[308]然而，几个星期后，石里克不得不修改这条消息："不幸的是，魏斯曼的文章还没有写完。每当他写下一些东西时，他似乎无法克服那些阻碍他写作的禁忌，令人遗憾；如果不是这样，他清晰的思维真的会是最有成效的。"[309]

维特根斯坦也高度欣赏魏斯曼"清晰的思维"。显然，这个学生值得交谈；他很善于提问题，而且知道在思考者绞尽脑汁寻找答案时保持沉默。维特根斯坦向石里克报告说："在我一滴一滴从大脑中挤压出解释的时候，他（魏斯曼）极其耐心地等待着。"[310]

回归哲学后，维特根斯坦在剑桥大学任教。获得津贴后，他现在成了专业哲学家，这个事实有时使他极度痛苦。他想尽办法想摆脱这个行业。例如，他不会在报告厅讲课，只在他位于三一学院的私人住所教学。很快，一群虔诚的追随者，也可能是信徒，聚集在他周围。他说服了他们中的很多人放弃哲学研究。

整个20世纪30年代，在学期之间，维特根斯坦经常回到奥地利，要么回到霍奇瑞斯的家族庄园，这里位于维也纳森林深处，离维也纳有一个小时车程，要么回到属于他三个姐姐的联排别墅。当他在维也

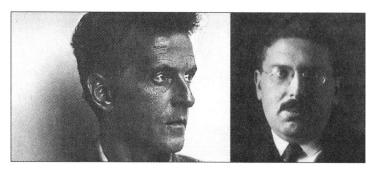

图9.3 紧张的合作：维特根斯坦和魏斯曼

纳时，他允许石里克和魏斯曼去他的住处拜访他。他们会在维也纳小组的会议上进行报告，而维特根斯坦则一直深居简出。

来自海外的年轻访客，哲学家欧内斯特·内格尔（1901—1985）写道："除了剑桥和维也纳的一些小型排他性团体，他目前的观点并不为人所理解…… 在一些场合人们甚至争论维特根斯坦是否存在，就好像争论耶稣基督是否为史实一样…… 由于种种原因，维特根斯坦拒绝出版。"[311]

事实上，维特根斯坦很愿意发表他的新思想，但要做到这一点，首先必须将他迅速增多的哲学笔记整理有序。多年来，在他位于三一学院的小房间里，以及在他亲人的宅邸里，已经积累了数千页的评论和格言。但由于维特根斯坦不断修订自己的立场和重新整理笔记，他无法完结自己的作品，就好像穆齐尔的"世纪小说"，汉斯·哈恩的分析学教科书，以及魏斯曼的维特根斯坦书计划。

起初，魏斯曼的事业似乎前景很好。想法很简单：正如石里克曾经是爱因斯坦的"宣扬者"一样，魏斯曼也可以作为维特根斯坦的代言人。然而事实证明，维特根斯坦比爱因斯坦要求更高。每次他看魏斯曼的手稿时，都会要求大幅修改；有时候，他又会要求改回来，有时候还会要求推倒重来。越来越明显的是，维特根斯坦觉得他在《逻辑哲学论》中提倡的大多数立场已经被"克服"了，也就是说，它们被否决了！因此，对于维特根斯坦来说，按照魏斯曼的设想，以一种更容易理解的形式来阐释他原来的思想，似乎毫无意义。

因此，总是想做到最好的魏斯曼提出了另一个计划：写一本书来阐释维特根斯坦**当前**的观点。这件事也只有他能胜任。事实上，维特根斯坦已经和他谈了好几个小时，魏斯曼会定期向小组报告这些谈话的要点。正是他首先公布并试图解释维特根斯坦的口号："命题的意义在于其验证的方法。"维特根斯坦的这一命题很快成了维也纳小组的主要论题。但随着时间推移，出现了一个令人烦恼的问题：如何验证这个论点？这似乎无法做到。那么，这个论点本身有意义吗？

显然，魏斯曼的笔记可以为一本阐释维特根斯坦新哲学的书提供基础，书中还包含所有尚未解决的问题。在这一点上大家意见一致。但问题是，维特根斯坦似乎不愿意接受魏斯曼的任何阐释，即使后者能够提供证据，证明他是从维特根斯坦的话中逐字逐句记下的这些。一次又一次，维特根斯坦的反转让所有人惊讶。特别奇怪的是，他曾写道："哲学问题的解决不会让人感到惊讶。在哲学中什么也发现不了。"当然，他还补充道："但是，我自己还没有充分理解这一点，所以犯了错误。"[312] 但是维特根斯坦并不是唯一一个背离他自己的《逻辑哲学论》中所规定的永恒准则的人。

发烧中的卡尔纳普

卡尔纳普已年近40岁。他拥有杰出的国际声誉，但仍没有稳定的工作。在德语国家，哲学研究所被唯心主义主宰，他们绝不会欢迎《哲学伪问题》和《清除形而上学》的作者。

但是坚定的支持者菲利普·弗兰克想出了办法。他设法让布拉格的科学系设立了一个专为卡尔纳普量身定制的哲学教席。弗兰克设立新教席的论据是，现代量子力学有望为古老的哲学谜团提供新答案，这些谜团涉及决定论、概率、活力论和自由意志。在这些领域，哲学家有可能帮助物理学家。在某种意义上，对卡尔纳普的任命可以被视为一种优雅的交换：半个世纪前，维也纳为了容纳一位来自布拉格的科学家（即马赫）而设立了一个哲学教席，所以现在看来，让一位来自维也纳的哲学家到布拉格与科学家们打成一片似乎再合适不过了。

卡尔纳普于1931年秋赴任。他怀着沉重的心情离开了维也纳，维也纳小组也同样为他的离去感到难过。"一想到我们的星期四晚上没有你我就很难受"，石里克叹息[313]。卡尔纳普在回顾过去时写道："没有了小组，我在布拉格的生活比在维也纳时孤独多了。"[314]

让人欣慰的是，伊娜·斯特格尔和卡尔纳普一起去了布拉格。在很长一段时间里，他们一直在争论他用"这是我的妻子"这样的话来介绍她是否正确。毕竟，他们没有结婚。但最终他们还是决定遵循传统，结为夫妻。卡尔纳普告诉石里克："1933年2月8日，我们遵照民法结婚。因此，我的境况又回到了正常和传统的秩序中。婚姻对我们的现实生活没有任何影响，因此婚礼对我们来说没有什么意义；然而，我们和作为证婚人的弗兰克夫妇不得不听用捷克语表述的官方讲话，却一个字也听不懂，很是有趣，更有趣的是，我们必须逐字逐句复述几句捷克语。"[315]显然，捷克语不像世界语那么容易掌握。

卡尔纳普经常造访维也纳，并与他的哲学家朋友们保持密切联系。

在他的日记中，在布拉格的日子常常是空白，而在维也纳的日子则充满了对会议和热烈讨论的记述。

图9.4　伊娜和卡尔纳普：终于成为一对合法夫妇

卡尔纳普在布拉格的岁月中最重要的成果是完成了他的第二部大著作《语言的逻辑句法》。其中的思想是在哥德尔的影响下构思和发展出来的，他旗帜鲜明地反对维特根斯坦的主张，即不可能讨论命题的逻辑结构。维特根斯坦曾说过，这些东西只是"自己显现"。卡尔纳普对此不以为然。

决定性突破发生在卡尔纳普还在维也纳的时候，在他搬到布拉格的前几个月。卡尔纳普回忆道："在我思考这些问题好几年之后，语言结构的整个理论及其在哲学上可能的应用，在1931年1月的一个不眠之夜，像幻象一样浮现在我脑海中，当时我还在生病。第二天，我还发烧躺在床上，我匆忙把我的想法记录了下来，写了44页，题目是'元逻辑尝试'。这些速记笔记构成了我的《语言的逻辑句法》的第一版（1934）。"[316]

卡尔纳普所说的"语言的逻辑句法"指的是语言的形式规则，不涉及符号或表达式的意义。句法和语义的区分 —— 符号的模式和它们所表示的世界之间的区分 —— 成为卡尔纳普的元语言学的一个基本特征，这个灵感也是受希尔伯特启发，即将形式化表达式视为符号串，不管其背后的意义。从这个角度出发，我们不仅可以在一个特定的系统中进行逻辑推导，而且可以在不同的系统之间转换。在维特根斯坦和罗素对逻辑和语言的研究中，好像它们具有独一无二的定义，而卡尔纳普更一般化的**逻辑句法**概念允许对各种不同的逻辑系统进行比较。没有哪个系统相对于其他系统具有特权地位，就像在相对论中，没有特权参照系一样。

这种观点引出了卡尔纳普的**宽容原则**，这是数学家们耳熟能详的原则：无论选择哪种体系，都只是一种惯例。这就像选择使用几何学的哪些公理一样 —— 这是一个实用主义和审美的问题，而不是绝对真理的问题。

"我们的工作不是设立禁忌，而是得出结论"，卡尔纳普写道。"在逻辑上，没有道德标准。任何人都可以自由地建立他们自己的逻辑，即他们自己的语言形式，随他们所愿。所需要的只是，如果有人希望讨论某种特定的逻辑，他们必须清楚地说明自己的方法。"[317]

在人际交往中，卡尔纳普也是宽容的典范。来访者欧内斯特·内格尔对此很欣赏："他是少数几个不需要同意被理解的人之一。"[318]

然而，宽容的卡尔纳普与零容忍的维特根斯坦发生了激烈的冲突。

石里克传递信件

对于维也纳小组来说，所有知识都必须以经验为基础。这也就是宣言中所说的："只有来自经验的知识，它依赖于立即给予的东西。"但是"立即给予"是什么意思呢？在这个问题上，小组成员的意见并不一致。甚至宣言的作者也没有达成一致。

在卡尔纳普看来，立即给予的是**感觉数据**，感觉数据对于他就好比感觉对于马赫。然而，在纽拉特看来，这种基于个人经验的唯我论观点有点危险。纽拉特对这种观点和其他唯心主义信条都不能容忍。对他来说，"立即给予"的是外部世界的**事实**，而不是感官数据。举个实际例子，石头就是石头，即使你不踢它。

卡尔纳普并不排斥对此进行讨论。虽然他把"外部世界的事实"列入哲学的伪问题，但他愿意承认，他和纽拉特的方法可能其实是同一枚硬币的两面。

在卡尔纳普看来，另一个伪问题是，另一个人的意识是否与自己的相似。例如，原则上，我们永远无法亲身感受K先生的痛苦。我们只能从K先生的行为推断出他很痛苦。人们相信在内心深处，K先生感受事物的方式和他们自己感受事物的方式是一样的，而这无法证实，因此肯定与科学无关。用卡尔纳普的话说，它"在认知上不重要"。[319]

纽拉特对卡尔纳普的观点很满意，因为与他众所周知的嗜好——统一科学——能很好地吻合。人文学科不需要独立的空间。发生的一切都是自然的一部分，因此也是物质世界的一部分；这包括所有被说出的和被思考的。道德、社会、情感、习俗——一切都是物理法则的结果。据卡尔纳普说，纽拉特甚至曾试图将弗洛伊德精神分析学的所有概念翻译成一种基于纯粹行为主义术语的"物理主义语言"。[320]这种无畏的努力没有结果，但两位哲学家都坚持物理主义。

图9.5　卡尔纳普俯视深渊

然而，当卡尔纳普写了一篇名为"作为科学通用语言的物理主义语言"的文章时，氛围突然紧张起来。

当维特根斯坦偶然读到这篇文章时，他简直气疯了。这个卡尔纳普，这个多年来自己一直不愿见的人，竟然胆敢不给他任何荣誉；他只提到了他自己，对这个倒是"有突出的自觉性"。[321]维特根斯坦愤怒地向石里克抱怨，石里克把抱怨转达给卡尔纳普，卡尔纳普反过来为自己辩护，辩称在他以前的作品中，他经常赞扬维特根斯坦，但在这篇文章中，他认为没有必要这样做。

石里克转达了卡尔纳普给维特根斯坦的答复，但是无法安抚后者。卡尔纳普尖刻的评论使维特根斯坦特别恼火，他说维特根斯坦本人并不以赞扬其他作家而闻名。这难道不是五十步笑百步吗？

"比卡尔纳普深刻得多的人才能写这样的东西"，维特根斯坦怒吼道[322]。此外他指出，"物理主义"是一个可怕的术语。卡尔纳普则反唇相讥，说只有精神分析师才能解释维特根斯坦的愤怒。[323]

这些激烈的交流都是通过中间人石里克进行的，他当时正在奥地利南部的克恩顿度假。医生曾建议他不要把信件转寄出去，他没有听。所以现在，他被困在这个费力不讨好的中间人角色里，无法逃避。多么糟糕的假期！

石里克在给卡尔纳普的信中写道：

随信附上这封来自维特根斯坦的信件，他寄给了我，要求我在信封上填上你的地址，然后原封不动寄给你。其实我对里面的内容一清二楚，对我来说扮演这个信使的角色是最痛苦的。我曾拒绝把维特根斯坦的信转寄给你，所以现在他亲自给你寄了一份。你当然知道我很尊敬你们两位，所以你们可以想象我为这件不幸的事情承受了多大痛苦。[324]

石里克补充说："我在几个方面同时面临着难题！你是如此平静而通情达理，真是幸运。此时此刻，我真是束手无策了。"

没有任何石头留在其他石头之上

魏斯曼也深受这一"不幸事件"困扰。事实上，维特根斯坦（偏偏是他！）责备他没有在很久以前就完成他的书。如果有这样一本书，它将明确宣示维特根斯坦的优先权！魏斯曼却花费了太多时间和精力将维特根斯坦的观点传达给维也纳小组。维特根斯坦写道，很快事情就会发展到他的观点被认为是抄袭卡尔纳普的。"我当然非常不想看到这样的事情"，维特根斯坦愤恨地补充道[325]。

魏斯曼很受伤。在接下来的两个学期，他极力避免在小组中提到维特根斯坦，哪怕是最轻微的暗示 —— 甚至不提他的名字！石里克也开始注意自己的言辞。显然，这种自我强加的禁忌严重削弱了在小组里一直以来的思想自由流动。一个隐藏的雷区出现在公开场合。

但是，出乎意料的是，事情开始好转，世界似乎又变得光明起来。1933年9月，石里克和维特根斯坦在亚得里亚海岸的一个小村庄里度过了快乐的几天。维特根斯坦发现了一种新的哲学工具，他称之为"语言游戏"。这种思想实验揭示了我们所有的概念和命题在人类活动中是多么根深蒂固。

下面是一些语言游戏的例子，每一个乍一看都是纯粹的语言游戏，但是仔细观察，就会发现关键的是它还涉及一种非语言活动："下命令，服从命令 —— 根据语言描述构造一个对象 —— 请求、致谢、宣誓、问候、祈祷。"[326]

用映像理论来解释这些活动会显得很不自然。如果我说"谢谢你"，我也许是在描述感激或义务感，但在许多方面，这并不是重点。"谢谢你"被用作工具，使我们的社会生活更顺畅，或者用维特根斯坦的话来说，作为我们"生活形式"的一部分。

维特根斯坦认为卡尔纳普的一个观点是错误的，即"逻辑分析能够揭示隐藏的事物（以化学或物理分析的方式）。如果有人希望理解例如'对象'这个词，就必须看看它实际上是如何使用的"。[327]

维特根斯坦说，一个词的意义是由它的使用规则定义的，就像国际象棋中车或象的意义一样。命题也是如此："命题应被看作工具，它的意义应被认为是存在于它被使用的方式中。"[328]这与维也纳小组的一个核心要义很不一样："命题的意义在于其验证方法。"

　　一种理想的科学语言，卡尔纳普渴望的那种语言，对维特根斯坦来说甚至还不如世界语有趣。他想分析**日常**语言，以及其中隐藏的所有陷阱。他的哲学目的是治疗："给捕蝇瓶中的苍蝇指明逃跑的途径。"[329]语言再次提供了比喻暗示："哲学家处理问题就好比是治病。"[330]维特根斯坦指出，他自己分析语言的风格与传奇色彩的老弗洛伊德教授的精神分析学有点像：这两种技术"使潜意识进入意识，因此无害"。[331]

　　石里克和维特根斯坦决定再一次重构魏斯曼的书 —— 同以往一样，没有征询后者的同意。当魏斯曼听到他们的新限制时，他沮丧地向同情他的门格尔描述了自己的困境："现在我负责构建一系列例子，从最简单的概念到一切哲学中最难的概念：这样一来，哲学问题的解决方案可能就会像成熟的果实一样掉到人们的大腿上。"[332]

　　这个想法很吸引人，但执行起来却是艰巨的挑战。魏斯曼拼命地试图逃避这个艰巨的任务，但是没有用。一天晚上，凌晨时分，他被叫醒，并接到指示，要求他马上到石里克的公寓去。魏斯曼顺从地起身，在黑暗中前行。维特根斯坦在那里等着他。魏斯曼被告知，他至少应该尝试一下这个新想法。这个要求是不是太过分了？只是试一试！最后，魏斯曼还是屈服了。不过，他警告他们，如果这本书永远不会出现，或者太晚出现，那也不是他的错。

　　事实证明他的预感完全正确。维特根斯坦的思想继续发展，而且更加暴虐。一次又一次，这本书"一切就绪准备付印"，然后又不得不在最后一刻撤回，接受新一轮的彻底修改。这本书到底是谁的？

在写给石里克的一封信中，魏斯曼哀叹道："联合写作的难度很大，因为他（维特根斯坦）一直跟随当下最新的灵感，推翻他以前树立的一切，以至于让人不由得认为，无论怎样安排这些想法都不会有丝毫差别，因为最终没有任何石头留在其他石头之上。"[333]

在一些时候，魏斯曼和维特根斯坦达成了一致，他们应该各自写自己的书。但是很快，这个计划也被放弃了，魏斯曼不得不再次独自面对这个艰巨的任务。但后来，当他似乎终于成功了，维特根斯坦又决定在夏季的几个月里最后一次彻底检查一遍。

纽拉特讽刺地对他的年轻战友海因里希·奈德说："受膏者的话等同于上帝的话吗？可怜的魏斯曼工作进展怎样？耶稣在假期什么时候会向这个可怜虫凡人显圣？还是会终于出版耶稣的启示，这样他就会认为不再需要别人为他工作？"[334]

卡尔纳普从石里克那里不断获知最新进展："魏斯曼的书的确接近完成了，只需要几处小小的修改。维特根斯坦预计会在一周内来这里，他希望在书中增加一些注释。"[335]

然而，几个月后："我不得不修正我上次关于魏斯曼的书的说法：维特根斯坦计划在这个月勾勒一个详细的大纲，然后由魏斯曼来充实、完成这个框架。我可不羡慕他的工作。"[336]

情况一次又一次发生意想不到的转折。石里克在给卡尔纳普的信中写道："关于魏斯曼的书，最新的变化是，它不再是由他写，而是由维特根斯坦本人写！我还不知道魏斯曼对这个新变化会有什么反应，我只和他通了电话。我请求你暂时不要谈论这件事，因为这可能不是关于这件事的最后结论，关于这本不幸的书已经有了太多的流言。"[337]

就这样，牺牲品魏斯曼被抛弃了一段时间。但最终，石里克的直觉被证明是正确的：这还远远不是"关于这件事的最后结论"。对此，维特根斯坦本人的总结是最准确也是最简洁的："和我一起工作简直是地狱。"[338]

第 10 章
伦理学问题

> 维也纳，1933 年：奥地利和德国废除民主。独裁者们
> 开始摊牌。石里克看到了毁灭的降临。门格尔发展了不涉
> 及价值的伦理学。经济学家摩根斯特恩驳斥了完美预测。
> 失业数学家发现了经济均衡。石里克声称伦理是科学，而
> 不是哲学；找到生命的意义：青春。还建议："给快乐一个
> 机会！"前学生跟踪石里克，发出死亡威胁。

紧急法令

维特根斯坦以前的一个同学已经成了德国总理，他没有打算就
此止步。希特勒的首要任务是吞并他的祖国奥地利。1933 年 1 月，他
在柏林掌权后不久，就开始很迫切地想回家 —— 把奥地利"带回家"，
回到德意志帝国。

在过去一年，纳粹党的奥地利分支有了长足发展。奥地利共和国
接近爆发点，基督教社会主义者以极微弱的优势抓住权力不放。实际
上，加上从大陆派和党卫派分裂出来的右翼政党，他们在议会中的多
数只有一票的优势。

右翼的两位领导人，伊格纳茨·塞佩尔和约翰·肖伯，在一个月内相继去世。新任奥地利总理恩格尔伯特·陶尔斐斯（1892 — 1934）是纳粹主义的坚定反对者，但并不是真正的民主党人。陶尔斐斯在宪法中发现了一个条款，允许他用紧急法令治理国家，从而避免了议会辩论，这种辩论有时很容易引起混乱，墨水瓶飞来飞去。这条法令的依据是几乎被遗忘的《战争经济授权法案》—— 更不用说第一次世界大战早已结束。

几年前，奥图·纽拉特认识到战时经济机制中蕴藏着巨大的政治力量，而现在这些机制被陶尔斐斯狡猾地利用着，但却朝着完全不同的目标前进。

在德国，宪法也被诺弗罗德努根授权法案破坏。1933年2月德国国会纵火案为这种行动提供了最方便的借口。纵火案被归咎于共产党，尽管其他阴谋论也很流行。不管怎样，在此后不久举行的选举中，希特勒获得了近44%的选票，虽然没有预期的多，但已经足够了。国家社会党立即宣布反对党为非法组织。

几乎在同一时间，奥地利也废除了议会制，尽管方式不同。一系列荒谬的程序性事件提供了机会。在一次紧张的表决中 —— 关于是否起诉罢工的铁路工人 —— 众议院议长卡尔·伦纳辞去了议程主席职务，以便能够投票。但随后，为了反击伦纳的举动，对手阵营的第二把交椅也下台了。然后，在最激动人心的时刻，第三位主席也紧随其后。突然之间，在大家还没来得及想清楚之前，已经没有主席了 —— 没有人可以正式结束会议，休会，或者召开另一次会议。现在怎么办？迷惑不解的议员们最终离开会议厅回家了，完全不知所措。

对于陶尔斐斯总理来说，这次意外是"上帝的暗示"，他领会了这个暗示，顺水推舟。他单方面宣布奥地利议会已自行废除，第二天，警察部队阻止议员进入大楼。

自此一切都很顺利。内阁迅速对新闻进行审查，并禁止政治集会。名为共和防卫联盟的左翼准军事组织被解散。社会民主党步步后退。陶尔斐斯欣喜若狂："没有什么比这种精心策划的慢战术更能让社民党紧张了。"[339]

但是纳粹要比社民党危险得多：他们吵着要在奥地利举行大选。而这正是陶尔斐斯坚决反对的。即使不是民主派，也会对纳粹的崛起感到恐惧。

陶尔斐斯下令将奥地利纳粹党的领袖驱逐到巴伐利亚。作为报复，希特勒实施了所谓的"千马克封锁"：任何前往奥地利的德国人必须交1000多马克才能获得跨境许可。由于这样的拦路抢劫，前往奥地利的德国游客很快变得稀少 —— 对奥地利的旅游业是致命打击。

不久后，希特勒的冲锋队在奥地利横冲直撞，恐怖主义浪潮席卷了整个国家。日复一日，电话亭和桥梁被炸毁，铁路和电线被切断，咖啡馆和商店被炸得粉碎。

欧洲混乱的政治局势让陶尔斐斯别无选择，只能向意大利法西斯领导人墨索里尼求助。站在领袖身旁的这位身材瘦小、眼神温和的总理，看上去似乎弱小得可怜。其实，他很清楚自己需要做什么。他迅速取缔了奥地利纳粹党，取而代之的是宣布自己为领袖的奥地利祖国阵线党；他设计了一个所谓的十字徽章，与德国纳粹党徽相呼应；他在露天场地组织群众集会；1933 年 9 月，在名为"天主教徒日"的宗教节日上，他发表了充满煽动性的长篇大论："资本主义、自由主义经济秩序的时代结束了！马克思主义唯物主义蛊惑大众的时代已经过去了！政党政治的时代已经过去了！我们拒绝从众和恐怖！我们的目标是让奥地利成为一个社会化、基督教化的德语国家，建立在企业基础之上，并由强大的威权领导！"

图 10.1　逃离大学，1933 年

维也纳大学经济学教授奥斯玛·斯潘（1878—1950）提出了社

会的"公司基础"概念。斯潘在《真实的国家》一书中声称,理解任何
社会结构的正确方法是把它分解成专业而不是阶级。此外,它告诉读
者,整体大于各部分之和,由此得出社会群体比个人更重要的结论。

斯潘的思想在那些民族主义和亲天主教的学生中受到热烈追捧。
其中一些人属于"学生自由团体",该组织经常与纳粹团体发生流血
冲突,尤其是在周六,一场名为"群架"的例行对决常常会在大学拱
廊包围的内院举行。课堂突然中断,教室被捣毁,充满仇恨的标语被
涂抹在走廊的墙上。一次又一次,这所大学因为动荡而被迫关闭。

然而,维也纳小组无所畏惧地继续周四晚上的例行会议。门格尔
和哈恩让成员们进来,他们是教授,有大楼钥匙,现在大学大楼经常
荒凉得可怕。他们会面的地方是一个寂静的避难所,而在外面,街上
回荡着狂暴的族群战争口号和沉重的靴子发出的不祥踏步声。

号外!

门格尔在回忆录中写道:

> 1933年,也就是希特勒在德国掌权的那一年,维也
> 纳的生活几乎无法忍受。报纸不分昼夜地发行号外版,小
> 贩们在街上叫卖最新的号外。成群结队的年轻人,其中许
> 多人戴着纳粹党徽,在街上游行,唱着纳粹歌曲。有时候,
> 敌对的准军事组织成员沿着宽阔的街道游行。我发现自己
> 几乎无法集中注意力,不时冲出去买最新的号外。有一天,

我在有轨电车上遇见了石里克博士夫妇。"不可能集中注意力，"这位教授说，"我从早到晚都在看号外。"[340]

门格尔补充说："看到石里克的沉静从容慢慢消失，我感到很难过。在那段可怕的时期，我和他的一次谈话中，他说，在他看来，希特勒的崛起意味着德意志民族的衰落（更确切地说，是灭亡）。"

在德国，纳粹正在焚书。犹太商店遭抵制，犹太官员被解雇。爱因斯坦是第一批到国外避难的人之一：由于及时得到预警，他在旅行中途没有回国。作为惩罚，他很快失去了德国国籍。

于是，大批科学家开始以前所未有的规模出走。当普鲁士的教育部长问年迈的希尔伯特他在哥廷根的研究所是否因失去了所有的"犹太人和犹太同情者"而感到困难时，希尔伯特冷冷地回答说："没有，研究所已经死了。"[341]

很多德国教授被迫退休，其中包括赖欣巴哈和冯·米塞斯。赖欣巴哈曾是柏林科学哲学学会的主席，与卡尔纳普一起担任《知识》杂志的主编。在被德国驱逐之后，他去了伊斯坦布尔大学担任教授。

冯·米塞斯也去了伊斯坦布尔。冯·米塞斯创建的柏林应用数学研究所被维也纳出生的西奥多·瓦伦接管，他是致力于建立"德国数学"的狂热纳粹分子。在土耳其流亡期间，冯·米塞斯写了《实证主义小课本》[342]。这本书并不小，标题中挑衅性地宣示了德国哲学家厌恶的实证主义一词。

在弗莱堡，臭名昭著的虚无哲学家海德格尔被任命为大学校长。他不仅公开庆祝自己加入纳粹党，甚至穿着纳粹冲锋队的棕色衬衫去讲课。海德格尔宣称："我们伟大的领袖和总理阿道夫·希特勒，通过他的国家社会主义革命，创造了一个新的德国，它将为其人民保障历史的稳定性和连续性。希特勒万岁！"[343]

与此同时，在维也纳，石里克准备坚决支持反对纳粹的斗争。正如他所说，"受内心冲动的引导"，他给奥地利总理陶尔斐斯写了一封措辞谨慎的信，称赞他最近的举措[344]。信件节选如下：

> 备受尊敬的总理先生，您已正确认识到，由于战后的困难，占据着今天的德意志的精神，根本不是真正的德意志精神，那是由这个民族最伟大的人所体现的。坚决反对这种罪恶的蔓延，对德意志人民和全世界都是最好的。

石里克在信的结尾表达了他最真诚的忠诚。

这是一场公开的团结表演。当时，相当数量的自由主义者和保守主义者，包括卡尔·克劳斯和弗洛伊德，都认为祖国阵线是反抗希特勒的最后堡垒。卡尔·克劳斯写道，陶尔斐斯是"抵御巨大威胁的小救世主"，弗洛伊德则宣称"只有天主教才能保护我们免受纳粹主义的侵害"。

纳粹分子完全同意这一观点，因此很明显陶尔斐斯必须被清除。一名纳粹党徒在议会前枪击了奥地利总理，但只是伤到了他。在法庭上，这名罪犯被诊断为"精神缺陷"，被判处 5 年监禁。陶尔斐斯恢复后，就马上实施了包括死刑在内的戒严令。

组合伦理学

门格尔发现自己被可怕的混乱包围着，很难专注于纯数学。在他周围，社会正在被撕裂成碎片，所有政党都相信自己是正确的。

门格尔的思想逐渐转向伦理学，毕竟，伦理学被认为是能为对立双方之间的冲突提供解决方案的领域。这是道德伦理的核心。没有利益冲突，就没有道德伦理的必要性。

然而，有一个障碍。维也纳小组的大多数成员都认为，以科学的方式谈论价值是不可能的。在卡尔纳普看来，根据经验主义的意义标准，价值缺乏认知意义[345]。维特根斯坦曾经宣称，世界上没有价值，如果有的话，其本身也没有价值。他宣称，这就是为什么不可能有伦理命题（《逻辑哲学论》6.42）。

门格尔想寻找一条出路。他试图发展一种价值中立的伦理学 —— 一种与传统伦理学有关联的形式化的伦理学，就像形式逻辑与传统逻辑的关联一样。数学当然应该能够帮助建立这种新型的伦理学。

这种关联的想法并不新鲜。穆齐尔也认为"数学思维和道德思维之间存在着某种联系"。门格尔试图将精确思维应用于伦理学，这并非没有先例。事实上，早在很久以前，康德就曾在纯粹理性的基础上探寻一种形式化的伦理学。但在门格尔看来，康德著名的定言命令没有充分考虑到社会中观点的多样性。康德的命令说："只有按照这个准则行事，你才能期望它成为普遍准则"[346]——或者，按更简单的说法，"如果你想让每个人都这样做，你自己就要这样做"。这留下了许多问题未解决。例如，对那些"期望"其他准则的人该怎么办？不同的各种准则什么时候能相容，什么时候又不能相容？

几十年后，门格尔回忆了他当时焦躁不安的心态："虽然1933年至1934年冬天奥地利的政治局势让人极难专注于纯数学，但社会政治和伦理问题几乎每天每个人都要面对。在我寻求一个一致的、全面的世界观的过程中，我问自己，是否有些答案可能不会通过精确思维产生。"[347]

1933年秋天，骚乱导致大学停课6周，门格尔躲到了位于拉克斯山脚的村庄普瑞茵，这里是维也纳人喜欢的远足地点。门格尔在悬崖下写了一本名为《道德、决策和社会组织：走向伦理的逻辑》的小册子。

门格尔声称，当哲学家们思考伦理学时，他们认为自己的主要任务是：①寻找"道德的概念"。②洞察"善的本质"。③建立"责任清单"或揭示"美德的原则"。但这些并不是他优先考虑的事情："至于我，我不会处理这些问题。"门格尔打算把所有这些模糊的问题留给哲学家。他想研究的是各种道德或法规在形式上的兼容性，避开所有关于价值观的讨论："可以说，道德将被等同为其……信徒群体。"[348]

这样就变成了组合演算。门格尔谨慎地避开了当前所有的意识形态问题。在他的例子中，他使用了吸烟者和不吸烟者的观点对比，可以想见，这在当时不会引发什么异议。门格尔感兴趣的是一个社会如何对待持不同观点的个人，他总是小心地不去评判这些观点本身。因此，在某种意义上，他是在尝试将卡尔纳普的宽容原则应用于伦理学。

起初，门格尔的书没有得到什么好评，甚至在维也纳小组内也是如此。其古板的风格（信件和对话的混合）和严格避免所有的价值判断不符合当时的公众情绪。

已回到普林斯顿高等研究院的奥斯瓦尔德·维布伦礼貌地询问，以卡尔·门格尔的水平来说，这样的问题是否足够深奥。就连他以前最欣赏的学生乔治·诺贝林也不那么客气，认为仅仅是提出这样的问题就让他感到厌烦。让他以前的老师感到沮丧的是，诺贝林回到了纳粹德国，接受了法兰克福的教授职位，门格尔认为这一举动是赤裸裸的叛国行为。

这是用"社会逻辑"来解决伦理学问题最糟糕的时刻。然而，将这一观点应用于经济学，似乎更为合理。门格尔预料到了这一点，他写道："与我笔记中考虑的（即单一问题群体）类似的群体，也可以是根据非伦理标准（尤其是审美、政治或经济标准）形成的。顺便说一句，最后一类群体可能与经济行动理论有关联。"[349]

与门格尔大致同龄的经济学家奥斯卡·摩根斯特恩（1902—1977）热情地接受了这一观点。

图10.2 岩石上的卡尔·门格尔和奥斯卡·摩根斯特恩

摩根斯特恩(雅利安人)

尽管摩根斯特恩出生于普鲁士,但他属于奥地利经济学派,更准确地说,属于第四代。由于卡尔·门格尔是开山鼻祖,摩根斯特恩高度尊重他儿子的观点是很自然的。

在进入维也纳大学的第一个学期,摩根斯特恩受到了斯潘小组的影响,这个小组的核心是奥斯玛·斯潘,他是"真实的国家"的提出者。年轻的摩根斯特恩还热衷于研究德国唯心主义哲学家约翰·戈特利布·费希特、弗里德里希·谢林和黑格尔。受成长背景影响,摩根斯特恩有反犹倾向。弗里德里希·冯·维塞尔(奥派第三代)的经济学讲座引起了他的蔑视。"他会不会其实是犹太人、混血儿或自由主义者？"[350]摩根斯特恩在日记里记下了自己的揣测。实际上，维塞尔并不是很自由主义；他崇拜墨索里尼。但更明显的是，正如摩根斯特恩后来指出的那样，维塞尔的作风就像"老派的贵族"。[351]而实际上，流淌着贵族血液的是摩根斯特恩。他的母亲是德国短命皇帝弗里德里希三世的私生女，霍亨佐伦王朝的一员。

很快，摩根斯特恩就抛弃了奥斯玛·斯潘的浪漫幻想，转向了边际效用理论。他成为维塞尔的继任者的助手。摩根斯特恩以前的数学成绩很差，不得不留级，但是在大学里，他的学习渐入佳境。仅用了6个学期，他就获得了博士学位，还得到了洛克菲勒基金会丰厚的三年游学津贴。

摩根斯特恩深信数学方法在经济学中的重要性。然而，数学在斯潘小组几乎没什么意义，在奥地利学派的经济学中也几乎没什么意义。因此年轻的摩根斯特恩博士选择访问英国、美国、法国和意大利，目的是学习数理经济学。在这位通晓多种语言的神童最终回到维也纳后，他申请了教师资格。

然而，奥斯玛·斯潘知道了这件事，并竭力破坏它，散布谣言说摩根斯特恩有犹太人背景。毕竟，他的名字似乎也印证了这一点。事实上，摩根斯特恩的一个犹太朋友甚至曾开玩笑地建议他，应该在所有的文章上署名"摩根斯特恩（雅利安人）"，以便将所有的误解消灭于萌芽[352]。

最后，斯潘恶毒的阴谋没有成功，但这件事给摩根斯特恩上了重要一课：它彻底根除了他以前的反犹倾向。

在维也纳，摩根斯特恩加入了路德维希·冯·米塞斯（第三代）和哈耶克（第四代）的经济学圈子。路德维希·冯·米塞斯（1881—1973）与应用数学家和哲学家理查德·冯·米塞斯是兄弟，但路德维希比他的弟弟更傲慢。兄弟俩都看对方不顺眼。

弗里德里希·冯·哈耶克（1899—1992）也曾加入过斯潘小组，但在摩根斯特恩来之前就已经离开了。哈耶克与维特根斯坦是远房表亲，现在领导着所谓的盖斯特小组，石里克小组的两名成员费利克斯·考夫曼和门格尔也经常光顾。当时似乎只有最坚决的隐士才能避开维也纳所有的讨论小组。

哈耶克和路德维希·冯·米塞斯都是坚定的自由主义者，也是奥托·鲍尔和纽拉特引领的彻底社会主义化的坚定反对者。冯·米塞斯甚至自豪地认为自己从布尔什维克手中光荣地拯救了奥地利。"这件事完全是我的功劳，全凭我一己之力"，他在回忆录中告诉未来的读者[353]。"然而"，他又谦虚地补充道，不幸的是，他未能阻止大萧条——尽管他将大萧条的到来推迟了10年。这些英雄壮举是由机敏的冯·米塞斯在他位于维也纳贸易委员会金融部安静的办公室里完成的。他在大学里没有立足之地。

哈耶克是新成立的商业周期研究所所长。他很欣赏摩根斯特恩在国外的游学经历，因此聘请了这个年轻人。1931年哈耶克离开维也纳去了伦敦经济学院，摩根斯特恩成了他的继任者。同年，奥地利最大的银行，奥地利信贷银行宣告破产。破产引发了一场巨大的货币危机，很快，腐败和金融丑闻的泥潭暴露出来，失业率达到了令人震惊的高度。摩根斯特恩在商业周期研究所近距离目睹了这一切。

摩根斯特恩研究所面临的主要挑战之一是创建一个贸易景气指数，以改善经济预测。然而，这个目的似乎有些自相矛盾：专家圈子都知道，摩根斯特恩坚定地认为经济预测是根本不可能的。事实上，这个观点就是他的教师资格论文的核心主张。

摩根斯特恩的论证很简单。智能经济主体都会根据预测做出相应的反应。然而，在进行预测时对这种反应也必须准确预测 —— 而各经济主体在预测时又必须考虑到对这种反应的预测，这必将导致无休止的预测循环。显然，经济预测不同于天气预测。对天气的预测不会干扰天气。人们说了些什么不会影响到天气 —— 但是对商业会有影响。摩根斯特恩认为，无论谁试图对自我修正过程建模，都会直接导致无休止的循环[354]。这就像下国际象棋，每个棋手都试图猜透对方，并且完全知道对方也会这样做。

在多个场合中，摩根斯特恩都曾不那么谦虚地说过，他揭示的经济的根本不可预测性，与哥德尔著名的数学不完备性定理是相对应的。经济均衡与完美的预测是不相容的。然而，几年后，摩根斯特恩才知道，早在 1930 年，在一篇关于桌面游戏的论文中，冯·诺依曼发现了一个避免相互预测的无休止循环的方法：对各种事件的**概率**预测可以与任何一方都不愿偏离的均衡兼容。

摩根斯特恩知道冯·诺依曼的发现之后很感兴趣，因为这似乎证实了他对数学在经济学中的作用的信念。他写了一篇名为"逻辑与社会科学"的文章，前三页专门阐述了希尔伯特娴熟地应用于几何学的公理方法。摩根斯特恩认为经济学中缺少这种严谨的技术。现在他看到了他生命中新的使命，就是找到一种方法，用"真正精确的思维和真正精确的方法"来解决经济问题，这是任何坚持科学世界观的人都会期待的[355]。他非常后悔浪费了如此多的青春去吸收费希特、谢林和黑格尔等德国哲学家的思想。不过，幸运的是，这些歧路已是遥远的过去。现在，他参加维也纳小组的会议，有一次他给小组成员讲授了"完美预测和社会均衡"。

又一堂数学课

门格尔是摩根斯特恩思想的理想共鸣板："昨天中午，门格尔和我在德国大厦共进午餐。由于很久没见面，我们讨论了两个半小时。他仔细阅读了我关于预测的文章，并表示赞同，希望我延续这种有趣的思路。"[356]

早在1922年，门格尔就写过一篇题为"论不确定性在国民经济中的作用"的论文。然而，这篇稚嫩的作品最终被封存在抽屉里，因为《国民经济期刊》的主编强烈建议门格尔不要出版。

当时，编辑助理对主编的建议感到不满，认为这是他无能。那个助理就是摩根斯特恩——但是现在他是主编！时代变了。在他的新职位上，摩根斯特恩非常乐意把门格尔的论文付印，为了进一步表示支持，他还邀请门格尔在国民经济学会上发表演讲。门格尔利用这个机会批评了经济学家们普遍存在的对数学概念的不严格误用。正如熊彼特后来所说，"他给他们宣读了数学暴动动员令"。[357]

在其他方面，摩根斯特恩也热情地支持使用精确方法。他的研究所赞助了名为"经济学的数学"的系列讲座，由门格尔主讲，门格尔以前的两个学生亚伯拉罕·瓦尔德和弗朗茨·阿尔特负责习题课。这为这两位失业的青年科学家提供了急需的收入。借此契机，他们开始对经济学问题产生兴趣，并且都写了后来成为数理经济学经典的论文。德奥合并后，两人不得不逃离奥地利，但幸运的是，他们都在美国找到了工作，这要归功于他们发表的经济学论文，对他们来说这些论文比任何几何学论文都管用。

1936 年，弗朗茨·阿尔特写了一篇名为"效用函数的可测度性"的短论文。在这篇论文中，他指出，经济主体的偏好可以表示成直线上的实数，因此可以比较大小。对于一门渴望精确的学科来说，这是个好消息。今天，**效用理论**在经济学中仍有一席之地。

亚伯拉罕·瓦尔德的贡献被证明意义更重大。许多年前，莱昂·瓦尔拉斯（在法国的地位相当于卡尔·门格尔）提出了市场经济中商品价格和数量的基本方程。维也纳银行家卡尔·施莱辛格曾向瓦尔德学习数学，他指出了这些方程的问题。他在门格尔的数学研讨会上就此发表了演讲。

施莱辛格认为，如果某种商品供过于求，那么无论多么不可或缺，这种商品都不会值钱。例如，空气是免费的。如果考虑到这一点，瓦尔拉斯的方程就必须替换为一组方程和不等式。

　　这就是瓦尔德介入的地方。1937年，他证明了这样一个系统存在确定的价格均衡。瓦尔德的论文启发了冯·诺依曼发表他自己的经济均衡理论。所有这些结果都发表在门格尔的期刊《数学研讨会成果通报》上，并且很快从中衍生出一个全新的经济学分支。从20世纪50年代开始，经济学被**一般均衡理论**主导，这里成了诺贝尔奖的沃土。

　　瓦尔德对概率论也做了开创性贡献。科学家们早就知道如何计算概率，但由于**概率**这个词充满了隐藏的歧义，因此缺乏真正牢固的基础。建立这样一个严格的基础是希尔伯特在1900年提出的一个挑战，这也是他的23个著名问题之一。

　　理查德·冯·米塞斯也尝试过这个挑战。他专注于序列现象——例如，反复抛掷硬币。其结果是一个正反随机序列，或者更抽象地说，0/1随机序列。现在，米塞斯问道，如果给我们这样一个序列，我们如何检验它是否是真正随机的？显然，1和0的出现次数必须大致相等。但是周期序列0，1，0，1，0，1，0，1，0，1……也有这个性质，显然它不够随机。其规律性在于所有偶数项组成的**子序列**仅由1组成，奇数项子序列仅由0组成。这可不随机！这使得米塞斯产生了检查子序列的想法。真正的随机序列的**每个**子序列不都应该有大致相等的0和1吗？然而结果证明，这样的要求太高了：根本不存在这样的序列。

　　但是瓦尔德给出了一个优雅的随机序列定义，用数学上精确的术语捕捉无序的概念。粗略地说是这样：任何赌博系统都不会允许你赢过一个真正随机的序列。瓦尔德是在听卡尔·波普尔在门格尔数学研讨会上的演讲时产生这个想法的[358]。显然，学术研讨会并不像维也纳小组那样是年轻的波普尔的禁地。

瓦尔德给摩根斯特恩上过数学课，他写道："又一堂数学课。我们已经讲到了导数。瓦尔德认为，到明年我就差不多能理解数理经济学的一切。听起来不错！"[359]

摩根斯特恩决定使用门格尔的《道德、决策和社会组织》中的一些方法，来尝试更深入地理解经济行为。如果一个经济主体考虑其他经济主体的对策会发生什么？摩根斯特恩打算就这个主题写一篇题为"行为准则"的论文。起初，他的进展缓慢。但后来冯·诺依曼加入了进来，他们的合作导致了**博弈论**的创立，成为处理利益冲突的新兴数学分支。

博弈论反过来又对伦理学产生了影响。事实上，到 20 世纪 50 年代中期，曾与维特根斯坦在剑桥大学共事的理查德·布雷斯韦特（1900 — 1990）指出，博弈论为研究道德哲学提供了一种工具。它允许人们以一种精确的方式处理诸如公平分享、奖惩、个人利益和共同利益等问题。因此，这一哲学领域的关键根源之一，可以追溯到门格尔渴望找到一种形式化的伦理学研究方法。

生命的意义

和门格尔一样，石里克对康德著名的定言命令也持怀疑态度。命令就是命令，但是谁发出命令呢？如果没有"统帅"——没有皇帝，没有长官，命令怎么可能奏效？在康德看来，**责任**就是命令。但什么是责任？责任是否定义为"命令的东西"？如果是这样，就是循环定义，因此没有用。又或者责任仅仅是上帝的另一个称谓？但是上帝不是死了吗？不管怎样，为什么要服从命令呢？在所谓的普鲁士精神中，服从可能排名靠前，但在其他大多数文化中，服从并不是特别受推崇。当然，康德是普鲁士人；但石里克也是，而他从小就痛恨强加责任感的严厉规矩。

弗里德里希·席勒对康德严厉的道德风格开过一个温和的玩笑。他写道："我喜欢帮助我的朋友，但是，唉，我很高兴这样做；因此，我常常担心我不具美德。"[360]

根据康德的说法，"道德，位于我们自由意志的核心，对抗我们与生俱来的欲望，因此产生了可以称之为痛苦的感觉"[361]。换句话说，除非经过了长期的、艰苦的奋斗和痛苦的自律，否则就不能称为美德。石里克将这种道德观描述为"一个店主坚持认为只有通过艰苦和努力才是美德"，而与此相反，他认为"本能的美德是最美丽和崇高的"[362]。他觉得自己更亲近尼采而不是康德。

同门格尔一样，石里克不得不接受这样一个事实：在维也纳小组，伦理学是敏感话题。在《克服形而上学》一书中，卡尔纳普赞同维特根斯坦的主张，伦理学中不存在命题（《逻辑哲学论》6.42）。卡尔纳普的推理很直接：价值判断无法通过经验验证。如果承认命题的意义在于其验证的方法，那么价值判断就一定没有意义——或者依照卡尔纳普后来更谨慎的说法，至少是 " 不像科学命题一样有意义 "。后来他甚至还更加谨慎地说过 : " 根据经验主义的意义标准，价值判断不具有认知意义。" [363]

在石里克看来，这太过分了。毕竟，他的第一本书 —— 年轻时写的《生活智慧》—— 就是关于伦理学的。从那时起，他一次又一次回到他的《新伊壁鸠鲁》手稿，添加更多思想，并定期讲授伦理学问题。他最终写了一本关于这个主题的书，名为《伦理学问题》，当时他 " 在亚得里亚海的岩石海岸感受深深的孤独 "，这本书被纳入了维也纳小组的科学世界观著作系列。

石里克认为，哲学的任务只是阐明命题的意义，而不是断言命题（这是科学的领域）。然而，在伦理问题上，石里克肯定想断言命题。按照他自己的观点，伦理学应该属于科学而不是哲学。事实上，伦理学可以被看作心理学的分支，因为它研究的是人类行为。

为了避免任何误解，石里克送给维特根斯坦一本《伦理学问题》，" 与其说是邀请你读它（因为我知道你有更好的事情要做），不如说是证明我无意向你隐瞒。如果你有机会看一看，你的判断很可能是 —— 至少我是这么认为的 —— 伦理学完全没什么可研究的，我甚至不会认为这是一种负面批评 "。[364] 不过维特根斯坦自己倒是没有顾忌他自己的 6.42，在剑桥做了一个关于伦理学的演讲，他也没拿石里克的书来反对他。

石里克认为，没有绝对的道德价值。在他看来，归根结底，道德准则的唯一正当性就是将其视为人类本性的固有部分。事实上，人类遵守道德准则的倾向就像孩童学习母语一样自然。但是，是什么让我们相信道德准则呢？很明显，什么被认为是"好的"是由社会决定的，很可能是因为它似乎有用。然而，这种有用性并不是由一个明确的确保"最大多数的人获得最大幸福"的实用主义计算来定义的。相反，道德准则在人们的内心中无意识地内化。道德只不过是每个人社会本能的一部分，它植根于对快乐和痛苦、幸福和折磨的普遍体验。许多个人内化的道德原则，综合在一起，形成了社会的集体道德，这些道德又传递给下一代。

换句话说，社会本能对我们来说就像最原始的身体欲望一样自然。教育和奖惩当然会影响人类的行为倾向，但是社会本能甚至比外界强加的任何控制更强大、更持久。依照道德行事本身就能带来快乐感。

在《伦理学问题》一书中，石里克写道："无论是谁，只要像我们一样，明白快乐是价值观的唯一基础，就会毫不犹豫地认识到，价值观和幸福的概念是一致的。"[365]

在另一篇文章中他写道："我总是对那些旨在证明快乐和道德之间毫无关系，甚至美德不利于快乐的观察和论点的肤浅感到惊讶。"[366]

石里克不仅研究过物理学，还研究过心理学，甚至精通进化生物学。他热情地评论了卡尔·冯·弗里希的《跳舞的蜜蜂》一书，并写信热情洋溢地赞美一位名叫康拉德·劳伦兹的不知名年轻动物学家和医生。请注意，这是在这两位学者因动物行为的前沿研究获得诺贝尔奖的 30 年前。在写给劳伦兹的信中，石里克表达了他"最大的智识快乐"并补充说："感谢上帝，仍然有心理学家能让哲学家以纯粹的快乐阅读！"[367]

因此，石里克对自己的诘问给出肯定答案，这不是无端猜测，而是基于演化心理学："善良的人不也是平静的人吗？ …… 在这里我们发现了 …… 一个非常重要的线索。事实上，如果我们使用一种久经考验的方法，通过观察表情来评估人们的内心感受，就会发现，同样的面部肌肉之间迷人的相互作用既表达了善意，也表达了快乐。人们不仅在高兴时微笑，在感到共情时也会微笑。"[368]

这使得石里克给出了一个简洁的道德原则："为幸福做好准备！"[369]这句话的主旨也许可以用不那么紧凑的短语更准确地表述，"始终准备给幸福一个机会！"

石里克确信，道德并不意味着否定自我："它并没有穿着修女的衣服。"恰恰相反："道德行为源于幸福和痛苦；如果一个人行为高尚，那是因为他喜欢这样做 …… 价值观不是来自谁的命令，而是存在于内心，善良是人的本性。"[370]

因此，在他的伦理思考中，石里克用仁慈取代了责任。然而，对于一些人来说，这听起来更像是奉承话，而不是科学世界观。门格尔颇为委婉地写道："（伦理学问题）是一本浸润着作者温柔和善良精神的书，而分析思维的影响仅仅是含蓄的 —— 也就是说，体现于作者避免了一些最糟糕的传统措辞。"[371]

然而，石里克关于伦理的思想对天主教神职人员来说没什么意义，但也没什么损害，他们控制了奥地利大部分公众舆论。许多哲学家对石里克的观点感到困扰：享乐主义不是很久以前就被驳斥了吗？难道**快乐**这个词不是更应该放在爱巢里而非学者的书房里吗？不可否认，《美国独立宣言》的作者将"追求幸福"列为不可剥夺的权利之一，但在德国哲学中，幸福很少被提及，尼采是个很大的例外。《查拉图斯特拉之歌》写道，快乐是深沉的。但对于虔诚的头脑来说，快乐带有轻浮的意味。怎么会有人敢说道德是建立在快乐的感觉之上，然后以此为基础，在大学里宣扬这种扭曲的教义呢？难道今天的年轻人还不够放荡吗？他们不正剪着短发，跳着狂野的舞蹈？

更糟糕的是，石里克竟然厚着脸皮写了一篇名为"生命的意义"的文章。他甚至对这个问题给出了一个简单的答案。生命的意义不在于更高的目标，只需一个词就能表达，石里克说："生命的意义在于**青春**。"

即使对石里克的老师普朗克来说，这似乎也是自相矛盾的[372]。普朗克第一次感到自己不得不反驳他最欣赏的学生。难道青春不是一个不成熟的阶段，一个尚未完成的阶段，仅仅是生命的准备阶段吗？那么它又怎么能包含生命的意义呢？难道年轻的愚蠢不是众所周知的吗？愚蠢能产生意义吗？

但是对于石里克来说，青春并不一定与特定的年龄有关。它体现于拥抱快乐和准备玩耍。"只有在玩耍中，我们才能领会生命的意义"，石里克说[373]。只有在玩耍中，我们的行动才能摆脱必要性的束缚。希腊诸神整天都在玩耍。玩耍本身就有正当性，不接受任何进一步的质疑。

"人只有当他是一个完全意义上的人时才会玩耍，而当他玩耍时，他才是一个完全意义上的人。"[374]这可能听起来有点性别歧视，但席勒使用了术语 *Mensch*，意思是"人类"。

愉悦和美

从伦理学到美学，只需一小步——根据维特根斯坦的说法，甚至一小步都没有（"伦理和美学是同一个东西。"[6.421]）。如今的哲学可能已经失去了一些对美学的热情，但在以前，休谟和康德对美和令人愉悦的事物进行了详尽的论述。

"哲学中的愉悦与美"是石里克向一位名叫西尔维娅·博罗维卡的学生建议的博士论文题目，博罗维卡是维也纳一个富裕家庭的女儿。这导致了一系列致命事件。

石里克的另一个学生约翰·内尔布克（1903—1954）对博罗维卡很着迷。不幸的是，生活对内尔布克从来没有仁慈过。他来自上奥地利州一个名叫克兰德林的小村庄，出身贫寒。天气好的时候，从家里步行到学校需要走1小时。在冬天，昏暗的天色和大雪常常使道路几乎无法通行，但是年幼的内尔布克从未放弃，有时不得不铲雪上学。当他终于踏进维也纳大学的校门时，已经20岁了。对于一个来自如此落后地区的人来说，这已经是一项了不起的成就。

但是年龄并没有成为他的阻碍，出身于落后地区也没有阻止他；事实上，没有什么可以阻止他。他甚至获得了哲学博士学位，论文题为"逻辑在经验主义和实证主义中的意义"。石里克准许了他通过，尽管分数不高——仅为"足够"。这是博士学位最低的及格分数。显然，在石里克心目中，内尔布克不适合加入维也纳小组。

就目前所知，内尔布克和博罗维卡的关系从未亲密过。但是有一天，这个年轻女孩告诉她的仰慕者，石里克教授对她很感兴趣，她也对石里克很感兴趣。我们无从得知她说的是不是真的，但是听到这些话后，内尔布克嫉妒得发疯。

在获得博士学位后不久，这位来自克兰德林的年轻哲学家就开始在大学走廊里闲逛，大声嚷嚷石里克和博罗维卡玩"不道德的游戏"。他对着空中挥舞着枪，好几次声称他要向罪犯开枪，然后自杀。晚上，他经常给石里克家打电话。

教授惊慌失措，报了警，内尔布克博士被捕，首先被指控非法持有枪支。他的左轮手枪是从哪儿来的？原来是来自博罗维卡。那个女孩说自己从父亲那里偷来的。这个案子变得越来越离奇，最后，内尔布克和博罗维卡都被送进精神病诊所进行彻底的精神检查。

博罗维卡在医学上被诊断为"一个性格有点奇怪的神经质女孩"，但是没什么好担心的[375]。事实上，咨询的精神病学家建议允许她完成博士学业。她能够做到这一点，只不过换了一位导师：石里克的同事罗伯特·雷宁格接手了这项工作，并通过了西尔维娅关于愉悦和美的论文。

另一方面，内尔布克的情况则要严重得多。他被诊断为精神分裂症患者，并被转移到精神病院，在那里观察了几个月。"一个有着奇怪和妄自尊大想法，以及杀人和自杀冲动的精神病患者。患者说曾想谋杀石里克教授，"报告上写道[376]。

几个月后，内尔布克似乎恢复了健康。他开始在精神病院帮忙做事。除了他选择的阅读材料有点奇怪 —— 大量的哲学 —— 其他的一切似乎都很正常。所以他出院了。他说他想为教职做准备。

然而，在离开精神病院后，内尔布克又开始跟踪石里克。他继续在晚上打电话。石里克改了一个没有登记在电话簿上的号码，但是毫无用处 —— 威胁电话不断打来。他最后别无选择，只好拔掉电话线。有时候内尔布克会躺在房子前面等石里克。无论什么时候，只要石里克在电车站看到他的宿敌憔悴的身影，就会迅速拦一辆出租车，跳进车里。内尔布克会冲上前去，用拳头猛击车窗，他的脸因愤怒而扭曲。这件可怕的事情很快在大学里传开，一些学生为石里克组织了安全巡逻。

石里克从未低估过这种威胁。每当提到内尔布克，他总是称他为"我的凶手"。石里克的女儿是热情的和平主义者，有一次她在家里说，她班上所有的男孩都被要求参加准军事训练。她很不安，但她的父亲只是问她，在她看来，是否不应该允许他携带枪支来保护自己免受凶手的伤害。

这种痛苦有过一阵短暂的喘息时间，石里克和家人一起又去美国度过了一个访问学期，这次是在加州大学伯克利分校。他们的访问在各方面都给了他们安慰：只有阳光和平和友好的同事。但当全家人回到维也纳时，石里克发现自己再次陷入了噩梦之中。

这一切似乎不可思议：维也纳最著名的教授，爱因斯坦和维特根斯坦高度尊敬的朋友，幸福哲学家和理性的化身，却被一个有杀人倾向的精神病患者迫害。

再次报警导致了第二次起诉：内尔布克再次被关进精神病院，大学校长办公室将这一消息通知了维也纳学校董事会。这意味着内尔布克不会再有机会找到教职。

在内尔布克看来，毫无疑问是石里克在幕后操纵，给他带来了灾难性打击。石里克——就是石里克——毁了他的职业前途。但是，过了一段时间，内尔布克的偏执症似乎又缓解了，他被释放了，和以前一样。然而，这一次，根据警方的命令，他被禁止留在维也纳。

内尔布克就这样回到了家乡克兰德林，疏远、苍白、对尼古丁上瘾。他的牛角框架眼镜，他的一切都切断了他与村民的联系。他不是渴望有所成就吗？现在他完全靠他父亲的钱生活。怎么会有博士不是医生呢？在克兰德林，没有谁听说过这样的事！村里所有的孩子都在背后嘲笑他。

内尔布克刻苦读那么多书有什么好处？人们都在摇头。如果他去一个遥远的城市，成为一名牧师或教师，人们会理解。但是一个书呆子学者？在克兰德林没有人听说过这样的事情。这完全没道理。

　　简而言之，一切似乎都在把内尔布克推回维也纳。

第 11 章
小组的终结

> 1934年，维也纳：奥地利内战。社会民主党被镇压。
> 纽拉特流亡荷兰。马赫协会被警方解散。维也纳小组在维
> 也纳几乎不被容忍。数学家过早去世后，哈恩的讲席被废
> 除。纳粹政变失败。维也纳小组受压制。关于记录语句的
> 尖锐争论。石里克和纽拉特互相轻蔑斥责。小组因维特根
> 斯坦闹分歧。哥德尔受困于精神问题。他的成果被塔斯基
> 和图灵继承发展。1936年：跟踪者枪杀了石里克；媒体指
> 责受害者。1937年：维也纳的思想家们预见了前景并离去：
> 门格尔去了美国，魏斯曼去了英国，波普尔去了遥远的新
> 西兰。

带着爱去俄罗斯

1934年2月的一个寒冷的日子，一封简短的电报发往莫斯科，上
面写着"卡尔纳普在等你"。电报是寄给奥图·纽拉特的，他当时在库
兹涅茨基莫斯特街的全苏联建设和经济图表统计研究所（IZOSTAT）。
这条街通往臭名昭著的卢比扬卡，国家安全人民委员部（译注：克格
勃的前身）的总部就在那里，刑讯室也设在那里。有人开玩笑说它是

莫斯科最高的建筑：从地下室都可以看到西伯利亚。

电报实际是一条加密信息。它来自维也纳，意思是："不要回来，警察正在找你。"

纽拉特收到这样一封电报并不感到惊讶。在动身前往莫斯科之前，他和他的伴侣、朋友、缪斯女神玛丽·瑞德迈斯特约定了这些信息。玛丽留在维也纳照看纽拉特的妻子奥尔加和他的社会主义博物馆。"卡尔纳普在等你"听起来无伤大雅。无论是维也纳的审查者，还是斯大林的秘密警察，都不会找到毛病。

奥地利的政治局势在不断恶化。通过每天发布新的紧急措施，公司制国家的统治体制牢固掌握了权力杠杆。社会民主党瘫痪了。他们的负责人奥托·鲍尔赞同朱利叶斯·多伊奇的观点。多伊奇是左翼准军事组织保护联盟的创始人和主席，该组织现在已被宣布为非法：一旦政府采取行动，"掀起席卷整个工人阶级的愤怒和激情"，那么采取行动的时刻将会到来，但现在还不行。该党感到力量还太弱，无法先发制人。它一直受到责任感的制约。著名的暴动艺术专家托洛茨基在几年前就做出了这样的诊断："如果你同意马克思的口号'革命是历史的火车头'，那么奥地利马克思主义就是它的刹车。" [377]

因此，奥地利马克思主义者约束他们的战士，焦急地等待决战时刻的到来。纽拉特开玩笑讽刺说："我们以狡猾著称，因为我们武装了工人，但我们不让他们开枪。" [378]

社会民主党领导人确信，迟早会有突然起义的机会。但是陶尔斐斯总理不愿给他们这样的机会。祖国阵线的领导人耐心地坚持他缓慢而慎重的策略。社会主义者总有一天会失去他们的勇气。

期待已久的时刻在1934年2月12日到来。在林茨，一群保护联盟成员违抗搜查令，用机关枪扫射了警察。这发出了工人阶级自发暴动的信号。社会民主党领导层赶忙制止这种做法，但没有成功。这些事件让奥托·鲍尔感到不知所措，他呼吁大罢工，于是社会主义者迅速建立了他们的司令部。

但是政府的准备要更充分。就在一天前，安全部长、法西斯保安团的头目埃米尔·费还公开宣称："明天我们将着手结束这项工作。"

陶尔斐斯政权实施了戒严，军队将枪口对准了该市一些最大的公寓楼。这些庞大的住宅非常适合作为无产阶级的堡垒，专家们对此了如指掌。经过几次炮击之后，即使是最顽固的抵抗也消失了。

3天伤亡300人后，内战结束了。保护联盟的最高领导人鲍尔和多伊奇越境逃亡。社会民主党被正式解散。它获得了40％的选票，每10个奥地利人就有1个是正式成员。但是现在不会再有投票了。从今以后工人阶级的代表将只有一个寒酸的办公室设在国外，由社会主义国际设立。后者的主席由住在瑞士后来移居比利时的弗里德里希·阿德勒担任了十多年。

在2月份的战斗中，警察多次试图在纽拉特的维也纳公寓逮捕他。

通过玛丽·瑞德迈斯特，他们发现他在国外[379]。他正好在无产阶级革命的首都莫斯科，但这并没有让执法力量放弃追捕。

然而，纽拉特在莫斯科的逗留并不是共产国际秘密策划的。他来莫斯科纯粹是为了工作，而且也不是第一次。作为维也纳社会和经济事务博物馆的馆长，纽拉特参与了为苏联国营出版社建立图表统计研究所的工作。红色维也纳的领导人知道他的作为，并深表赞许。虽然他们是坚定的反共产主义者，但他们也承诺要团结无产阶级，无论是否在斯大林的统治下。在社会事务方面接受适当的教育不会伤害任何人。所以，让苏联工人学习一些统计数字吧！

但是红色维也纳已被陶尔斐斯摧毁。市长卡尔·塞茨被捕。祖国阵线控制了这座城市的行政。警察查封了纽拉特的社会和经济事务博物馆。

然而，纽拉特已经为这种变故制定了预案。他没有留在莫斯科的打算，也不想住进卢克斯酒店，那里有数百名德国移民，由苏联政府安排。不，纽拉特在荷兰为自己准备了一个去处。前一年他在那里建立了曼达纽姆，这是他的维也纳博物馆的荷兰分馆。

因此，他现在必须设法从苏联前往荷兰：第一站是布拉格（"卡尔纳普在等你"），然后是波兰，再然后是丹麦。他小心避免踏足德国：毕竟，在盖世太保中肯定还有人没有忘记慕尼黑苏维埃共和国。德国人肯定不会让纽拉特第二次从他们手中溜走。此外，几年前帮助他获释的奥地利高官们现在已自身难保：卡尔·伦纳正在监狱里煎熬，鲍尔正在流亡。

对于纽拉特来说，在荷兰开始新的生活并不容易。不止一次，如果他没有在最后关头借到几百美元，一切都会崩盘。但朋友们称他为"大火车头"并非没有道理：纽拉特擅长利用危机。不久，奥尔加和玛丽从维也纳乘火车来到他身边，和他一起搬进了海牙的一间公寓。

不久后，纽拉特的平面艺术家格尔德·阿恩茨也带着家人同他们会合。他们甚至设法从维也纳和莫斯科的博物馆运来了许多材料。在很短的时间内，曼达纽姆就开始举办展览，大量印制海报和小册子。

然而，从那时起，纽拉特小心翼翼地避免使用马克思主义修辞。

"跟陶尔斐斯一边吧！打倒科学统一论！"

1934年2月内战的一个牺牲品是马赫协会：它被警察下令解散。官方解释性告示指出"它已经引起了我们的注意"，该协会一直代表社会民主党采取行动。既然党已被取缔，该组织显然必须解散。

不到一年前，陶尔斐斯政权下令解散自由思想家协会，这让天主教会非常满意。事实上，马赫协会最初的支持者都属于那个可疑的小集团，当然也"引起了我们的注意"。[380]

马赫协会主席石里克被传唤到他所在地区的警察总部，并被告知了这一决定。他立即表示反对，并试图扭转局面。他的观点是：这个社团从来都是绝不关心政治的，它的宗旨一直是"忠实于冠名者的精神"[381]。正如它的章程所宣称的那样，它只从事纯粹的科学活动。整个事业与无神论没有任何关系。

石里克坚决否认"倾向社会民主党"。众所周知，他对政治漠不关心。"我绝不会担任一个从事任何政党政治活动的协会的主席。"[382]

这个学会的目的纯粹是促进科学世界观。这与意识形态的宣传完全相反！而仅仅是"纯属凑巧"该协会的一名官员恰好居住在一栋公共住房大楼里[383]（当然，就是纽拉特）。"此外，奥托·鲍尔曾在马赫协会主持下发表过一次演讲，这同样是一个偶然事件。"因此，解散马赫协会的决定是基于错误的理由。

"这是场悲喜剧，"石里克向警察局解释说，"我居然被当作一个有反政府倾向的协会的领导人。事实上，我是对现政府感到最深切和最真诚同情的大学教授之一，我甚至在1933年夏天给总理陶尔斐斯写信表达这种同情。"[384]

石里克的抗议很有说服力，但是徒劳无功；他们对此充耳不闻。心灰意冷，他写信给卡尔纳普："所以马赫协会现在真被解散了，显然我的抗议没有被传达给相关人士。"[385]

从未加入过任何政党的石里克现在被要求加入祖国阵线。每个政府雇员都得这么做。任何拒绝这样做的人都将面临可怕后果。

龚珀茨教授拒绝了，突然他就被解雇了。如果向当局指出，他在将马赫请到维也纳的过程中起了关键作用，更会适得其反。这件事不会为他赢得陶尔斐斯的好印象。因此，在63岁的时候，海因里希·龚珀茨被迫离开了他的祖国，最终去了洛杉矶南加利福尼亚大学当教授。

与龚珀茨不同，石里克是顺从的，但也没有用。这一切只会使纽拉特和卡尔纳普更加心烦意乱，他们从国外疲倦地观察着维也纳发生的事情。"跟陶尔斐斯一边吧！打倒科学统一论！"纽拉特讽刺地指责道[386]。

陶尔斐斯很可能从未听说过科学统一论。毕竟，他的唯一目标是实现权力的统一。但陶尔斐斯确实对实证主义略知一二，他坚决反对实证主义。"奥地利法律实证主义"最著名的支持者汉斯·凯尔森制定了这个年轻的奥地利共和国的宪法。但凯尔森的宪法现在已成为古老的历史，被所谓的五月宪法取代。这个巧妙的戏法发生在1934年5月，被放逐的奥地利议会被设法重新召集，虽然只有几个小时。不过，左派的代表没有受到邀请 —— 没有必要打扰他们！短暂重组的议会批准用这项法律取代宪法，然后议会再次被人遗忘。所有的正式手续都得到了应有的尊重。

新宪法以"全能的上帝之名，所有法律的起源"开头，从而清楚地表明，这片土地的法律不是来自凡人。为了充分承认国家的"企业基础"，两家公司 —— 一家是国家官员，一家是农民 —— 大张旗鼓地成立了。其他公司还得等等。

然而，纳粹不想再等。1934年7月，奥地利纳粹党徒发动了一场政变。党卫队89军团的士兵身穿偷来的军装，冲进了总理府和国家广播台总部。他们的行动太业余，在几个小时内就失败了，但在行动结束之前，纳粹头号敌人陶尔斐斯在办公室被枪杀，这一次是致命的。他流血过多而死。此后，此起彼伏的暴动又夺去了数百人的生命，就像几个月前镇压左派一样。

库尔特·许士尼格成了祖国阵线的新领袖。他看起来就像严苛校长的完美化身。在担任总理期间，他继续前任的政治路线，深信墨索里尼是他处理外交事务的唯一希望，而国内政治最好由神职法西斯的习俗指引。

"一次强有力的知识爆炸"

在一个通过天主教朝圣和复制中世纪表演游行来寻求支持的专制国家，科学世界观很自然会感到呼吸困难。

尽管石里克在政治上并不反对公司制国家，但他的开明哲学与公司制国家完全不同。目光敏锐的美国青年哲学家欧内斯特·内格尔曾在1935年参加过石里克的一些讲座。他写道："我突然意识到，虽然我身处一个经济衰退的城市，但在社会反应处于劣势的时期，讲台上的这些观点如此具有说服力，是一次强有力的知识爆炸。我不知道这种理论在维也纳还能被容忍多久。"[387]

很显然，不会持续太久，但事实证明，局面比当时所想象的要可怕得多。

顺便说一下，内格尔只是众多来维也纳学习科学世界观的青年学者之一，他离开时，收获颇丰。他以在美国倡导维也纳小组风格的逻辑实证主义而闻名，他写了一本影响深远的书《科学的结构》，另外还合著了一本关于哥德尔不完备性定理的著名书籍。

第一批来访者中包括弗兰克·拉姆齐，他不仅在好几个场合探访了维特根斯坦，也探访了石里克。在这里逗留时，拉姆齐甚至和弗洛伊德的信徒西奥多·雷克一起短暂体验了精神分析。拉姆齐的人生耀眼而短暂：他23岁就成为剑桥国王学院数学研究主管，然后悲惨地英年早逝，年仅26岁时死于肝炎。

年轻的阿尔弗雷德·艾耶尔来自牛津。他待了半年，回到英国后，出版了一本非常成功的书，名为《语言、真理与逻辑》，这本书极为清晰地阐述了维也纳小组的基本思想[388]。美国哲学家威拉德·冯·奥曼·奎因在哈佛获得博士学位后不久也来了这里。遇到赫伯特·费格尔后，奎因决定去维也纳做博士后。奎因从他的"梦想之城"归来后，成为美国最有影响力的逻辑学家和哲学家之一[389]。

波兰逻辑学家和维也纳小组之间的密切互访和思想交流始于卡尔·门格尔的波兰讲学之旅。从斯堪的纳维亚也来了许多访客，例如挪威的阿恩·奈斯（1912—2009），他后来成了实验哲学的先驱，芬兰哲学家艾诺·凯拉（1890—1958）和亨里克·冯·赖特（1916—2003）。

维也纳小组似乎在任何地方都比在奥地利受到了更多赞誉——在任何地方，除了德国，在那里纳粹对实证主义不感兴趣。来自柏林的访问——比如汉斯·赖欣巴哈和卡尔·亨佩尔——突然中断。

这时，小组所有的重担都落在了石里克肩上。卡尔纳普和纽拉特在国外，强壮的汉斯·哈恩，嗓音洪亮，言语清晰，却在55岁时意外去世。在1934年夏季学期的最后一次授课中，他突然中断了演讲，胃痉挛让他不知所措。是癌症。他们尝试了一次紧急手术，但哈恩没能挺过来。他在纳粹政变前一天去世。从那以后，维也纳再也没有一个曾参与乌尔克瑞斯的人还活着。一个时代即将落幕。

正如欧内斯特·内格尔所写："汉斯·哈恩英年早逝，卡尔纳普去了布拉格，纽拉特流亡海牙，哥德尔访问普林斯顿，小组失去了最初和最具才华的一些成员。"[390]

在汉斯·哈恩去世前不久，他又恢复了与保罗·埃伦费斯特的通信。埃伦费斯特和他是学生时代的密友，也是"形影不离四人组"成员之一。后来，埃伦费斯特和爱因斯坦走得很近，现在是莱顿的理论物理学教授。

"至于我自己，"哈恩在给朋友的信中写道，"几乎没什么可说的；外部环境不好，工资已大幅削减（尤其是对于大学教授）；我目前的主要兴趣是哲学（有反形而上学倾向的逻辑经验主义）。"[391]

不久之后，哈恩听到朋友突然去世的消息，感到十分震惊。就像他以前的老师玻尔兹曼一样，埃伦费斯特多年来一直受严重的抑郁折磨。虽然他是具有高度创造力的物理学家，但他觉得自己已经与量子物理学失去了联系，而量子物理学正在飞速发展。有一次，埃伦费斯特在给学生的信中坦承了他的绝望："《物理学期刊》或《物理学评论》新出的每一期都让我陷入无措的恐慌。孩子们，我什么都不懂。"

希特勒的上台震惊了埃伦费斯特，更糟糕的是，他的儿子瓦西里有智力障碍。这一切对他来说太难以承受了。最后，埃伦费斯特想不出办法，决定自杀，并把可怜的小瓦西里也带走。他给许多朋友留下了信件，试图为自己的行为辩护。他在信中认为这是他的职责。

职位空缺

无所畏惧的汉斯·哈恩教授一直是奥地利政府的眼中钉。他从不掩饰自己的社会民主主义信念。哈恩死后，教育部废除了他的讲席。毕竟，如果一个数学教授有时间研究哲学，甚至还是不可知论和反形而上学，这清楚证明了他的职位责任留给了他太多空闲时间。因此，哈恩的讲席已经过时，是"多余的实体"——可以说，这是使用奥卡姆剃刀的最佳时机。所以，把讲席撤掉！

这项措施直接影响了卡尔·门格尔，他本来可以顺理成章接替哈恩的位置。现在这样的前景消失了。但是这位年轻的副教授仍抱有一些希望：下一年会有另一个大学讲席空出来，因为著名数学家威廉·维廷格将在1935年到龄退休。

然而，当职位空出来后，数学系选择的不是门格尔，而是知名度低得多的卡尔·梅罗费尔，维廷格的助手。有一件事他们确信他不会做，那就是涉猎哲学。

非常沮丧的石里克再次给教育部写信，对教员的投票表示强烈反对[392]。尽管他自己是哲学家而不是数学家，但他清楚知道有两个候选人比梅罗费尔更有资格：一个是在他的领域享有世界声誉的门格尔，另一个是代数学家埃米尔·阿廷，他解决了希尔伯特第十七问题。阿廷是维也纳本地人，古斯塔夫·赫格罗兹的学生，赫格罗兹也是哈恩的"形影不离四人组"中的一员。另外阿廷现在是汉堡的全职教授，他急于离开德国也不是什么秘密：他的妻子是犹太人。

但是，石里克的介入对隐藏在大学深处的错综复杂的网络几乎没什么影响。得到这份工作的是梅罗费尔。德奥合并之后，人们发现他长期以来一直是非法的纳粹党成员。

门格尔和菲利普·弗兰克在为汉斯·哈恩撰写的讣告中都强调，他们的好朋友是"维也纳小组的真正创始人"。在最近十年里，小组已具有国际知名度。欧内斯特·内格尔在《哲学学报》上写道，在地球上任何其他地方都很难出现对逻辑分析的"如此包容的兴趣"[393]。数学、物理学、法律、医学、社会学——当然还有哲学——在小组的每周会议上都得到了很好的体现，这确实是很独特的环境。

然而，尽管已有很高的声誉，高度"包容"（catholic，当然不是天主教）的维也纳小组还是陷入了困局。

奥图的记录

1933年秋，石里克在给一位美国同行的信中写道："今年冬天，维也纳小组不会召开会议 …… 我们的一些老成员变得太教条，可能会败坏整个小组的名声；我现在正在尝试建立一个新的小组，由还没有形成偏见的年轻人组成。"[394]

星期四晚上的常规会议直到1934年秋天才恢复。石里克向卡尔纳普透露说："哈恩不在了，我们自然会感到非常痛苦。"[395]另一方面，石里克对不再经常见到纽拉特似乎不太难过，他显然是"变得太教条的老成员"之一。

纽拉特与石里克的宿怨由来已久。他俩从来没感觉到与对方处在同一波段。几年来，哈恩一直居间斡旋，但是在那场不太体面的关于"记录语句"的辩论中，他们的争论突然变得尖酸刻薄。

这一切都始于卡尔纳普的论文"作为科学通用语言的物理语言"。这篇论文声称，所有科学理论最终都是基于所谓的记录语句，这些记录语句"最直接地"记录事实，并且"不需要进一步的确认"。

如何识别记录语句？卡尔纳普写道，它们是命题，"不依赖其他记录语句"。石里克委婉地反对说这似乎是循环定义[396]。纽拉特参与进来，试图在一篇文章中给出更精确的定义。记录语句本身不是断言，而是陈述断言。它必须包含确切的时间，以及报告人的姓名。例如：

"奥图在下午 3：17 的记录：

[奥图在下午 3：16 的语言思考是：

（下午 3：15，奥图在房间里看到一张桌子。）]"[397]

就"直接"而言，这并不明显。但纽拉特坚持认为：记录语句绝不能使用像"这里"和"现在"这样的主观词汇，也不能使用代词"我"或形容词"我的"，因为这会使它们直接陷入唯心主义哲学的致命陷阱。

纽拉特解释说，科学知识必须是可以传播的。科学不容许主观表达。相反，统一的科学应使用"通用俚语"（他可能指的是行话或国际语）。纽拉特补充说，每个孩子都可以通过训练掌握这种"俚语"。由于不存在不经验证就能断言的句子，因此也不存在基本的记录语句。他以典型的纽拉特风格补充说，不接受这些的人属于早已名誉扫地的"经院哲学"。科学的原则是每个主张都需要修正。这一原则也必然适用于记录语句；即使是基本陈述，修正可能也是必要的，例如，如果某人的手表给出了错误的时间，语句的时间戳就会失效，因此需要修正。

同以往的风格一样，纽拉特以对其他人的观点的简短反思作为文章的结尾：维特根斯坦把哲学描绘成亟需的"澄清的阶梯"的尝试必须被认为是失败的，维也纳小组的迅速发展体现了为支持科学统一论而出现的紧密集体合作。纽拉特最后说，他的话无疑会刺激卡尔纳普，促使他在许多方面进行纠正。

这正是卡尔纳普在同一期杂志的下一页中所做的[398]。他写道，构建科学语言有几种方法。他认为卡尔·波普尔提出的方法是目前最好的，因此非常希望波普尔的成果能够发表（这个温和的暗示是说给石里克听的）。

波普尔认为，在适当条件下，**任何**命题都可以作为记录语句（或者波普尔说的"基本句"）。另一方面，没有哪个命题是绝对肯定的，也就是说，肯定到不需要任何额外的佐证。在这一点上，卡尔纳普坦率承认，他以前对此的看法是错误的。此外，在他看来，波普尔的方法"减少了年轻人在寻找记录语句时不知不觉陷入形而上学的危险"。[399]

"下一个任务，"卡尔纳普满怀希望地总结道，"将是在建设性的合作中发展科学理论。"[400]

事实上，关于记录语句的争论像野火一样蔓延开来。卡尔·亨佩尔、波普尔、埃德加·齐尔塞尔等人都参与了进来。石里克向卡尔纳普透露，他认为整个辩论"离题了，没什么意思"。[401]尽管如此，他最终也参与了这场争论。

形而上学的痕迹和诗人的确证

在阿马尔菲度春假期间，石里克写了一篇题为"知识的基础"的短文。"写作时放松地坐在阳台上，俯瞰着蓝色的萨勒诺海湾"，他感到神清气爽，心情舒畅，就像他告诉卡尔纳普的那样，"完全按照它们进入我脑海的方式"自由地思考[402]。

石里克在文章中说，记录语句其实与其他所有科学陈述是同一类型：它们是假设，显然也只是假设（"正如我们的一些作者得意地指出的那样"，他补充说，并对波普尔进行了猛烈抨击）。事实上，一旦观察被记录下来或以其他方式断言，它就会成为过去。可以想象，记录观察的语句也许是基于某个错误，或者是在梦中，或者在醉酒狂欢中，或者在催眠状态下（等等），因此在某些时候可能需要修正。但是，石里克所说的**确证**（*Konstatierung*，有时被误解为"确认"或"肯定"）在构造时就是最终的、肯定的，并且永远不接受质疑。**确证**通常是这样的形式："此时此地这个那个。"

真正的确证（注意行为）是无法写下来的：这会把它们变成记录语句，从而成为假设。不，石里克想的是完全不同的东西。从科学假设会得出特定的预测：我们期待某些事情。每当我们通过自己的观察确认或否定这样的期待时，我们就是在**注意**一些事情。科学引导我们的这些注意行为，但是科学并不是基于这些行为。

石里克这样描述他那模糊不清的确证："它们不是科学的基础，而是知识像火焰一样触及它们，到达每一个的瞬间，就立即吞噬它……这些补充和燃烧的时刻是必不可少的。[403]所有的知识之光都源于它们。哲学家们在寻找所有知识的基础时，就是在探寻这种光的源头。"

在阿马尔菲的阳台上，石里克可以欣赏到波光粼粼的地中海美

景 —— 古希腊哲学家也不过如此。然而，在雾霭笼罩的荷兰，纽拉特以嘲笑回应。"也许有人会欣赏这种抒情，但为了科学而从事激进的物理主义事业的任何人 …… 都不会希望声称自己是属于这个学派的哲学家。"[404]

在他的文章"激进的物理主义和现实世界"中，纽拉特发起了一场反对石里克的论战。他以戏谑开始："维也纳小组的一位代表人物曾打趣说，我们都更善于指出我们邻居而不是我们自己身上残留的形而上学痕迹。"因此，纽拉特提议指出石里克思想中"残留的形而上学痕迹"[405]。

这就是他在长篇大论中兴高采烈地做的事情。在文章结尾，纽拉特总结了他的诊断："似乎我们在这里看到了连贯的形而上学残迹。"不过不清楚纽拉特使用轻蔑的短语"连贯的形而上学残迹"是不是暗示石里克最终会克服它们。

起初，石里克并不打算认真回应"纽拉特相当愚蠢的言论"。他向他的朋友卡尔纳普吐露："你可以想象，我有点吃惊。当然，我不会直接回应。"[406]另一方面，他又不希望彻底退出讨论，尽管随着时间推移，整个事情让他觉得"越来越荒谬"。

因此，他在下一篇文章中写道："当我被指责为形而上学家和诗人时，我有点惊讶。然而，我不会把这个指责当回事，因此我既不为前面的指责感到震惊，也不为后面的指责感到荣幸，我不打算继续讨论这个问题。"[407]但是现在他这样做了，"以一种幽默的口吻"，而且没有提到纽拉特的名字 —— 这种方式更伤人。

　　纽拉特认为，陈述只能与其他陈述比较，而不能与事实比较。石里克"最直接地"问道：为什么旅游指南上的陈述 —— 比如说，某座大教堂有两个尖顶 —— 不能与现实对比？

图11.1　石里克看到了他所看到的

　　纽拉特想把一个陈述的真实性和它与其他陈述的一致性联系起来。但是石里克认为这只不过是回归到真理的连贯性理论，这个理论早已死去并被埋葬了。他自己选择了符合论，这一理论让平常人也能直观理解。一个语句是否为真与它和其他语句是否连贯无关（如同连贯性理论所宣称的那样），而是取决于它与现实的一致性 —— 任何希望利用这一观念来指责他形而上学的人都有这样做的自由，石里克写道，但不管怎样，他都不会放弃他的**确证**。"我看到了我所看到的！"—— 即使地球上所有科学家都声称不是这样，他也肯定还是能看到。他继续挖苦纽拉特（但仍然没有说出他的名字）："如果有人告诉我，他相信科学的真实性的真正原因是'我们文化圈的科学家们'已经接受了它，我能做的就是微笑。是的，我确实非常信任科学家，但这只是因为，每当我能够验证这些优秀人士的说法时，我总是发现他们是值得信赖的。"[408]

卡尔纳普试图为纽拉特沉迷于连贯性理论辩白。纽拉特肯定不会相信这样疯狂的想法吧？"但我必须承认，"卡尔纳普补充说，"他的一些措辞可以这样理解"[409]。

但这仅仅是"措辞"问题吗？卡尔纳普和石里克之间逐渐扩大的分歧是否只是因为用词方式的不同？石里克试图安抚他的朋友，暗示这种分歧可能是由"你的数学家思维定势，而不是我的物理学家思维定势"造成的[410]。毕竟，数学物理学家必须检查方程的相互一致性，而实验物理学家必须检查理论主张是否符合现实。或者，重温一下老马赫的话，"科学的目的是使事实适合于思想，使思想适合于彼此"。

石里克对卡尔纳普的和解姿态没有起到什么作用。关于记录语句的争论清楚地表明，古老的哲学问题，或者"伪问题"，不可能一夜之间消失。显然，维也纳小组广受赞誉的思想家集体也照样困扰于屡遭诟病的"经院哲学"，并彼此误解。

门格尔对记录语句的总结性评价是："这个讨论只是我默默跟随的众多讨论之一。"[411]

轻率行为

昔日的"哲学转折点"已经没有多少动力了。即使是卡尔纳普和石里克的长期友谊偶尔也有黑暗时刻。每当提到维特根斯坦的话题时，这种情况就会特别明显。例如，卡尔纳普的《语言的逻辑句法》的前言就需要冗长的谈判。

石里克告诫卡尔纳普："问题的根源完全在于你坚持认为的维特根斯坦的观点与他实际持有的观点不同 …… 他的实际观点和陈述在各个方面都要灵活得多。我和魏斯曼不是一直强调这一点吗？"[412]

还有一次，石里克为自己辩护时颇为坦率，他说："你不能说我忠实地坚持维特根斯坦的立场，因为他自己也改变了很多。"[413]的确如此。为了重写计划出版的关于维特根斯坦哲学的书，魏斯曼夜以继日地忙碌着。

在1934年7月纳粹政变前不久，石里克写信给卡尔纳普："最近维也纳非常热闹和令人兴奋。这一次，维特根斯坦从英国回来晚了，我一直没机会和他多说话。"[414]

就在这时，石里克得知维特根斯坦突然决定由自己来写书 —— 此时魏斯曼为了写解释维特根斯坦的新哲学的书已花费了多年时间。信奉马克思主义的哲学学生海因里希·奈德向荷兰的纽拉特转达了这个刚出炉的新闻："维特根斯坦想要阻止魏斯曼的书出版，并从他那里购买版权！然后他就可以自己写这本书了。哦，天哪，天哪 …… 这个伟大的人多么卑鄙啊！"[415]

纽拉特发现他最腹黑的怀疑得到了证实。维特根斯坦阻止魏斯曼的书，就是以一种丑陋的方式在利用他。"这位大师亲自策划的妙计真令人作呕！要是我早就失去耐心了！先知对此怎么说？"[416]

"先知"（当然是指石里克）什么也没说，不久，"大师"以他那可靠的不可靠做派，再次改变了想法。因此，魏斯曼继续埋头于他那本被诅咒的书，他甚至还继续小心翼翼地向小组报告他与维特根斯坦的谈话。但是这件事一个字也不能传到外面去——甚至不能传到小组的前成员那里。石里克不想让纽拉特和卡尔纳普知道在维也纳小组的会议期间发生了什么。

纽拉特在给卡尔纳普的信中写道："我的耳朵只能听到关于石里克小组的私下报告。每个人都要发誓遵守，必须对圣书的一切低语保持沉默。"[417]

当然，并不是每个人都遵守这个誓言。海因里希·奈德是纽拉特的狂热崇拜者，直到有一天他才想起来："令我沮丧的是，我刚才忘了告诉你，对'圣书'的阅读必须保持最严格的沉默。因此，我必须迫切地请求你不要利用我的轻率行为。不过，只要能严格保密，你就会继续得到报告。"[418]

物理学家沃尔夫冈·泡利客气地嘲笑石里克说，维也纳小组已经变成了"一种宗教"。古斯塔夫·伯格曼的嘲笑则不那么客气，石里克的小组已经变成了"维特根斯坦哲学的圣殿",而且所有这一切都没有维特根斯坦本人亲自出现,因为多年来,魏斯曼已经成功地成了他的代言人[419]。

事实上,这是魏斯曼唯一的出路。他快40岁了,尽管付出了20多年的艰苦努力,他的博士研究还没有完成。他的维特根斯坦圣书,一次又一次被宣布为"印刷中",却似乎比以往任何时候都离完成更远。最重要的是,他那薪资微薄的助理图书管理员职位突然被砍掉了。政府没有钱花在这些琐事上。

一切似乎都在与魏斯曼作对。他是学生会对在哲学学院占主导地位的"被犹太人污染的环境"进行残酷斗争的主要目标。他在奥塔克林的成人教育中心举办的数学讲座也被祖国阵线暂停。

石里克试图利用自己的国际声誉帮忙。但即使是这样,对政府也没什么影响。此外,石里克本人是祖国阵线的成员这一事实毫无意义 —— 每个公务员都被要求加入阵线。

在绝望中,失业的魏斯曼被迫面对答辩的恐惧:他鼓起所有勇气,参加了博士论文答辩。让他松了一口气的是,他通过了考试,但是尽管现在有了博士学位,也仍然没有工作。

在石里克的学生中,魏斯曼不是唯一的"问题儿童"。罗丝·兰德穷得像教堂里的老鼠。她靠把科学文献从波兰语翻译成德语,勉强维持生计。她还负责忠实地记录维也纳小组的会议,但这样做没有任何报酬。

图11.2　罗丝·兰德

　　有那么一瞬间，她似乎终于可以因为她对小组的贡献而得到回报了。卡尔纳普在布拉格写信给她，说他和纽拉特"会非常感谢，如果你能为我们提供冬季学期小组会议的完整记录，我就能通过奈德给你寄钱了。我们对维特根斯坦的原话特别感兴趣。请逐句标示引用"。[420]

　　然而，很快卡尔纳普不得不向纽拉特汇报："罗丝·兰德刚刚告诉我，石里克拒绝批准，当然，这是在她完成任务之后才发生的。"[421]

　　为了至少缓解一点罗丝·兰德的艰难处境，石里克给她在精神病学教授奥图·帕尔茨那里找了一份工作。帕尔茨作为医学博士刚刚崭露头角时，曾诊断过新锐作家穆齐尔患有"严重神经衰弱"。现在帕尔茨已经接替了他的前任老板朱利叶斯·瓦格纳-尧雷格，成为精神病学和神经病学诊所的负责人。石里克认识和欣赏帕尔茨已有好几年：事实上，帕尔茨曾两次检查过约翰·内尔布克，并建议将他拘留。

　　罗丝·兰德在帕尔茨的大学诊所努力工作的同时，还基于对患者的采访撰写了一篇哲学论文："精神病患者心中的'现实'和'非现实'概念"。然而，论文一直没有出版，维也纳小组也没有采纳她的实验性方法，尽管这篇论文显然比他们所有关于记录语句的长时间辩论更有希望。

"自亚里士多德以来最伟大的逻辑学家"

　　此后不久，石里克又因另一件事再次求助于帕尔茨。

　　1934 年春天，哥德尔结束了他在普林斯顿高等研究院的访问，按计划回来了。然而不久后，这位青年逻辑学家的精神问题越来越严重，急需医疗帮助。石里克写信给帕尔茨，请求"您允许我提请您关注我的同事，值得尊敬的讲师库尔特·哥德尔博士"[422]。

　　在信中，石里克说，哥德尔的才华怎么赞扬都不过分。哥德尔是一个纯粹的天才。"他是一位才华横溢的数学家，他的发现被公认为划时代事件。爱因斯坦毫不犹豫地将哥德尔描述为自亚里士多德以来最伟大的逻辑学家[424]，尽管哥德尔还年轻，但毫无疑问他已经是逻辑学基础问题上全世界最伟大的权威。"[423]

这位"自亚里士多德以来最伟大的逻辑学家"当时还不到30岁，却时常怀疑和恐惧自己被迫害和投毒。帕尔茨尽了最大努力，但是治疗严重的妄想症从来都不是件容易的事情。

关于精神病学家的趣闻轶事，维也纳可能比其他任何地方都多。毕竟，弗洛伊德和阿尔弗雷德·阿德勒在这里完成了他们最重要的工作，另外还有朱利叶斯·瓦格纳-尧雷格和理察·克拉夫特-埃宾。这些故事甚至还有一个权威合集，作为一章出现在维也纳作家弗里德里希·托贝格的《西方衰落的故事》中。在那一章中，帕尔茨教授占据了显要位置。其中一个故事描述了帕尔茨如何关照一个患有妄想症的病人（当然不可能是哥德尔或内尔布克）。

治疗进行得很顺利，病人看起来几乎痊愈了。但很快他的病又复发了，这让医生很沮丧。"这里有人想杀我"，病人不停地咕哝着，顽固地避开他的目光。"好了，好了，好了，"帕尔茨安慰道，"这里没有人计划这样的事情。""但他们就是！"病人说，"我有证据。他们想毒死我。""没人想毒死你，我亲爱的朋友。"但是病人很固执，帕尔茨也很有耐心。他镇定而温和地劝慰，这套说辞对其他病人一向有效。但这一次没有效果。他所有最好的策略都失效了。"每个人都在迫害我！"病人固执地说，"我知道。每个人。包括**你**，教授。""什么？！我？！"帕尔茨叫道，突然失去了冷静。"你疯了吗？"

　　帕尔茨教授很快将自亚里士多德以来最伟大的逻辑学家送到了普克斯多夫乡村的疗养院。这座新艺术主义建筑是由约瑟夫·霍夫曼在世纪之交设计的建筑瑰宝，位于维也纳西郊，离奥图·瓦格纳美丽的圣利奥波德教堂很近，教堂就在斯泰因霍夫精神病诊所的院子里。

　　过了一段时间，哥德尔出院了，但他并没有痊愈。在接下来的几年，他不断往返于维也纳的数学研讨会、普林斯顿高等研究院，以及诸如普克斯多夫、瑞卡温克尔和阿夫伦茨等地的精神病院之间。他不断被奇怪的症状折磨，不再经常出席维也纳小组的聚会，但仍然尽可能参加门格尔的数学研讨会。

　　哥德尔的成就毫无疑问是划时代的。20 世纪 30 年代，数理逻辑领域发展迅速，其重要性可与量子物理学相媲美。波兰的塔斯基和英国的图灵等杰出的青年学者都被这个领域吸引，并贡献了他们非凡的见解。

　　阿尔弗雷德·塔斯基（1901—1983）是维也纳的常客，在那里他经常与哥德尔、波普尔和卡尔纳普讨论。正是在这个时期，塔斯基发展了真理概念的形式化定义。他的思想体现了常识性的真理符合论。例如，语句"费多在吠叫"是真的，当且仅当费多确实在吠叫时为真。在这个例子中，一个高层次的语句（即"以下为真"）被应用于一个低层次的语句（即"费多在吠叫"）。形式上，这种连接两个不同语言层次的行为需要元语言，类似卡尔纳普当时正在发展的语言。

　　塔斯基后来定居美国，令他懊恼的是，他无法成为他那个时代最伟大的逻辑学家，这个让人羡慕的头衔无可争议地属于哥德尔，他只能调侃自己是"最伟大的神智正常的逻辑学家"。

从哥德尔的抽象思想到计算机科学的诞生

阿兰·图灵的影响甚至比塔斯基还要大，塑造了当今世界的方方面面。然而，在20世纪30年代中期，图灵的抽象思维似乎离任何可能的应用都遥不可及。

1931年，哥德尔的不完备性定理揭示了一个看似疯狂的事实：在任何一个丰富到足以包含数论的公理系统中，一定存在为真但无法形式化证明的句子——事实上，有无限多个。这非常令人不安，但是人们仍希望会有一种机械程序能确定任何给定的数论命题是对还是错。也许这种判定真理的机制能绕过形式化可证的概念。也许在那些表达数学真理的符号模式中藏着一些泄露真相的痕迹，在其他模式中则不存在这种痕迹。也许有某种方法可以检测到那个标志是否存在。这种方法可行吗？

1900年在巴黎发表的著名演讲中，希尔伯特阐述了这个涉及数学本质最核心的关键问题，并将其命名为可判定性问题。图灵思考了希尔伯特的这个问题；这个问题一直纠缠着他。

最后图灵彻底吸收了哥德尔的思想，并巧妙地将其应用于计算机世界（当时还不存在），以探索希尔伯特在1900年提出的深奥问题。然而，要做到这一点，图灵必须首先回答一个问题：通用计算过程或

算法到底**是**什么？为此，他设计了一系列后来被称为**图灵机**的简单机器，可以进行各种计算。例如，一种图灵机可以将两个给定的数相加（但它不能做其他任何事情）。另一种图灵机可以将给定的两个数相乘（除此之外没有别的用途）。还有一种图灵机可以判定一个给定的数是否是质数，等等。这些想象的机器如果真被制造出来，根本就不实用——事实上，它们很笨拙而且慢得难以想象——但是它们肯定能工作，在抽象背景下，这才是最重要的。

一些图灵机永远不会停止运转，因为它们可能会面临一个永远不会结束的任务，比如"寻找最大的素数"。这种东西不存在，所以为了完成这个任务而建造的图灵机永远不会停机。图灵给出了这样一个问题："某台机器最终会停止运转吗？"这个问题等价于希尔伯特的可判定性问题，凭借这个洞察，他成功地将关于数学真理的问题转化为了关于计算机器的问题。这是一个惊人的洞察。

然而，图灵在思想上的最大突破是他提出了一种特殊的图灵机，原则上，它可以模拟任何特定图灵机的活动。他把这种通用机器称为**通用自动机**，今天它被当之无愧地称为**通用图灵机**，后面我们简称它为UTM。

这其中的想法是，如果你向UTM提供机器X的描述，以及可能提供给X的特定数字输入（例如，假设X是素数判别机器，你将X设置为输入数字641），那么UTM将开始运转，模拟机器X在输入数字后的运转，最终UTM将给出与X完全相同的结果（在这种情况下，答案为"是"，因为641是素数），尽管UTM的工作速度远远慢于X本身的工作速度。

图灵非常富有想象力，在一个美好的日子，经过一次孤独的长跑后，他躺在草地上休息，这时他想到了一个绝妙的主意，灵感来自哥德尔的成果。当图灵站起身来回家时，他已经解决了希尔伯特可判定性问题。

图灵的想法 —— 一个哥德尔式的美丽想法 —— 是给通用图灵机输入一个**自我**描述。因此，UTM不再是模仿**其他**机器，而是模仿自己。这个极其别扭的想法以一种极端方式描述了一个悖论：毕竟，如果一个机器是在模仿自己，那么它必然是在模仿自己模仿自己，这意味着它是在模仿自己模仿自己模仿自己，以此类推，无穷无尽。

通过仔细观察这种无穷回归的含义（就像镜子反照彼此，或者环环相套，或者蛇吞下自己的尾巴 ……），图灵发现所有可能的图灵机都有根本限制，尤其是不可能建造一台机器，总能判定一台给定的图灵机是否会停机。这个深刻的洞察证明了希尔伯特的可判定性问题无法解决。这个结果的重要性怎么形容都不过分，无论是对于数学、逻辑，还是计算理论。它的影响在现在的计算机世界中无处不在。

几年后，第二次世界大战爆发，图灵去了布莱切利庄园破译德军的谜团密码。这是一个深刻的计算挑战，不久这个问题又将他带回了以前关于通用图灵机的想法。这反过来启发了他去设计和构建一种实际的、物理的可编程计算机（而不仅仅是理论抽象）。

　　与此同时，在大西洋的另一边，受哥德尔启发的数学家冯·诺依曼也在领导一项类似的研究。电子计算机时代就这样诞生了。正如我们的故事所展示的那样，今天支配着整个世界的数字世界，源自一位安静、谦逊（可悲的是，还有妄想症）的维也纳小组成员在20世纪30年代初对数理逻辑进行的极其深奥的研究。

"是内尔布克！"

　　并不是每个哲学家都对数理逻辑充满热情。有些人甚至认为它已经远离了逻辑的真正本质。年轻的里奥·加布里埃尔（1902—1987）就持这样的观点，他是哲学家，在海因里希·龚珀茨的指导下写了博士论文"上帝的概念"。加布里埃尔寻求一种与形式逻辑完全不同的逻辑：他的"整合逻辑"意图抓住"整体的真理"。如果成功的话，将是革命性的。

　　在哲学中，"整体"甚至比"虚无"还要玄乎。不过，它被反对分析哲学的思想家用作密码，加布里埃尔就是其中之一。当石里克指出很受推崇的亚里士多德式短语"整体大于部分之和"的空洞性时，他非常恼火地问石里克，"部分之和"这个模糊的短语是什么意思？[425]加布里埃尔讨厌这种迂腐的吹毛求疵。虽然他是通过石里克获得教师资格的，但他在维也纳小组中除了实证主义之外，什么也看不到。实证主义的死板与他崇高的"整体"理念完全矛盾。

　　不久，加布里埃尔成了中学历史和哲学老师。作为虔诚的基督徒，他偶尔为天主教报刊《帝国邮报》撰文。1934年内战后，他主管奥塔克林人民之家的哲学部。这个成人教育中心以前是社会民主党的地盘，就像纽拉特的社会和经济事务博物馆一样。陶尔斐斯政权没有关闭这些机构，而是选择用新鲜血液和所谓的"新精神"来改造这些机构，这种新精神的明确目标是"传播基督教精神，而不是道德中立的科学主义"。

从学生时代开始，加布里埃尔就同内尔布克是朋友。内尔布克是石里克最可怕的噩梦。内尔布克不顾警察的禁令，回到了维也纳，因为他觉得在家乡克兰德林完全不适应。他现在住在冷清的西班牙街，转租了一间通向后院的小房间。他给学生上哲学课和辅导，是漂泊在维也纳的许多贫困的个体户学者之一。他的父母每个月给他寄五到十先令，比领救济金的工人一个星期的收入还少。

就像他的朋友加布里埃尔博士一样，内尔布克博士也时不时为《帝国邮报》写点东西。他曾在报上发表对爱因斯坦1934年出版的《我的世界观》的评论。内尔布克毫不留情地对这位物理学家的观点进行了猛烈抨击。他提醒人们注意爱因斯坦世界观中的"根本缺陷"：这种缺陷显然是"对严格的科学基础和方法缺乏更深层次的领悟"。

内尔布克强烈反对这种"缺乏更深层次的领悟"，尤其是因为"接近爱因斯坦的实证主义圈子反对客观性的存在（特别是在道德和法律领域），认为它是一种没有意义的精神构造"。

当内尔布克写下这些话的时候，他脑子里想的当然是他的死敌石里克，他还得和他算账。内尔布克决不会让自己偏离目标！石里克非常清楚这个不祥的事实。

门格尔在《回忆录》中记述了一个令人心酸的场景。在一次官方招待会上，他注意到站在总统身边的一名男子向石里克"很热情地"挥手，后者也以同样的方式回应。"哦，这么说你在政府高层有朋友？"门格尔开玩笑地问。石里克的表情变得沉郁起来，他用严肃的语气回答说："那不是朋友。他是一名安全人员，曾担任过我的贴身保镖。"[426]

这是门格尔第一次知道他的朋友石里克多年来一直被一个威胁要杀死他的精神病患者跟踪。但是，由于这些威胁一直没有后续行动，警方总是在一段时间后停止派遣保镖，理由是迄今为止没有发生任何令人担忧的事情。这一点显而易见，而且完全合情合理：石里克教授从未受到伤害，那么给他派保镖到底有什么用呢？因此，随着时间推移，石里克越来越难以申请保护措施。

门格尔写道："这就像昨天才发生一样，我记得石里克强颜欢笑地补充道：'我担心他们开始认为我才是疯子。'"

1936年春天，虽然被中学排斥，内尔布克还是很希望能在奥塔克林的人民之家找一份教书的工作。他的好友加布里埃尔为他进行了推荐。根据加布里埃尔的计划，内尔布克将举办一次关于实证主义的讲座。毕竟，在跟随实证主义者石里克学习之后，他在这个话题上有很多话要说。

但是后来人民之家的校长得知了内尔布克曾两次被送往精神病院。在正式调查之后，他不得不告诉候选人，他不适合担任这一职务。校长对这个坏结果表示了极大的遗憾，但又补充说，有些学生可能反对这门课，因为实证主义完全与时代格格不入。

对于内尔布克来说，毫无疑问是实证主义教授石里克在背后捅刀子，他的朋友加布里埃尔也证实了他的怀疑，是石里克在捣鬼，以确保他的老朋友魏斯曼能得到这份工作。

又是石里克！当然，内尔布克毫不意外。石里克是这一切的幕后黑手。石里克秘密打探他的一举一动。这种可怕的行为必须被制止！

一年多以前，内尔布克再次获得了一把左轮手枪和一些子弹。不过过了一阵子，他放弃了他的计划，把所有的子弹都丢入了多瑙河。但是现在他要重拾原来的计划，所以他去买了10颗崭新的子弹。他抽了很多烟，那天晚上，一整夜，女房东都能听到他在小房间里来回踱步。

石里克1936年夏季学期的最后一次课安排在6月22日。内尔布克在清晨下定决心，今天杀死石里克并随后自杀。他把左轮手枪放进夹克口袋，早上8点左右离开公寓。房东问他中午是否回来。"不"，内尔布克回答。

这位来自克兰德林的年轻哲学家来到维也纳大学区域，在名为律师阶梯的地方等着。石里克会走相反的路线，往哲学家阶梯方向走。内尔布克坐在旁边的长凳上，取下了保险栓。

　　石里克乘坐D线电车。他的一个女学生在同一站上了车。两人交谈了几句。天气很好。当他们进入大学大楼时，那个学生为了到教室里占座，往前跑了。

　　内尔布克在哲学家阶梯上追上了石里克，开了4枪。其中3枪是致命的。然后，凶手没有把枪对准自己，而是平静地等待被捕。当警察把他带走时，他似乎毫无感情。后来，他说他已经完全忘记了自杀的计划。

图11.3　哲学家阶梯谋杀案

　　枪击案的消息像野火一样在大楼里传开。先是说"纳粹干的！"，然后又在传"不，是内尔布克！"。开枪前凶手喊道："受死吧，你这个可怜的杂种！"不，不，根本不是这样的！他边开枪边喊："你这个好色的害虫！"说什么的都有。

　　当内尔布克受审讯时，他声称对自己的行为负全部责任。他确信，只要他还活着，石里克就会一直迫害他。现在这件事已经结束了，他，约翰·内尔布克，什么也不在乎了。

　　奥地利正好处于紧急状态，因此，内尔布克很可能立即被处决，但人们怀疑凶手是否对他的行为负有全部责任。因此，有必要举行一场严肃的审判，而且是在普通法庭。在审讯期间，人们发现石里克与内尔布克申请人民之家职位未果毫无关系。

　　加布里埃尔被传唤作证，但没有出庭。他声称，在审判期间，他不得不待在因斯布鲁克。因此，无法得知他在这件致命事件中扮演的角色。根据共识，与学生西尔维娅·博罗维卡的关系在审判中也被淡化。在法庭上，内尔布克强调他采取行动是出于哲学而不是个人原因。他说："对我来说，石里克的行为表明他所谓的科学世界观完全没有是非观念。"

　　法官结论如下：在内尔布克看来，石里克"剥夺了他的爱，他的信条，他的谋生途径"。然而，从法律的角度看，内尔布克负有完全责任。他被判谋杀罪和非法持枪罪，被判处10年徒刑。

　　18个月后，他重获自由。

为了"美好未来"的基督教教授

这一案件本身和随后的审判都在新闻界产生了巨大反响。并不是每天都有一个哲学家向另一个哲学家开枪。罪案年鉴幸灾乐祸地说，"这个案件的悲哀之处"在于"哲学本质的冲突有可能成为谋杀动机"。

内尔布克被形容为"一个拥有真正哲学体格的人，几乎没有肌肉，身形瘦弱"，薄薄的嘴唇，脸上唯一的性格特征来自他那厚厚的"哲学家眼镜"。显然，那些研究哲学的人在公众心目中的形象很差，至少当时是这样。

第一波骚动尚未平息，人们就开始表达对罪犯的同情，还有对受害者人格的刻薄攻击，以及一些尖锐的反犹言论。这引起了半官方的回应，他们的意图比嘲讽要好一些，但同样令人沮丧。有人指出，石里克是雅利安人后裔，他从未背叛过基督新教，而且他雇用了两名犹太女助手的传闻纯属捕风捉影 —— 他只雇用过一名犹太图书管理员，而且时间不长。

还是有一些感人的讣告。年轻作家希尔德·斯皮尔曾跟随石里克学习，并在卡尔·布勒的指导下完成了博士论文"电影的代表性作用"，她在《新自由报》上写道："很少有学者像莫里茨·石里克那样，成为学生优秀的楷模……人人都受益于他清晰的思想和纯洁的道德情操。"[427]

不过，奥地利法西斯主义者最著名的杂志《美好未来》的一篇主要文章并不认同这种温暖的观点。文章标题是"自我反省的告诫"，署名是匿名的"奥地利古斯教授"。文中以极大的同情描述了孤独而年轻的内尔布克博士和"维也纳犹太人圈子的偶像"石里克之间发生的深刻"世界观冲突"。奥地利古斯教授强调了这个案件"真正可怕的一面"——也就是说，内尔布克博士并非天生精神变态，而只是"在石里克博士宣扬的哲学的彻底毁灭性影响下"成了精神变态。

匿名的作者悲愤地哀叹道，在石里克的领导下，所谓的维也纳小组进行了大量活动，"损害了奥地利作为基督教国家的声誉"。即使在附属的马赫协会解散后，它的教义"尽管因为腐蚀了人民和文化而被禁止"，却仍然在奥地利最重要的大学里公开讲授。谁知道有多少学生的无辜灵魂被石里克的教导永远腐蚀呢？

作者还声称，每当石里克在课堂上宣扬他的虚无主义哲学时，可怜的内尔布克就会非常沮丧。人们不难想象，当年轻的学生听到高高的讲坛上在诋毁他们迄今为止所珍视的一切时，他们心中的愤懑之情。

文章以虔诚的呼吁结束："从今以后，基督教德意志奥地利共和国的维也纳大学哲学教席必须由基督教哲学家担任！希望在维也纳大学发生的可怕谋杀案将加速使犹太人问题得到圆满和彻底的解决。"[428] 奥地利古斯教授期待着美好的未来。

正如菲利普·弗兰克写给爱因斯坦的信中所说，这个结论似乎很奇怪，因为石里克和内尔布克都不是犹太人。"但是狗改不了吃屎。"[429] 事实上，不久后，某位弗朗茨·西弗林在《美好未来》上撰文称，从来没有人说石里克是犹太人。"我们只是说他是犹太人的朋友，而且不知何故，他甚至成了维也纳犹太人圈子的偶像。"[430]

像往常一样，《帝国邮报》通过这起悲剧事件总结了明显的政治教训："石里克的哲学对新奥地利精神无任何助益。"每个有责任感的人都应该知道哪里需要立即采取行动。"科学的庇护所必须向新奥地利敞开大门。"

教育部长汉斯·佩特勒非常清楚这个重要的信息。他写道，绝不能因为需要"科学自由"就否定真理或讲授错误观点。他补充说，他有信心，并将继续保持这种信心。"虽然对唯物主义和自由主义的彻底摒弃还没有产生剧烈变化，这一事实并不能动摇我们对最后胜利的信心。"这一切听起来很合乎逻辑。

在《林茨民报》上，一个叫伯恩哈德·博克的人谴责了石里克可疑的行为："整整14年，年轻、稚嫩的人类花朵被迫饮用实证主义的毒药，还欺骗他们这是生命之水。效果肯定很糟糕。"强健的灵魂只会呕吐，博克说。但是，"毕竟还有需要精心呵护的头脑，来自人民的脆弱瓷器，奥地利土地上的爱国儿童，渴望美丽和高贵的人。把实证主义灌输给这些思想毫无准备的人，就像往他们喉咙里灌氯或硝酸一样"。[431]

到月球距离的一半

维也纳小组的其他成员非常清楚他们的处境已变得多么危险。公众对石里克被谋杀的反应足以证明这一点。虽然他们仍偶尔见面，例如在魏斯曼或埃德加·齐尔塞尔的公寓里，但这只是收尾行动。实际上，维也纳小组曾经的辉煌日子已经一去不复返了。

考虑到奥地利恶劣的政治气候，门格尔决定携家人移居美国。1936年，他被选为赫尔辛基国际数学大会副主席，他利用这个机会尝试寻找国外的职位。1937年，他接受了印第安纳州圣母大学的职位，正如他在给维也纳的朋友们的信中所说，"远离生产精神和身体毒气的中心"[432]。

起初，门格尔只是从维也纳大学请假。虽然远在国外，他仍然努力让自己的维也纳数学研讨会保持活力。1937年的最后一天，他写信给留在维也纳的前学生弗朗茨·阿尔特：

> 对于我如此珍视的维也纳数学家圈子，我能做的很少，我感到非常难过。我希望你们能经常聚会，尤其是应该确保哥德尔参加研讨会。这不仅对所有其他参与者，而且对哥德尔自己，都有极大的好处，虽然他可能没有意识到这一点。如果他不能经常和你以及他在维也纳的其他朋友说话，天知道他会陷入怎样的困境。如果有必要，按我说的做，要主动点。[433]

但是阿尔特对哥德尔几乎无能为力，数学研讨会分崩离析，就像维也纳小组已经经历的那样。

在德奥合并之前，除了门格尔，波普尔和魏斯曼也都设法离开了奥地利。在犹太人看来，形势越来越没有希望了。奥地利官方反对反犹主义，但无法阻止其浪潮。

虽然波普尔的《科学发现的逻辑》吸引了相当多的关注，他却不能指望在奥地利找到任何学术职位。甚至教师资格似乎都遥不可及。因此，他只能像他的妻子亨妮一样，在维也纳的一所中学当老师。

在波普尔看来，奥地利的政治前景注定灰暗。由于意大利悲惨的阿比西尼亚战役，墨索里尼在政治上变得孤立。墨索里尼唯一的选择就是靠近纳粹德国。因此，他无法继续作为奥地利的保护者来对抗希特勒。奥地利政府失去了最后的外部支持。

7 月政变两年后，作为 1936 年 7 月条约的一部分，奥地利总理库尔特·许士尼格向希特勒承诺将在内阁中吸收纳粹党的同情者。作为回报，希特勒取消了"千马克封锁"。于是，边境又向德国游客和报刊开放了。他们大多有关于第三帝国生活的好东西可以传播。越来越多的奥地利人羡慕他们的德国邻居。重新属于一个大国当然是件好事——尽管对犹太人来说，情况当然会变得更糟。

卡尔纳普在给波普尔的信中写道，他明白"你脚下的土地正在燃烧"[434]。早在 1935 年，波普尔就请求休假，以便到英国寻找机会。波普尔的英语不怎么好，但这种情况很快就会改变。他抓住一切可能的机会发表演讲，这些演讲都是由不断扩大的关系网安排的。除了卡尔纳普和卡尔·布勒，还有许多现在生活在英国的维也纳人，例如，艺术历史学家恩斯特·贡布立奇，他刚刚到达那里；物理学家薛定谔，他希望回奥地利；经济学家哈耶克，当时已经在伦敦建立了良好声誉。波普尔还结识了阿尔弗雷德·艾耶尔、乔治·摩尔、罗素和玻尔，爱因斯坦也为他写了推荐信。

然而，对波普尔最有效的帮助来自维也纳小组的一位老成员，费利克斯·考夫曼。考夫曼曾在维也纳学习法律和哲学，加入了聚集在汉斯·凯尔森周围的法律实证主义者团体，与哈耶克和冯·米塞斯周围的经济学家圈子也经常来往。考夫曼并不是维也纳小组的核心人物，但对于加入了这么多圈子的人来说，这是可以理解的。他写过关于无穷的概念的书，还写了一本名为《社会科学方法论》的书。

依靠盎格鲁伊朗石油公司的资源，费利克斯·考夫曼在英国有很好的人脉。现在他利用人脉为波普尔在剑桥大学谋取了津贴。这个津贴是特意为奥地利人设立的，尤其那些需要帮助的奥地利人。严格意义上说，波普尔并不"需要帮助"。毕竟，奥地利政府（至少在理论上）并没有执行反犹政策；此外，波普尔甚至在他的高中拥有终身职位。这个情况相当特殊，尤其是考虑到奥地利的失业率居高不下。但是波普尔毅然决定辞职，因此放弃了可靠的稳定收入。现在他可以宣称自己真的需要帮助，即使在严格意义上也是如此。虽然是一个鲁莽的举动，但这个方法奏效了，他得到了津贴。

此后不久，在1936年的平安夜，波普尔又通过费利克斯·考夫曼的关系收到了另一份邀请。这次是新西兰基督城坎特伯雷学院的一个职位。从地理位置上讲，基督城与维也纳的距离是最远的（波普尔笑言，"到月球距离的一半"[435]），但尽管如此，它还是提供了一份真正的和稳定的工作。因此，这位敢于冒险的年轻哲学家接受了这个邀请。

这样剑桥的津贴就给了魏斯曼。教育部取消了他的助理图书管理员职位，他在成人教育学院的课程也被暂停，毫无疑问，这是一个急需帮助的人。现在，突然之间，他可以去剑桥了 —— 剑桥，他的偶像维特根斯坦生活的那个美丽的宁静与理智的天堂。

然而，维特根斯坦的三一学院津贴在 1936 年的那个时候结束了。有一段时间，这位前富豪继承人计划到苏联定居。喀山大学甚至为他提供了一个哲学讲席。然而，在访问苏联一段时间后，维特根斯坦放弃了这个计划。"可以住在这里，但前提是要时刻牢记言论自由是不可能的。"[436]他在苏联时这样写道。

一个人什么可以说，什么又必须保持沉默，这是由斯大林决定的。维特根斯坦觉得，这肯定不是什么好事 —— 至少对他来说不是。因此，他继续往返于维也纳和剑桥，偶尔去挪威的峡湾看看，他的简陋小屋仍然矗立在那里。乔治·摩尔退休后不久，维特根斯坦被任命接替他的职位。

四分之一个世纪前，乔治·摩尔记录了维特根斯坦关于逻辑的思想。那是在第一次世界大战前一年。现在第二次世界大战即将来临。

第 12 章
环绕地球

> 维也纳，1938 — 1945：希特勒统治维也纳。杀害石里克的凶手获释。种族清洗。哥德尔结婚，失去签证，在希尔伯特第一问题上取得突破。倒霉的逻辑学家被认为适合入伍，途径西伯利亚前往美国。不再旅行，但声称时间旅行是可行的。在荷兰，奥图和玛丽跳上被劫持的救生艇，避开水雷，被驱逐舰救起。在英国关押的奥图就网球场的耐用度发表长篇演讲。从马恩岛到万灵学院。在牛津，"幸福美满的男人"突然离世。

巫妖狂欢日

1938年3月，奥地利总理库尔特·许士尼格决定举行全民公决。人民到底想不想要一个自由独立的奥地利？希特勒不准备等他们的答案。他命令他的军队开进奥地利。入侵非常顺利。反抗似乎毫无意义。事实上，精神错乱的人群热烈欢迎德军的到来。那些不欢呼的人不会出现在新闻中。

德国剧作家卡尔·祖克迈尔（1896 — 1977）将德奥合并描述为

"真正暴徒的巫妖狂欢日"。和许多人一样,他在1933年离开纳粹德国到奥地利寻求庇护。现在,他不得不再次收拾行李:"那天晚上,地狱泛滥。地下世界打开了大门,放出了最下等、最肮脏、最可怕的恶魔。这座城市变成了希罗尼穆斯·波希式的噩梦画作;幽灵和魔鬼似乎从下水道和沼泽中爬出。空气中充斥着此起彼伏的尖叫,可怕、尖锐、歇斯底里的哭声从男男女女的喉咙里传出来,他们日夜不停地尖叫。人们的面孔消失了,取而代之的是扭曲的面具:一些是恐惧,一些是狡猾,一些是狂暴,充满仇恨的胜利。"[437]

卡尔·施莱辛格在希特勒进入维也纳的那天自杀了。他是维也纳银行家,曾向数学研讨会介绍经济学家莱昂·瓦尔拉斯的思想,从而启发亚伯拉罕·瓦尔德发展了他的均衡理论。施莱辛格只是诸多自杀者之一。报纸被禁止报道这个令人沮丧的话题。

在印第安纳圣母大学的门格尔写信给维也纳大学:"今天发电报:放弃维也纳教授职位,接受国外职位。信件如下。我在此书面确认,我已经接受国外的职位,并辞去我在维也纳的教授职位。卡尔·门格尔。"[438]

德奥合并(或称"吞并")后,一场无情的公职人员"净化"运动立即展开。在维也纳哲学系,45名正教授中有14名,22名副教授中有11名,32名名誉教授中有13名,159名讲师中有56名被登记为所谓的"离职"。在医学院,损失更为惨重。从来没有出现过如此严重的人才流失。奥地利,或者现在所谓的"奥斯马克",正在切除自己的头脑。

《重建专业公务员服务法》为"退休"提供了法律杠杆。公职人员被要求向希特勒宣誓效忠。当然，这种神圣的行为和它的各种特权只有雅利安人能享有。其他人只能自己照顾自己。

图12.1　希特勒在大学门前和校内行礼

在新任校长库尔特·诺尔的就职演说中，他批评了许多教授以前对国家社会主义的冷漠态度。不祥的是，他补充道："现在一切都变了。在元首莅临维也纳期间，教授们所经历的实质教训不会没有后果。"[439]

其中一位感受到这种后果的教授是精神病诊所负责人奥图·帕尔茨。虽然不是犹太人，但帕尔茨长期以来一直是弗洛伊德精神分析学会的成员。因此，他显然是犹太人的朋友。至于已经80多岁的弗洛伊德本人，当然不得不收拾行李。他去了伦敦。帕尔茨则是在国家社会主义讲师联盟领导人的建议下丢了工作。

但是帕尔茨不想把他的诊所和毕生成果交给一个只会拍马屁的无能纳粹，因此他申请了党员资格。如此多的奥地利人在同一时期采取同样行动，以至于纳粹党不得不宣布暂停接收。但是帕尔茨的策略成功了。几个星期后，他的诊所负责人职务恢复了。当然他知道，国家社会主义讲师联盟的领导人会密切关注他。没有什么能逃过新统治者的眼睛。

现在，每当教师进入或离开教室时，学生们都必须明智地站起来，向教师致敬，发出响亮的"希特勒万岁！"然而，这种"德国式问候"有时并不能让人满意。1938年5月，纳粹学生会领导人感到有必要发出一份通知，要求学生团体"以尖锐和团结的方式"行动，抵制"希特勒万岁"的任何松懈迹象[440]。

从1938年夏季学期开始，犹太学生和女学生的数量都受到了限制。这所大学招收的所有新生都必须"根据他们最好的知识和良心"确认他们不是犹太人。仅存的几个犹太学生被禁止使用大学图书馆。大学对他们保持密切关注。校方自愿向盖世太保提交了他们所有人的姓名和地址。盖世太保指的是秘密国家警察。

1938年11月9日至10日发生了臭名昭著的"水晶之夜"惨案，在此之后的冬季学期，犹太学生被彻底禁止进入大学。卫生部解释说，采取这一措施是为了"避免不适"。从此以后，这所大学可以夸耀它现在彻底"清除了犹太人"。那些还有书要还给图书馆的犹太人不得不把书放在主楼前的台阶上。

讣告

维也纳数学家沃尔特·鲁丁在17岁高中时经历了德奥合并，他后来写道:"在一方面,我们比德国犹太人更幸运。德国的政府是逐渐收紧管制,在最初的几年,人们希望一切都会过去,希望能重组政府,希望一切能恢复正常。结果,许多德国犹太人拖延到失去机会。然而,在奥地利,几天之内事情就变得非常清楚,唯一的选择就是离开。" [441]

剧作家祖克迈尔在他的回忆录《我自己的一部分》中写道:"在维也纳发动的袭击与德国夺取政权毫无关系,夺取政权是在合法性的幌子下进行的,遭到了部分民众的疏远、怀疑和毫无戒心的民族主义唯心主义的反击。在维也纳爆发的是一股嫉妒、痛苦和盲目、恶性的复仇欲望的洪流。所有更好的本能都被压制了。"

在德奥合并后的几个月,随着骚扰迅速升级,维也纳小组仅存的几个成员成功逃脱了。其中有罗丝·兰德、古斯塔夫·伯格曼和埃德加·齐尔塞尔。不久前刚通过所有考试的兰德仓促获得了所谓的非雅利安人提升博士学位。与此同时,她被禁止在德意志从事任何专业工作。为了移民英国,兰德博士不得不证明她上过烹饪课。她的论文"精神病患者心中的'现实'和'非现实'概念"已经被接受出版,然后又突然被拒绝。刚到英国的罗丝·兰德在条件糟糕的圣奥尔本智力障碍儿童医院找了一份助理护士的工作。

卡尔纳普很久以前就从布拉格移居美国,现在菲利普·弗兰克也跟着移居了美国。维也纳数学研讨会的一些成员,如亚伯拉罕·瓦尔德和弗朗茨·阿尔特,也在大屠杀开始前及时逃脱。

国际舆论对希特勒的吞并感到愤怒。但是，除了墨西哥以外，世界上没有一个国家的政府对此提出抗议。这就是为什么今天在维也纳有一个墨西哥广场。

里奥·佩鲁茨未完成的小说《维也纳的五月夜晚》中的一位主人公哀叹道："外国媒体对维也纳的报道听起来就像是某位著名影星的讣告，全世界都很欣赏她的艺术成就。现在命运把她带走了，但厉害的电影制片人没了她也能行。"

图12.2　卡尔纳普告别欧洲

几十年后因反人类罪被处决的阿道夫·艾希曼此时刚刚开始在维也纳成立犹太移民中心机构，很快名声大噪，并成为整个德意志帝国的典范。更具讽刺意味的是，它坐落在奢华的罗斯柴尔德宫，由苛刻的帝国税收机构资助，对所有逃离德意志帝国的人征税到骨头里。排队等候移民许可证的人越来越长。

对内尔布克的赦免

对于内尔布克来说，德奥合并也带来了处境的变化。他最初在多瑙河畔的施泰因监狱服刑了大约一年时间。然而，某个叫索特尔的教授觉得，现在是时候释放杀害石里克的凶手了。人们对索特尔知之甚少，只知道他可能就是"奥地利古斯教授"，他撰写了那篇臭名昭著的文章，指责石里克精神失常。索特尔请求司法部长赦免内尔布克，他的理由大致如下。

这次谋杀是面对政治困境采取的绝望行动。众所周知，声名狼藉的石里克一直是"哲学系犹太人的代表"，也是祖国阵线的早期成员（现在已是高度污名化的运动）。相比之下，正直的内尔布克总是"受到民族情绪和直言不讳的反犹主义的强烈驱使"。[442]内尔布克不可能在审判中说出他的真实动机。事实上，这种信念在体制时代期间是不被接受的（这个新的称谓特指以前的"公司国家"在奥地利统治的五年时间）。

索特尔教授的理由说服了新当局，结果内尔布克于1938年11月被释放。他还找到了人生中第一份固定工作：在矿产石油管理局的地质部门工作。

几年后，假释期尚未结束，内尔布克就要求将他的名字从刑事记录中删除，以便"彻底回到人民的怀抱"。他写道，他有资格为自己"为纳粹做出的贡献感到骄傲，因为他把一位教授犹太教义的老师清除了，而这些教义对于人民来说是有害和陌生的"。他认为，既然纳粹的世界观已经占了上风，那么让殉道者继续为纳粹事业而受苦是不合时宜的。

维也纳当局支持内尔布克的请求，但元首的私人秘书处认为这样的措施为时过早。不出所料，该州首席检察官也同意这一观点：他坚持认为"这仍然是事实"，即内尔布克的行动"主要是出于个人动机"，而不是为了让人民摆脱"社会蛀虫"的蛊惑。此外，赦免那些认为有权擅自清除他们不喜欢的任何人的个人，似乎"对法律秩序不无危险"。因此，内尔布克的名字暂时还保留在刑事记录里。

舞者和她的雨伞

哥德尔没有受到种族迫害，也不用担心盖世太保。他表达政治观点向来很谨慎。哥德尔在德奥合并后失去了讲课的权利，但这是一项普遍措施：第三帝国取消了私人讲师的称号。这件事让哥德尔很不高兴，但也免去了他不得不向元首宣誓效忠的尴尬。

1938年的一个星期六晚上，离德军进入维也纳还有几个星期，哥德尔在埃德加·齐尔塞尔的公寓给石里克小组仅存的几个成员做了一次演讲。这可能是这个小团体最后一次聚会了[443]。哥德尔关于一致性的高度专业的演讲只有数学家可以理解，而听众中并没有数学家。此后哥德尔在维也纳再也没有任何科学交往。

但哥德尔并不是完全孤独的。1929年，也就是获得博士学位的那一年，他遇到了阿黛尔·尼姆布尔斯基（1899—1981）并坠入爱河。她曾经在夜总会当舞蹈演员（主要是夜莺夜总会），离过婚，比库尔特大几岁。她的父亲是一名摄影师。阿黛尔和她的父母住在一起，在他们的公寓里做按摩师或理疗师。"她的类型：维也纳洗衣女工"，摩根斯特恩后来在日记中这样描述哥德尔的爱人[444]。"话多，没受过教育，很果断——可能救了他的命。"杰出的奥地利逻辑学家乔治·克莱瑟尔回忆说，阿黛尔有"真正的审美天赋"。总的来说，她似乎是个聪明人，虽然对数学一点也不懂。

许多年来，即使是库尔特最亲密的同事对他的恋情也一无所知。他的母亲和哥哥都知道这件事，但是他们都冷冰冰地反对库尔特和一个在他们看来完全不适合他的女人结婚。但是阿黛尔把他照顾得很好。20世纪30年代，在他访问普林斯顿期间，她忠实地在维也纳等待她心爱的难以理解的天才回归。她并不总是要等很长时间。有一次，精神崩溃迫使哥德尔缩短了在美国的逗留时间。还有一次，他甚至没能登上开往美国的轮船。当他不得不去疗养院时，阿黛尔会小心地去看望他。

然而，库尔特越来越被可怕的、无法控制的中毒恐惧困扰。当这种"状态"特别强烈时，他只吃阿黛尔亲自准备的食物，即使是这样

图12.3　阿黛尔·尼姆布尔斯基成为哥德尔的终身伴侣

也要她尝第一口，当着他的面，用他的盘子和勺子[445]。

德奥合并后，阿黛尔以坚定的意志保护她崇拜的库尔特。一天晚上，当他们在维也纳的街道上散步时，几个年轻的纳粹暴徒走到他们面前，大声咒骂，然后把哥德尔的眼镜从脸上推到地上，因为他们认为他是犹太人。阿黛尔立即抓起她的伞猛烈反击，把他们赶走了。

在那些黑暗的日子里，攻击犹太人不需要任何理由。事实上，一个经常讲的笑话是这样说的："你听说了吗？希特勒正在杀骑车的和犹太人。""为什么杀骑车的？""为什么犹太人？"

无论如何，在交往了近10年后，库尔特和阿黛尔交换誓言的时机似乎已经成熟——尽管哥德尔的妈妈一直希望她亲爱的儿子找到更般配的另一半。她还是让步了。哥德尔本人非常高兴地让阿黛尔负责所有准备工作。他们的新公寓位于市郊一幢体面的房子里，属于最好的社区，离著名的格林琴葡萄园只有几步之遥。

婚礼于1938年9月举行。2周后，哥德尔再次前往普林斯顿，在研究院再访问一个学期。幸运的是，他的文件没有问题：多年来，他一直持有允许他多次进入美国的签证。尽管欧洲政局紧张，但他仍然保持乐观和自信。这是签订慕尼黑条约的时期。战争再次幸免。哥德尔的普林斯顿之旅顺利完成。期间阿黛尔留在维也纳。计划是下一次她将和他一起去。

更大和更小的无穷

这一次，哥德尔给大洋彼岸带来了轰动性的新结果。自从上次来到普林斯顿，他已经从逻辑学转向集合论。对于那些研究数学基础的人来说，集合论常常被视为其他所有数学分支的基础，比如几何学或分析学，因此集合论具有很重的哲学分量。

自从20世纪初发现罗素悖论以来，集合论发生了很大变化。人们变得极其谨慎。包含自身的集合是不被允许的。"所有思想的集合"或"所有集合的集合"不再被认为是数学实体。新公理对定义集合有严格的规则。

所谓的**选择公理**就是这样一条规则。给定一组非空集合，允许从每个集合中选择一个元素，从而形成一个新集合。这种方法总是可行的，这一点并不像乍看上去那样明显，使用它可以得到一些看起来非常奇怪的结果，比如1924年发表的著名的巴拿赫−塔斯基定理，该定理说，你可以把一个球体拆分成5个部分，然后重新组装成两个球体，其大小与原来的球体完全相同。"部分"不是可以用刀切割的常规部分，甚至根本不是物理意义上的部分，而是根据选择公理构想的超越现实的球体奇怪子集。这种类似悖论的结果使得选择公理对于一些逻辑学家来说非常可疑，尽管其他人觉得它看起来非常自然。

　　第一个提出这一公理的人是恩斯特·策梅洛，他是希尔伯特的学生，曾是玻尔兹曼的眼中钉，还曾与汉斯·哈恩合作。现在，哥德尔成功证明了，从策梅洛的公理尽管会得出奇怪的结果，但它与集合论的其他公理是相容的。把它加到其他公理中不会引起任何矛盾。哥德尔对这一结果的证明被懂行的人认为是惊人的杰作。

　　更值得注意的是哥德尔关于康托尔**连续统假说**的发现。数学家对于无穷一直有一种很深的矛盾心理，乔治·康托尔（1845—1918）是第一个超越这种心理的人。面对挑战，康托尔敢于直视无穷。令他惊讶的是，当他凝视这个禁区时，他发现存在一个有各种大小的无穷的广阔宇宙。没有人曾经想象过这样的事情。

　　所有自然数1，2，3，……的集合N构成了最小的无穷大。你可能会认为，所有偶数2，4，6，……的集合E只有N的一半大，因为它显然是N的子集，但违反直觉的是，E被证明不小于N——或者更准确地说，"不小于N的无穷大"。事实上，N中的每个自然数都可以和它在E中的倍数一一对应——1映射到2；7映射到14；300映射到600；以此类推，直到无穷。通过这种方式，我们可以看到N中的每个元素在"更小"的集合E中都有一个元素与之对应，反之亦然。因此，这两个无穷集E和N被认为具有相同的大小，即使前者是后者的子集。也就是说，"大于"和"小于"的概念并不像适用于有穷大小那样适用于无穷。

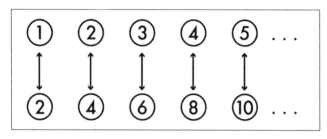

图12.4　每个数在较小的集合中都有一个数与之对应

与E相比，所有**有理数**的集合Q——即7/2或1/13这类分数——似乎大于N。事实上，人们倾向于猜测Q比N"大得多"，N是所有自然数的集合：毕竟，在任意两个相邻的自然数之间，例如3和4，有无穷多个有理数。（任意两个给定的有理数甚至还有无穷多个有理数！）但是康托尔证明了，尽管数量庞大，我们还是可以逐项列出所有有理数，这意味着我们可以在Q的元素和N的元素之间建立一对一映射，就像上面N和E那样。用集合论的术语来说，这表明集合Q是**可列的**。因此，令人惊讶的是，所有自然数的集合N和所有有理数的集合Q具有相同的大小。那么，**所有的**无穷集合都是可列的吗？

通过一个非常巧妙的证明，康托尔证明事实并非如此，这个证明预示了几十年后哥德尔关于不完备性的奇妙证明。事实上，他证明了由实数线（所谓的**连续统**）上所有点组成的集合R是**不可列的**。也就是说，连续统R的大小比自然数集N和有理数集Q要大。得到第一个惊人的结果之后，康托尔又证明了无穷大不是仅仅只有**两种**不同的"大小"，而是有**无穷多种**，他还证明了关于这些新"数"的许多定理。

　　尽管康托尔的想象力丰富得惊人，他还是留下了一个关于无穷集的大问题没有得到解答：大于 N 的"最小"无穷大是多少？换句话说，在所有不可列的无穷大中，哪一个最小？康托尔猜测，就是 R，连续统，但他无法证明他的猜测。这就是著名的康托尔**连续统假说**：除了第一个无穷大（N）之外，最小的无穷大就是连续统。

　　希尔伯特1900年列出的著名清单中的第一个问题就是这个问题。1938年，哥德尔成功解决了希尔伯特问题的一半：他证明了连续统假说与集合论的其他公理是相容的；也就是说，它与集合论的其他公理不矛盾。但这并不意味着它必然成立。哥德尔的证明极为复杂，难度远超他在1931年给出的著名的不完备性定理的证明。但正如不完备性定理一样，哥德尔这个新的结果再次开辟了全新的数学领域。

　　此后，人们开始猜测连续统假说的否命题是否也与集合论的其他公理相容。换句话说，基于集合论的其他公理，连续统假说是不可判定的。多年来，哥德尔试图证明这一点，但他没有成功。1963年，美国青年数学家保罗·科恩（1934—2007）终于给出了一个证明。

　　根据科恩和哥德尔的结果，大多数数学家认为，集合论与几何学的情况完全类似。也就是说，正如欧几里得的平行公理独立于几何学的其他公理，康托尔的连续统假说公理也独立于集合论的其他公理。我们可以研究欧氏几何（接受平行公理），也可以研究非欧几何（接受其否），类似地我们可以研究"康托尔式"集合论（接受连续统假设），也可以研究"非康托尔式"集合论（接受其否）。你可以自由决定走哪条路。这种对不同可能的集合论的看法与卡尔纳普的宽容原则非常契合！

然而，哥德尔本人却有不同看法。他不相信有不同的集合论。尽管他很认同存在不同的几何学，每种几何学都是完全自洽的，没有一种是"真理"，但他相信只有**一种**集合论——**真正的**那种。在内心深处，哥德尔认为集合论的"正确"公理还没有被发现。这意味着在思维的某处，存在着"真正的"数学。换句话说，我们人类并不是**发明**数学真理：我们是**发现**它，就像哥伦布发现新大陆，或者物理学家发现原子的存在。

只有纯粹的柏拉图主义者才会持有这样的观点；在卡尔纳普、维特根斯坦、哈恩和门格尔等思想家的眼中，柏拉图主义似乎早已过时并彻底名誉扫地。但哥德尔不这么认为。多年来，他一直致力于从柏拉图的角度来看待数学问题，尽管他几乎从不谈论这个问题——就像他对自己与阿黛尔的关系保持沉默一样。他从未放弃过这种数学观点。

1939年，哥德尔参加了美国数学学会年会，在会上做了一场关于连续统假说的演讲。因此，他被邀请在1940年举行的下一届国际数学家大会上做大会报告。这些极具声望的会议相当于奥运会。然而，人们很快看到目前的政治局势不仅阻碍了数学家大会，也阻碍了奥运会。

1939年3月，在哥德尔停留美国期间，希特勒的军队入侵了布拉格，公然践踏慕尼黑条约。现在即使是最天真的观察家也能清楚地看到战争即将来临。

在普林斯顿高等研究院的客座学期结束后，哥德尔和他的朋友门格尔在圣母大学度过了几个月。然而，尽管门格尔迫切恳求，他还是回到了维也纳。他打算秋天带妻子一起返回普林斯顿。1939年6月14日，他在纽约登上了不莱梅号。他丝毫没意识到自己已经开始了一段最终将环绕地球的旅程。

"咖啡很难喝"

当哥德尔1939年夏天回到维也纳时，他被卷入了官僚主义旋涡。首先，他的奥地利护照作废了；毕竟，奥地利已经不存在了！甚至连奥地利这个名字也不受待见。作为德国公民，哥德尔获得了一本全新的护照，但不再有美国的多次入境签证，因为签证和旧护照一起失效了。美国领事馆负担过重，无法将签证转移到新的旅行证件上。因此，哥德尔不得不和其他成千上万的人一起排队等待进入美国的许可。

诚实的逻辑学家不能要求特殊待遇，因为他没有受到政治迫害。他也不能申请享有特权的"教授签证"，因为该签证的要求之一是申请人必须在过去两年里上过课。哥德尔不符合条件。

此外，他的教师资格已被暂时中止。为了弥补这一损失，他被建议申请"新秩序讲师"的身份,这是纳粹政府刚推出的,获得这一身份的可能性极大。

哥德尔在大学里不再有任何支持者。维也纳人对他的伟大成就一无所知。他的研究高度抽象和形式化,似乎与当前的热门"德国数学"背道而驰。当然,没人能解释清楚德国数学到底是什么,但至少有一件事似乎是非常清楚的:炮弹弹道学可以,公理逻辑不行。就连希尔伯特也得靠边站。希尔伯特当时正与瑞士数学家保罗·伯奈斯(1888—1977)合作完成两卷本的《数学原理》。当希尔伯特于1943年去世时,他的去世在美国比在德国引起了更多关注。

在1939年夏天疲惫的几个星期里,哥德尔与维也纳官僚机构之间的问题到了完全失控的地步。在给朋友门格尔的一封信中,他哀叹自己"没完没了的差事"。[446]繁文缛节达到了创纪录的高度。

里奥·佩鲁茨曾在小说中描述过那些希望离开德意志帝国的人所面临的困境:"以前闻所未闻的不起眼机构会突然出现,专横地宣布他们的要求,坚持要求得到满足,或者至少是得到关注和咨询。"[447]

库尔特和阿黛尔已被通知腾出格林琴的公寓,所以现在必须另找住所。外汇管理局也对哥德尔在美国赚的钱提出了各种刁难。

官方调查发现1938年秋季哥德尔出发前没有告知维也纳大学。教育部和大学开始就哥德尔的不明下落进行反复通信。他实际上已经回到维也纳,但似乎没有人注意到。此外,有官员抱怨哥德尔博士的雅利安血统证明尽管有 16 份文件，但没有他父母的结婚证明。哥德尔被要求尽快提供。此外，这位官员还暗示，可能还需要他祖父母的结婚证明。

纳粹讲师联盟的领导人报告说，哥德尔在科学界享有很高声誉，但他的老师汉斯·哈恩是犹太教授，不过"总的来说，体制时代的维也纳数学深受犹太人污染"。[448] 报告称，人们认为哥德尔本人不关心政治，"但不能指望他作为新德国的代表，能应付在美国遇到的困难政治局面"。

1939 年 9 月，战争爆发，哥德尔仍然困在维也纳。他被德军征召入伍。不知何故，军医体检认为这位 33 岁的羸弱知识分子"适合驻防任务"。他被征召只是时间问题。情况似乎没有希望了。但是救世主突然神奇出现。在遥远的普林斯顿，哥德尔的崇拜者冯·诺依曼干预了这件事。他在给高等研究院院长的信中写道："哥德尔出类拔萃。"[449] 必须为他做点什么，否则就来不及了。在另一封信中写道："哥德尔绝对是不可替代的。他是唯一一位我敢这样论断的数学家。"[450]

在信的末尾，冯·诺依曼附上了对混乱局势的精准分析，并指出了该如何打破僵局。幸亏冯·诺依曼在最紧急的时刻思路清晰，国务院的官僚障碍被克服，1940 年 1 月初，哥德尔夫妇终于获得了他们渴望已久的美国签证。

由于 U 型潜艇的威胁无处不在，横渡大西洋已不可能。因此，哥德尔夫妇不得不绕很远的路，穿越西伯利亚和太平洋。考虑到当前的

政治形势，这绝非易事。事实上，这几乎是在走钢丝。当时波兰已经
被希特勒的德国和斯大林的苏联瓜分。（这两方势力很快将成为彼此
最大的敌人。）立陶宛尚且独立。日本已经占领中国东北，但还没有
与美国开战。考虑到所有这些因素，这条线路看起来……是可行的。
运气好的话。

　　西伯利亚铁路在辽阔的冻原和冰冷的冬夜往前延伸。当哥德尔
夫妇最终穿过苏联到达横滨时，已经错过了驶往美国的班轮。但最终，
比原计划晚了几个星期，他们抵达了旧金山港。"这是我见过的最美
丽的城市"，哥德尔给他的哥哥鲁道夫写信时松了一口气。幸福的前
景近在咫尺。离开维也纳46天后，库尔特和阿黛尔终于到达了普林
斯顿的安全港。

图12.5　摩根斯特恩（双手交叉）和哥德尔（手指交叉）

他的朋友摩根斯特恩在日记中写道："哥德尔从维也纳过来了。走的西伯利亚。这次是和夫人一起。当被问及维也纳时：'咖啡很难喝。'"[451]

德奥合并时，摩根斯特恩正好在美国。他得知自己的名字已被纳粹列入黑名单。不管是不是雅利安人，他在新掌权者那里很不受欢迎。事实上，奥地利最后一位财政部长发布的最终预算报告的很大一部分就是由摩根斯特恩执笔。作为维也纳商业周期研究所所长，他曾多次非常正确地强调奥地利作为一个自治实体的经济可行性。这种观点完全不符合纳粹的路线；事实上，表达这种观点都有可能招惹麻烦。显然，摩根斯特恩不打算像上届奥地利内阁的一半成员那样，进入达豪集中营。因此，他没有回欧洲，最终成功地在普林斯顿大学获得教授职位。

在维也纳，缓慢的官僚车轮在哥德尔离开后还在继续转动。一位部级官员还在反复谈论1938年哥德尔未经批准擅自休假的事情，并询问他返回奥地利的详细情况，"显然肯定得回来"——很少有人知道，哥德尔回国后已再次离开，而这一次是永远离开。

然后，讽刺的是，哥德尔在缺席的情况下被任命为新秩序讲师。根据法令，这项重大荣誉包括"元首的特殊保护"。这种状况难免让人印象深刻：希特勒刚刚占领巴黎。

哥德尔没有领他的博士文凭。直到今天，它仍在大学档案馆里等待着，连同签收条，一切都准备好了，等待哥德尔签字。有多年时间，纳粹当局一直在调查讲师哥德尔的下落以及他迟迟不领毕业证的原因。他哥哥鲁道夫的回答越来越生硬："已经报告过好几次了，我弟弟现在在美国。"[452]鲁道夫补充说，德国领事馆还警告他弟弟不要横渡大西洋。

1941年春，哥德尔被要求去德国驻纽约领事馆一趟。在那里，他被告知德国将尽快"遣返"他。有人说他在那里找不到有薪水的工作，而且他的身体也很虚弱，哥德尔对这种说法不以为然。然而，这件事很快变得毫无意义，1941年6月，希特勒的军队进攻苏联。因此没有任何办法把谁送回德国 —— 既不能走大西洋，也不能走西伯利亚。

半年后，希特勒向美国宣战。因此，哥德尔一夜之间在他的新家园变成了"敌国人"。甚至他和阿黛尔晚上在普林斯顿僻静的地段散步也会引起邻居怀疑。幸运的是，高等研究院能够减轻他们的恐惧。第二年，哥德尔被征召到美国陆军考试委员会，但是研究院坚定地再一次将他从危险中解救出来。

和哥德尔一起时间旅行

20世纪40年代，哥德尔和爱因斯坦成了密友，尽管他们的年龄相差很大。这份友谊是一段传奇般的佳话。

"为什么爱因斯坦喜欢和我说话？"哥德尔后来在一封信中写道，他推测其中的一个原因是"我的观点经常与他相左，而且我毫不隐瞒"。[453]

物理学家弗里曼·戴森说："哥德尔是我们同事中唯一一个与爱因斯坦并排走路和聊天的人。"戴森当时刚加入研究院，是 20 世纪最伟大的数学家之一。爱因斯坦的一位助手证实："在过去几年里，有一个人无疑是爱因斯坦最好的朋友，那就是伟大的逻辑学家哥德尔。他们的个性在各方面几乎都不一样…… 但他们有一个共同的基本特质：他们都直接聚焦于问题的核心。"[454]爱因斯坦自己喜欢开玩笑说："我去办公室只是为了有机会和哥德尔一起走路回家。"[455]也许这根本就不是玩笑。

这段被称为"柏拉图和苏格拉底之后最伟大的知识界友谊"，并不仅仅限于友谊，还带来了一项惊人的科学发现。《爱因斯坦 —— 哲学家和科学家》一书的编辑保罗·希尔普邀请哥德尔撰写一篇关于康德和相对论的哲学论文。

这个题目并不是原创。石里克和卡尔纳普等人就曾研究过。但是，哥德尔以他特有的彻底性，更深入地研究了这个问题。在此过程中，哥德尔发现了爱因斯坦的广义相对论方程的一种新解。

他的研究意味着，原则上，广义相对论允许宇宙旋转。这样的宇宙不是绕轴旋转，而是相对于每一个局部惯性系旋转。这意味着广义相对论不需要遵守爱因斯坦所谓的"马赫原理"，而他的理论正是受这个原理启发。这很让人惊讶。特别是，在这样一个世界里，与通常的宇宙学解相比，不会有绝对时间和全局同时性。但这并不是故事的结束。

事实上，哥德尔证明了在一个旋转的宇宙中，原则上可以穿越到过去。之前人们已经知道旅行到未来是可能的。物理学家已经习惯了这个想法。但是回到过去则更加矛盾，因为它破坏了因果关系。例如，时间旅行者可以遇到年轻时的自己，"并且对那个人做一些事情"，哥德尔用略带邪恶的语气写道[456]。而另一方面，哥德尔也指出，当时间旅行者抵达时，时间仍然朝着正常的方向流动，而不是向后流动。这当然是一种宽慰。

图12.6 爱因斯坦（深色背带）和哥德尔（白色外套）

爱因斯坦和大多数理论物理学家从哥德尔的矛盾结果得出结论，旅行到过去的可能会被一些尚未发现的物理原理排除。另一方面，哥德尔得出的结论是，我们对时间的概念深深地、从根本上被蒙蔽了。

那段时间罗素到普林斯顿拜访了爱因斯坦，在爱因斯坦家里，他遇到了哥德尔和泡利。好一个四人组！或者像泡利自己可能会说的，"都不傻！"罗素在自传中写道，这三位移民都有"德国人对形而上学的偏好"，尤其是哥德尔"坦承自己是十足的柏拉图主义者"。[457]

显然，哥德尔已不再认为有必要隐瞒自己的真实信念。

塑造中的现代人

1937 年，奥尔加·纽拉特成为维也纳小组第一个在流亡中去世的成员。尽管双目失明，她还是多次从海牙回到维也纳短期探访。和她的哥哥汉斯·哈恩一样，她在 55 岁时死于癌症手术的并发症。奥图·纽拉特因此再次成为鳏夫，不过令他宽慰的是，他忠实的缪斯，梅泽·瑞德迈斯特，仍然陪在他身边。

纽拉特的儿子保罗在德奥合并后被盖世太保逮捕，当时他正试图逃往捷克斯洛伐克。在达豪和布痕瓦尔德集中营关押一阵后，他成功地移民瑞典，后来又到了美国。在那里，这位 30 岁的律师再次成为学生，这次是学习社会学。保罗·纽拉特无法忘记自己在集中营的惨痛经历，《恐怖社会》一书成了他最著名的作品。

奥图·纽拉特流亡荷兰期间，在短短几年内成功发起了一场令人印象深刻的科学统一论运动。1921年爱因斯坦访问维也纳期间，他曾与爱因斯坦简短讨论过《科学统一论百科全书》的宏大计划。爱因斯坦认为这是一个好主意，但是没有跟进。

纽拉特计划的百科全书有26卷，每卷包含10本专著。它将以英语、德语和法语发行，涵盖自然科学、法律、医学和社会科学。虽然地基已经打好，但由于第二次世界大战，这个计划不得不暂时搁置。

每年都会举办一次科学统一论大会，每次都有数百人参会：1934年，在布拉格；1935年，在巴黎；1936年，在哥本哈根；1937年，再次在巴黎；1938年，在英国剑桥；1939年，在马萨诸塞州的剑桥。每次大会都是由纽拉特曼达纽姆的分支机构科学统一论研究所组织。罗素和玻尔等名人发表过主题演讲。

图表统计也取得了长足进展。由于维也纳法不再与维也纳有任何关系，玛丽·瑞德迈斯特采用了新的名字Isotype（表示国际排版图片教育体系）。纽拉特计划写一本关于它的书：《从象形文字到Isotype》。此外，他还将自己标志性的绘画风格——"一排排小人"与基础英语结合起来。基础英语取自英语中最基本的对话，只有850个单词。这种语言是英国哲学家查尔斯·奥格登为了促进国际交流而创造的，它比世界语更为成功（尽管这说明不了什么）。

奥格登在年轻时就把《逻辑哲学论》翻译成了英语。后来，他与人合著了一本书《意义的意义》，书名很扎眼。奥格登名为基础英语的语言工具不同于纽拉特设想的理想科学语言"通用俚语"，但能让他产生共鸣："实在""超越""表象"之类模糊不清的词汇在基础英语中根本不存在。纽拉特想象的"禁用词表"变得没有必要了。毕竟，要用基础英语表述形而上学，或者翻译海德格尔，即使不是完全不可能，也很难。这显然是件好事！

　　受到与基础英语的成功联系的鼓舞，曼达纽姆进一步与英国和美

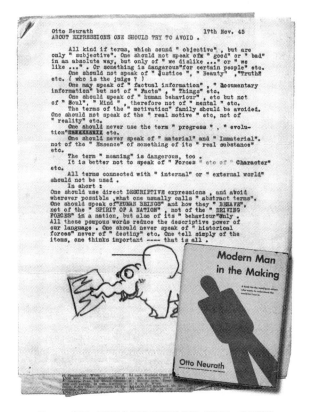

图12.7　奥图·纽拉特关于避开用词的倡议，还写了一本畅销书

国出版商合作。1939年，纽拉特出版了新书《塑造中的现代人》，尽
管政治阴霾威胁着这本书所传达的乐观信息，它还是出人意料地成了
畅销书。它使用紧凑的文字和图片网格来描述全球交流、国际移民和
无限进步的世界曙光。

奥图·纽拉特即兴创作

　　下一届国际科学统一论大会计划于1940年5月在奥斯陆举行。但
是希特勒先行一步；不仅如此，从5月10日的圣灵降临节开始，德军
用一场壮观的闪电战占领了法国。与此同时，他们还入侵了中立国比
利时、荷兰和卢森堡。这对于装甲部队只不过是顺带之举。5月14日，
荷兰军队被迫投降。

　　在荷兰首都海牙，奥图·纽拉特和玛丽·瑞德迈斯特毫无防备地
听到了这个消息。作为"敌国人"，他们之前被要求待在自己的房间
里，但是现在希特勒可怕的突击部队已近在咫尺，他们别无选择，只
能逃跑。然而，镇定自若的纽拉特—— 他在危机中成长 ——并没有
失去沉着。"我们会即兴创作"，他宣布。奥图和玛丽绕道而行，没有
带任何行李，来到附近的席凡宁根港，发现那里挤满了绝望的逃难者。

　　巨大的烟尘笼罩着遥远的鹿特丹。轰隆的爆炸声震撼着港口。当
地所有渔民都拒绝出海，即使有人出大价钱。但是奥图·纽拉特没有
动摇："如果找不到船，用木头也要出海。"[458]

　　但这对夫妇并不需要像纽拉特著名寓言中的水手那样，在海上

造船。他们最终找到了一艘可以载他们的船。当壮硕的哲学家从码头跳下时，它已经严重超载，几乎倾覆。他是倒数第二名乘客，紧跟在玛丽后面。最后的是一名精神病医生，也跳了下去，但是掉进了水里。当船转头向西时，他被拉上了船，船缓缓向落日驶去，吃水很深，载着50名乘客，而不是额定的15名。

这艘小船名叫"水手的希望"，它的这段旅程在荷兰已经成为传奇：的确，"水手的希望"号将第一批所谓的"英格兰海员"—— 决心继续与希特勒作战的年轻荷兰人 —— 带到了英格兰。但大多数乘客都是来自荷兰和德国的犹太人，有富人，也有穷人，他们都清楚知道这是他们逃离纳粹风暴的最后机会。

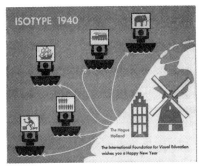

图12.8　希望与现实。1940年的新年问候和被劫持的救生艇"水手的希望"号，玛丽·瑞德迈斯特和奥图·纽拉特就在船上。（这张照片摄于1940年5月15日，由彼得·克肖中尉在英国皇家海军舰艇"毒液"号甲板上拍摄。）

哈里·哈克航海

奥图·纽拉特很高兴听到船长不收船费，更高兴的是听到他的名字是"哈里·哈克"——他觉得这个名字很适合冒险故事。事实上，纽拉特是凑巧跳进了希区柯克的电影。年轻的哈克根本不是海员，而是学生，他和几个朋友一起，撬开了引擎舱门的挂锁，劫持了这艘船。他设法发动了引擎，尽管只有一个汽缸工作。"水手的希望"号是一艘属于荷兰海军的救生艇：为了拯救生命而偷走它当然是正当的。

大海整夜保持令人安心的宁静。相互陌生的人们开始低声交谈。引擎罢工了几次。他们打开所有储物柜都没找到海图，而且船上也没人懂航海。罗盘灯坏了。甲板上很拥挤，女人和孩子挤在衣柜里，男人们肩并肩靠着栏杆，每当哈克需要从驾驶舱去轮机舱时，他都得爬到甲板外面，沿着护舷慢慢前行。一些乘客失去了信心，想掉头回去。一个胆怯的声音建议投票。"如果你愿意可以游回去"，一个学生船员说[459]。

第二天早上，一队轰炸机从头顶飞过，他们寻找的是比"水手的希望"号更大的鱼。后来，哈克设法恢复了第二个汽缸。船变得更容易掌控方向，但没有人清楚知道正确的航向。食物快没有了——至于燃料，似乎没有办法猜测它还能维持多久。哈里·哈克要求乘客小心漂浮的水雷，让精神病医生留意恐慌的迹象。

傍晚时分，4个大烟囱出现在眼前，最终英国驱逐舰"毒液"号救起了逃难者。纽拉特后来回忆道："我们受到了香蕉、善意和茶的款待。"[460]海军军官告诉哈里·哈克，他的"水手的希望"号奇迹般地穿过了几个雷区；只是他的船吃水很浅才救了他们。

到达多佛后，奥图·纽拉特和玛丽·瑞德迈斯特不知怎么走散了。

纽拉特没有护照，他机智地从口袋里掏出了《塑造中的现代人》的书评，上面有他的照片。警察善意地点了点头。

　　但是战争无法靠善意赢得，所有在英国领土上的德国公民都被当作"敌国人"关押起来。毕竟，大不列颠是孤军奋战，没有退路，岛上的居民担心德国第五纵队的破坏者可能会混在他们中间。

　　于是，奥图和玛丽分别被安置在英格兰和爱尔兰之间偏远的马恩岛上的难民营里。好在他们还可以互相写信。奥图用他的大象标志在给他亲爱的梅泽的信上签名。这对夫妇以及其他数百对处于类似困境的夫妇被允许每月见一次面。然而，玛丽和奥托要保证获释后立即结婚后才被授予这项特权。释放的日期并不确定，并且将持续很长一段时间。

　　纽拉特以前曾被监禁过，他毫无怨言地忍受着现在的命运。他写道，他感到"既没受迫害，也没有愤愤不平，只是简单地被拘留"。[461]以纽拉特的天性，他十分哲学地，或者更确切地说，社会学地忍受着所有的动荡，因为毕竟，难民营里的生活给他提供了各种有趣的观察。

　　"我一直对英国监狱的条件很感兴趣"，纽拉特写信给费利克斯·考夫曼，"我愿意为这种信息付费——但现在我免费得到了！"[462]纽拉特在集中营里给他的狱友们做演讲，题目令人垂涎，比如"如何让网球场变得耐用？"正如纽拉特自己喜欢说的，他说"一口流利的蹩脚英语"。

集中营里很大一部分囚犯是犹太人，许多人在接下来的几个月里被释放。爱因斯坦和罗素等人为纽拉特写信，万灵学院给他提供了牛津大学讲师的职位。于是，在被关押8个月后，奥图·纽拉特和玛丽·瑞德迈斯特终于重获自由——正如他们承诺的那样，他们很快结婚了。

强有力的退场

年近60岁的纽拉特有生以来第一次体验到了在大学讲课的乐趣。在英国，没有人关心他是否有讲师资格——事实上，这里没有这个概念。从1941年开始，纽拉特开设了社会科学和逻辑经验主义的课程。不久后，他甚至恢复了他的科学统一论运动。

他还继续推进他的反形而上学运动。难道他不是每天都被局势证明是正确的吗？纳粹的原始意识形态总是倾向于支持唯心主义哲学家，从柏拉图到海德格尔，希特勒军队的盲目服从很可能有康德的责任伦理学的遥远根源。

在英国第一位女哲学教授苏珊·斯泰宾（1885—1943）的帮助下，纽拉特很快就在牛津建立了一家Isotype研究所。这已经是第三所了。经验和交往获得了回报，很快他们又开始忙于展览和出书。

最重要的是他们与英国纪录片先驱保罗·罗塔（1907—1984）的密切合作，罗塔的才华让纽拉特的图画成果有机会取得辉煌的成功。在英国信息部的支持下，他们制作了10多部短片和一部完整长度的电影《丰富的世界》，这部电影取得了票房成功。

纽拉特避开了奥地利移民之间的政治纷争。共产党和社会民主党比以往任何时候都更加敌对。在奥托·鲍尔死后，纽拉特的另一个熟人，前物理学家弗里德里希·阿德勒，成了四分五裂的社会民主党的非正式领导人。在两次世界大战期间，阿德勒曾担任社会主义工人国际的书记，该组织在第二国际和第三国际（由莫斯科主导）之间自主运作，因此被戏称为"二又二分之一国际"。

在一次又一次的会议上，这些团体试图联合起来反对法西斯主义，但是徒劳无功；在阿德勒无休止的长篇大论中，一位法国政治家低声说道："他的枪法比讲话好。"在20世纪30年代，阿德勒的办公室首先在伦敦，然后在苏黎世，然后在布鲁塞尔；1940年，他用伪造的护照化名赫兹尔从法国逃到了西班牙。

现在移居美国的阿德勒同以往一样倔强，他明确表示自己不会为"快乐奥地利的传奇"做贡献。如同1918年一样，他仍然呼吁与德国结盟。因此，在第二次世界大战期间，他破坏了建立自由奥地利营武装的一切努力。

阿德勒不准备支持"奥地利民族的乌托邦"，他认为"这是反动的，也是令人厌恶的"。战争结束后，他回避了与维也纳新政府的一切接触，解散了社会主义国际，搬到了瑞士，把所有的时间和精力都投入为他父亲维克托写传记。他不希望与日常政治有任何关系。阿德勒最终于1960年去世，他在维也纳中央公墓找到了最后的安息之所，在他父亲的巨大坟墓中。弗洛伊德估计会笑。

与阿德勒相比，纽拉特没有承受哪怕最轻微的痛苦或辞职的困扰。当战争最终结束时，他也一如既往地准备好了迎接和平，事实上，崭新的前景展现在眼前。战争经济有可能自行发展成为和平时期的计划经济，就像第一次世界大战后的情况。它将在满足所有需求的同时避免浪费。

1945年6月，公平社会和战后秩序的乐观前景导致了工党压倒性胜利。不仅联合王国，而且整个大陆都需要重建。一个民主的"所有计划的计划"似乎触手可及。似曾相识？毫无疑问。但是纽拉特已不再抱有幻想。

刚刚重生并复名的奥地利（不再是奥斯马克）迫切需要再教育，作为对奥地利法西斯主义和纳粹多年洗脑宣传的解毒剂。1945年，观察家都认为希特勒本人在战争的最后一年已经提供了大规模的再教育。纽拉特很享受为全体人民进行政治启蒙的任务。甚至他宠爱的百科全书项目也复活了。

但是，1945年12月22日，如同晴天霹雳，一次中风使纽拉特停下了脚步。死亡是一瞬间。奥图和他的爱妻梅泽与朋友们一起用餐。他们谈论了纽拉特最近在报纸上发表的文章，题目是"幸福美满的男人"。在他们回家的路上，他给梅泽大声朗读了他那天写的信中的几行幽默诗句。他沉思过往，说他不可能期望过上更美的生活。

图12.9　奥图、玛丽（梅泽）·纽拉特和一只身份不明的猫

　　梅泽在厨房打扫卫生时，听到一阵低沉的声音，起初她以为是大笑。转过身来，她看到奥图已经倒下了，趴在桌子上毫无生气。

　　这是类似浮士德在歌德戏剧中的退场。在与梅菲斯特的约定中，浮士德承诺一旦感到满足就会放弃自己的生命："当我对飞翔的瞬间说：停留一会儿 —— 你是如此美丽。"

　　碰巧的是，浮士德也是纽拉特第一篇论文的主题 —— 夸张生活的适当序幕。事实上，根据他不屈不挠的热情和在生活中急速冲刺的喧闹风格，纽拉特很像是这位躁动不安的中世纪博士的维也纳后裔。

第 13 章
淡出

> 1945年后的维也纳：小组已死。图书管理员克拉夫特试图使小组复活却徒劳无功。杀害石里克的凶手起诉克拉夫特。费耶阿本德总结道，任何事情都会发生，被誉为科学最糟糕的敌人。在剑桥，波普尔与维特根斯坦发生争论，维特根斯坦匆忙离去。传奇哲学家临终前说：度过了美好的一生。波普尔驳斥自己的传说。在美国，卡尔纳普入选在世哲学家书库。哥德尔站在柏拉图一边，研究神学世界观，挑美国宪法的毛病，引起联邦调查局的怀疑。波普尔承认："我扼杀了实证主义。"

严格意义上的补偿

维也纳大学被炸毁的墙壁很快被修复。1945年夏季学期制订了临时课程表，但这无法弥补人才的损失。恢复这所大学往昔辉煌的知识传统似乎已毫无可能，甚至连尝试都没有。

当奥地利于1945年恢复生机时，它采取的第一批措施之一就是解雇所有曾经是纳粹党员的公务员。因此，很高比例的教授不得不离开。但是在接下来的几年里,许多前纳粹分子设法重新获得了他们的职位,似乎没受影响。

奥地利政府似乎从未认真考虑过邀请那些在 1938 年遭到清洗的人回国。根据普遍的观点,奥地利是希特勒的第一个受害者。总理被杀可以证明这一点,同盟国的《莫斯科宣言》也明确过这一点。那些离开奥地利的人得到的是嫉妒而不是怜悯。毕竟,他们躲过了多年的艰难困苦。大家一致认为,他们中很少有人会考虑回到战后那个悲惨的维也纳,也很少有人受到邀请。谁愿意放弃舒适的生活,回到 4 支占领军分据的破败小城?在对受害者进行赔偿方面,德国的大学比奥地利的大学更加积极。

门格尔的经历就很典型[463]。德奥合并后不久,在美国的门格尔通过电报递交了辞呈。然而,正中下怀的大学官员不愿被剥夺主动解雇他的乐趣。1938 年 3 月,他们启动了一项由亲属局进行的调查,其任务是检查雅利安人的血统是否纯正。令他们高兴的是,门格尔被发现是混血儿。在一项并行调查中,一位自封的"亲属关系研究员"谄媚地请求学校提供门格尔父亲半身像的照片(最好是侧面照),这尊半身像矗立在主楼的拱廊庭院里。这位积极的亲属关系研究员补充说,拍摄这样的照片大概需要得到大学校长的特别许可。历史没有记录学校的答复。但在 1938 年 7 月,门格尔按时收到了解雇令,档案号 OZ.8146/1083。

然而,1946 年 5 月,维也纳大学告诉教育部,门格尔"严格意义上"不能算被纳粹当局开除的人,因为他自己在德奥合并后就提交了辞呈。公平地说，这一论点无法令人信服，即使对提出这一论点的院长来说也是如此。但结果是，门格尔再也没有被邀请返回维也纳。如果他留下来，他将面临极大的危险。伤口很深，门格尔母校的损失是无法弥补的。门格尔有年龄优势和人格魅力，是能让维也纳小组复活的唯一人选。

战争期间，门格尔的工作是教授美国海军军官微积分，每周讲课19个小时。由于他还需要照顾有3个孩子的家庭，在这些年里他几乎不可能做任何研究。战后，他从圣母大学转到了新成立的伊利诺伊理工学院，这里的超现代房屋由密斯·凡德罗设计建造。

这里与维也纳的残破形成鲜明对比。在他的家乡，人们似乎已经忘记了他曾存在过。对门格尔来说，这是一颗难以下咽的苦果，直到20世纪60年代，他才逐渐与奥地利和解。但他从来没有忘记过维也纳。1985年他去世时，留下了大量关于维也纳小组和维也纳数学研讨会的笔记，这些都在他去世后出版。德文版还在等待中。

国内的变迁

那些以各种方式在千年帝国度过"一千年"的人也容易遭受痛苦，尽管并不总是无可非议。

早些时候，纳粹哲学家海德格尔被迫辞去弗莱堡大学校长职务。他"彻底改变整个德国"的努力以失败告终。弗莱堡的讲师联盟把他列为他们当中"最可牺牲的"教授之首。但即使在辞去校长职务后，海德格尔也没有退党。事实上，他一直保留纳粹身份，直到战争结束他才改变主意。世界各地的哲学家们都崇拜他那种"虚无"的写作风格，他们很快就原谅了他的错误。战后的生活对海德格尔来说并不是太艰难。

奥图·帕尔茨，维也纳小组的本地精神病学家，在战后失去了教授和诊所负责人职位。这就是他为了在德奥合并后保住自己的位置而加入纳粹党付出的代价。也许帕尔茨可以找到办法改变这个结果，他有一个强大的盟友，他的同事维克多·弗兰克（1905 — 1997），他是奥斯威辛集中营的幸存者，写了一本著名的书，《活出生命的意义》，书中讲述了他从集中营幸存下来的故事。弗兰克还创立了心理治疗的分支 —— 意义疗法。他作证说，帕尔茨曾经尽可能地试图破坏纳粹的安乐死计划。一些纳粹分子得到的宽恕要少得多。但是帕尔茨已接近退休年龄，他最终只能满足于仅仅获得全额退休金。

在维也纳小组的原成员中，有两人挺过了大德国纳粹政权的岁月：维克多·克拉夫特和库尔特·瑞德迈斯特。

瑞德迈斯特"纯正的雅利安血统"从来没有被质疑过。但由于他敢于抱怨纳粹党学生的政治煽动，在1933年希特勒掌权后不久，他就失去了在柯尼斯堡的职位。愤怒的数学家们挺身而出为瑞德迈斯特进行抗议。当时这种行动仍然是可能的。当局不情愿地做了让步：瑞德迈斯特在马尔堡大学获得了职位。

在那里，他逐渐沉浸在自己的世界。除了继续研究纽结理论，他还研究哲学。他的著作《柏拉图的数学与逻辑》在政治上不犯忌，于1942年出版。战争结束后，瑞德迈斯特当选为德国数学会主席：在推行"德国数学"多年后，现在有必要把新的开始托付给一个没有污点的人。

1955年，瑞德迈斯特被任命为哥廷根的讲席教授，这里曾经是数学界的圣地。但是，尽管获得了许多迟来的致敬，他最后的几年还是很悲伤。在维也纳数学会的会议上，这位充满活力的年轻德国人常常引发哄堂大笑，但这一切已成为陈年往事。

图13.1　维克多·克拉夫特走上前台

第三帝国时期维也纳小组的另一位原成员是维克多·克拉夫特（1880 — 1975）。他是维也纳小组的创始人之一，在第一次世界大战前就认识汉斯·哈恩、菲利普·弗兰克和奥图·纽拉特。同他们一样，他也是维也纳哲学学会的活跃成员和维也纳成人教育机构的热心讲师。克拉夫特曾在维也纳和柏林学习哲学和历史。早年间，他在维也纳大学找到了一份图书管理员的工作，这份保障让他有充足的时间追求自己的哲学兴趣。

克拉夫特从一开始就参加了维也纳小组的会议，尽管更多的是作为感兴趣的旁观者，而不是焦点人物。他也是龚珀茨小组的一员。最重要的是，他是第一批承认和拥护卡尔·波普尔天赋的人之一。年轻的波普尔喜欢在图书馆工作时间结束后同他会面，经常陪他回家。在这些年里，克拉夫特很少写作。然而，他的《科学价值论的原则》于1937年在小组的《科学世界观著作》丛书中出版。这也是该丛书出版的最后一本书。

德奥合并后，克拉夫特失去了图书管理员的工作和教书的权利，因为他坚决拒绝与他的犹太妻子分开。尽管丢了工作，克拉夫特还是设法度过了奥地利的战争岁月，当第三帝国垮台时，他的前途一片光明：他成了大学首席国家图书馆员和副教授。

在20世纪40年代后期，克拉夫特陆续出版了他在被强制离职期间写的4本书：新版的《价值理论》《数学、逻辑和经验主义》《哲学导论》，以及最重要的《维也纳小组：新实证主义的起源》。

克拉夫特可能比在世的任何人都更适合写这本书。一方面，他是唯一还健在的曾见证了从乌尔克瑞斯到苦涩结局整个过程的成员。在石里克被枪杀后的几个月混乱时期，小组最后的几次会面就是在他的公寓里。另一方面，克拉夫特又始终保持着一定的距离，从而能够客观描述各种不同观点。

审判中的"最近历史"

克拉夫特关于维也纳小组的书的副标题是"哲学最近历史的一章"。的确是最近，一个耸人听闻的插曲很快就证明了这一点。

克拉夫特在书中写道，石里克是被"以前的学生，一个偏执症精神病患者"枪杀的[464]。结果这句话被内尔布克看到了，他当时还在矿产石油管理局工作，现在该局由苏联占领军管理。1947年，正如内尔布克多年前要求的那样，他的犯罪记录从刑事档案中删除，在他的警方档案中没有留下任何污点。尽管克拉夫特在书中没有提到杀害石里克的凶手的名字，内尔布克还是以诽谤罪起诉了他。不愧是"偏执症精神病患者"！内尔布克不会善罢甘休，让另一个被上帝遗弃的实证主义者毁了他的生计。他，内尔布克，要为自己辩护。维也纳小组对他的伤害已经够多了。他要把这件事告上法庭。克拉夫特会为他的话后悔的。

然而，经过漫长的审判，法院驳回了内尔布克的起诉。法官裁定，"偏执狂"只是一种诊断，并不等于散布有害的事实。当然，内尔布克毫不妥协。他不打算吞下这杯苦酒。

　　克拉夫特肯定感到很震惊。这些年来，内尔布克并没有受到惩罚，他仍然坚称自己做的事是正义的。媒体记者重新调查了此案，并强调了不祥的相似之处。他们指出，应当从15年前的悲惨事件中汲取教训。《维也纳周刊》写道，"当时关于内尔布克博士患有精神疾病的指控，已经引发了一场不幸的连锁反应，内尔布克博士将致命武器指向了哲学教授石里克博士"。[465]

　　该周刊精明的记者们认为自己很清楚该如何避免"连锁反应"的下一环节。这个罪犯"已经为他的罪行受到了足够的折磨"，在任何情况下都不应当"让他的余生落入尽可能悲惨的境地"。我们的同胞内尔布克曾经因为心理原因误入歧途，这些原因很容易理解。不应该"在党结束很久之后还被贴上傻瓜的标签"，从而剥夺他回归社会的机会。在这种选择性的麻木不仁之后，这份周刊的文章以一些伪善的话结束："为了人类，现在是时候转向和平、赎罪和安宁了。是的，这件事也同样如此……"

　　内尔布克对克拉夫特的诉讼是杀害石里克的凶手与石里克的继任者的较量。事实上，在维也纳小组的书出版的同一年（1950年），克拉夫特被任命为哲学教授。一年后，内尔布克的前密友和支持者里奥·加布里埃尔成了克拉夫特在哲学研究所的同事。这的确是一个小世界。

　　没人预料已70岁的克拉夫特会组建一个新的小组。事实上，在战后的奥地利，人们对任何人的期望都不高。前途暗淡无光。维也纳大学已与国际前沿脱节。两次世界大战之间取得的科学成就似乎已是遥远的过去。尽管如此，在克拉夫特走上前台后，他还是很快成为少数年轻思想家的焦点，他们反抗战后维也纳的沉闷，他们无休止地讨论，常常无视灯光昏暗的咖啡馆的关门时间。

不久后，一位来自克恩顿的热情洋溢的年轻女士为这个群体增光添彩，英格博格·巴赫曼（1926 — 1973），她很快成为最重要的德语作家之一。她的诗歌、剧本和广播剧反映了她生命中的悲剧性——才华横溢而又英年早逝。

英格博格·巴赫曼在克拉夫特的指导下完成了博士论文。内容是关于海德格尔，这位前校长的晦涩著作很受维也纳小组鄙视。在完成论文后不久，巴赫曼写了一篇关于维特根斯坦的热情洋溢的文章，然后她就维也纳小组写了一部广播剧。剧中哀叹道，"在维也纳，维也纳小组已死"[466]。

克拉夫特的另一个学生是活跃的维也纳哲学家保罗·费耶阿本德（1924 — 1994），他曾在德军服役，官至中尉。战后，费耶阿本德作为受伤的老兵，回到了他的研究领域，他的博士论文"基本句子理论"论述了一个有争议的老话题，也就是波普尔所说的"记录语句"。

通过参加在蒂罗尔山区的阿尔卑巴赫举行的年度夏季会议，费耶阿本德找到了通往哲学和克拉夫特小组的道路。在战后，小小的阿尔卑巴赫成为重要的知识交流场所，波普尔、卡尔纳普、赫伯特·费格尔、薛定谔、哈耶克和菲利普·弗兰克等著名人物都会来到这里，带来更广阔世界的令人兴奋的气息。因此，新人费耶阿本德博士在与这

些著名人物的交往中受到了启发，向英国文化协会申请了资助，希望
能在英国扬名。

图13.2　前中尉费耶阿本德声称"怎么都行！"

　　1954年，50岁的内尔布克在退休的纳粹哲学家劳斯博士的公寓
里做演讲时意外去世。同年，克拉夫特退休，这次是正式退休。

　　这意味着克拉夫特的职位空出来了。招募委员会提出了一份引

人注目的候选人名单：并列第一的是弗里德里希·魏斯曼（牛津）和卡尔·冯·魏茨泽克（哥廷根）。前者，当然，我们知道是维也纳小组最资深的成员之一。后者是杰出的德国物理学家，后来成了哲学家，他的知识成就，无论多重要，都深受他战时为德国研制原子弹的经历影响，战后他极不情愿承认这一点。接下来是贝拉·尤霍斯（1901—1971），曾经是维也纳小组的初级成员；最后是埃里克·海因特（1912—2000），他称自己为"物质形而上学家"，把"人的整体性理解为存在的超越性"。毫无疑问，这是最高明的哲学洞察，因为它的意义飘浮在天上，几乎看不见。卡尔纳普在讨论形而上学的语言时，一定会喜欢引用海因特的观点。

在此期间，一些政府官员认为有必要巧妙地利用官僚手腕。首先，他们把那个空缺的讲席降级为副教授。这样一来牛津和哥廷根的杰出候选人就不可能会对这样不起眼的职位感兴趣 —— 因此甚至没有必要问这两个人。魏斯曼和魏茨泽克出局！接下来，有人指出，海因特博士的讲课受众要比尤霍斯博士广得多。这个有说服力的事实扭转了局面（奥图和玛丽·纽拉特的"一排排小人"形象可以用来表达这个论点），于是埃里克·海因特得到了这份工作；结果，在很短的时间内，他就被提升为正教授[467]。瞧！

就这样，通过这些老练的手法，曾经属于马赫和石里克的位置被一位"物质形而上学家"接替，这位前纳粹党员在战后被归类为"较少参与者"，编号9.018.395。直到20世纪80年代，海因特教授一直占据着这个讲席。

拨火棍哲学

　　当魏斯曼第一次来到剑桥时，毫无疑问，他希望自己的关于维特根斯坦的书能够有一个结果。但维特根斯坦对他们之间的合作失去了兴趣。他现在想自己写《哲学研究》，很快他就拒绝见魏斯曼了。"这个人变成了胖子"，他宣称[468]。没过多久，这个被贴上"胖子"标签的人就从剑桥搬到了牛津，成了一名哲学讲师。他的讲课开展得很顺利，但是悲剧很快就淹没了他的生活。他的妻子自杀了，几年后，他们十几岁的儿子也自杀了。

　　魏斯曼的《语言哲学原理》，以及他关于维特根斯坦的书（包括差不多40年前石里克写的前言，以及魏斯曼记录的他们在维也纳的对话），都是在所有相关人物去世后很久才出版的。

　　在第二次世界大战爆发前不久，维特根斯坦被任命为剑桥大学教授，成为摩尔的继任者；此外，他还成了英国公民。正如他所写，他的德国护照"在口袋里灼烧他"。[469]现在，1939年夏天，作为英国公民，他可以安全地前往柏林。他这样做是为了帮助他的姐姐们。在希特勒同意后，她们成了"荣誉雅利安人"，这种重新贴上的标签使她们能留在奥地利，不受纳粹骚扰。事实上，这笔交易为德意志第三帝国提供了大量外汇；维特根斯坦家族的资产大部分被投资到了瑞士，纳粹无法得到这笔资产。现在，这些瑞士基金的很大一部分被用于支付证明维特根斯坦姐妹"血统纯正"的证书费用（或者，用更明确的语言说，"非犹太血统"）。

战争期间，维特根斯坦在伦敦一家医院担任医务兵，后来在纽卡斯尔一家实验室当助理。1944年，他重新坐上哲学讲席。一天，在他的教室里，一个维也纳女人出现了 —— 罗丝·兰德博士，她在前些年曾虔诚地为维也纳小组做会议记录。和那时一样，现在的罗丝·兰德仍然穷得像教堂老鼠，靠在军工流水线上辛苦工作，勉强在英格兰生存了几年。她谦恭地问维特根斯坦是否可以推荐她做研究员。维特根斯坦回答说，他不能为她做任何事，并补充说，在他看来，"靠体力劳动生活并不丢人"。[470]

维特根斯坦越来越认为他的教授身份阻碍了他崇高的哲学抱负。他觉得剑桥的"湿冷的心理气候"妨碍了他的工作[471]。此外，他与罗素的关系也受到了影响。72岁的罗素勋爵于1944年返回三一学院。他的《西方哲学史》登上了畅销书排行榜的榜首，不久后，他被授予诺贝尔文学奖。出于自己的原因，维特根斯坦强烈反对他的前哲学导师的写作事业。

崇拜罗素的卡尔·波普尔，战争年代在新西兰度过。在坎特伯雷大学，他的教学工作非常繁重。尽管如此，在那段时间，他还是设法写了两本关于历史和政治哲学的书，《历史决定论的贫困》和《开放社会及其敌人》这两本书很快就使他声名鹊起。在这两本书中，波普尔坚决抨击任何可能导致极权主义意识形态的思想，无论是来自左翼还是右翼。他认为这两本书是他对战争的贡献，尽管事实上，他的《开放社会及其敌人》只是在随后的冷战中才产生广泛影响。

在他的维也纳青年时期，波普尔有充分的机会近身观察极权主义的尝试。在这个问题上，他很清楚自己在说什么。此外，波普尔关于科学如何运作的理论非常重视假设与反驳的相互作用，重视试错，重视所有知识的暂时性。事实证明，所有这些机制都明显可以移植到政治领域，在这个领域，任何辜负了人民事业的民主政府 —— 也意味着所有政府，或迟或早 —— 都可以以相当轻松的方式被抛弃，就像科学假说可以被抛弃一样。

和以往一样好斗的波普尔点名批评了所有"开放社会的敌人"；其中不仅包括共产主义三圣，黑格尔、恩格斯和马克思，还包括柏拉图和他的原型法西斯哲学家国王。许多哲学家因柏拉图而感到被冒犯；纽拉特却没有，因为他已经注意到柏拉图的《理想国》在很大程度上可以被视为极权国家的蓝图。

经济学家哈耶克喜欢波普尔坚定的反布尔什维克立场。哈耶克一直强烈反对政府干涉私人事务；他甚至写了一本书《通往奴役之路》来反对政府干涉私人事务。因此，波普尔的《开放社会及其敌人》与他的观点产生了深刻共鸣。哈耶克与维特根斯坦是表兄弟，他用自己的影响力设法为波普尔在伦敦经济学院找到了职位。这一提议最终将这位好斗的哲学家从地球背面带回了英国。

在此期间，波普尔克服了他的语言障碍，在英格兰他找到了能让他施展雄心壮志的舞台。有一天，他被邀请去剑桥做演讲，他突然意识到这是他和维特根斯坦了断的机会。1932年在龚珀茨小组，他只是和路德维希隔空对战，因为他的对手没有亲自到场。这次不一样。

图 13.3　在剑桥的维特根斯坦感到不开心

　　波普尔选择的题目是："哲学问题存在吗？"就像伟大的"原子存在吗？"马赫和玻尔兹曼的这场辩论可以被视为维也纳小组的故事的序曲，所以传奇的"哲学问题存在吗？"也可以看作维特根斯坦和波普尔之间冲突的最终和弦：一个刺耳的不和谐音。这场愤怒的争论发生在1946年10月25日，持续了大约10分钟。

　　这两位哲学家一生都设法避开对方。在维也纳这样一个人们相互认识的城市，这本身就不是一件容易的事情。1937年，在前往新西兰途中，波普尔在剑桥做了一次演讲。那一次，维特根斯坦没有露面，因为他正在治疗感冒。也可能是为了表示不屑？维特根斯坦不可能不知道，波普尔曾经在龚珀茨小组攻击他教条主义。

现在波普尔又来到了剑桥。就在波普尔演讲之前，在同一个房间里，维特根斯坦举行了高度排他性的研讨会。像往常一样，坐在壁炉旁的维特根斯坦表述了低沉的断断续续的独白，偶尔抓住用来拨弄燃烧圆木的拨火棍。现在不断有听众进来参加波普尔的演讲。然后，在罗素的陪同下，演讲者走了进来。在这间供暖不足的房间里，总共有大约 30 人，比通常的人数略多一点。

阴差阳错，波普尔开局就获得了一个利好。他的演讲被冠以错误的题目，"哲学谜题存在吗？"当然，他的意图是谈论哲学**问题**。题目的改动没有征求他的意见。在他看来，**谜题**听起来远没有**问题**严重。而这正是他的观点——他认为在哲学中确实存在着严重的、真正的问题。因此，这个错误的题目是一份免费的礼物，顺便帮他直接引出了问题核心。

维特根斯坦在开场几句话之后打断了演讲者，这是他的习惯。波普尔能给出一些哲学问题吗？当然，波普尔有准备充分的答复。然而，维特根斯坦一次又一次打断他，但是波普尔听懂了他的意思，没有让他说完。两位哲学家讲英语时都带有浓重的维也纳口音，当时他们的口气听起来一点也不友好。

事态迅速升温。维特根斯坦开始打手势。因为他手里还拿着拨火棍，他发现用拨火棍做手势很容易，就像乐队指挥挥动指挥棒一样，这是他强调自己话语的一种方式。当他敦促波普尔举一个道德命题的例子时，后者怒视着维特根斯坦挥舞的沉重铁棒，回答说："不要用拨火棍威胁来访的演讲者！"维特根斯坦措手不及，哑口无言，把拨火棍扔在地上，摔门而出，砰的一声关上了门。

　　至少，波普尔是这样讲述这个故事的。一些目击者的记述不太一样。有人说，波普尔的反击是在维特根斯坦离开房间后才说出来的。有人说维特根斯坦没有摔门。可以肯定的是，维特根斯坦无法忍受波普尔一刻钟。在那次短暂的会面后，波普尔享有这样的名声：他是唯一一个像维特根斯坦无情打断别人那样打断维特根斯坦的人。

　　然而，这场争论的背后，除了两位自负的奥地利大师的水火不容，还隐藏了很多东西。波普尔哲学的很大一部分可以被看作维也纳小组思想的翻版，也常常被看作维也纳小组思想的改进。波普尔夸大了这些差异，而小组则贬低它们，但本质上他们的思想是一致的。然而，在一个方面，波普尔的观点与石里克、卡尔纳普等誉为哲学转折点的观点存在根本性冲突。波普尔始终坚信，哲学问题不仅仅是由语言误用引起的伪问题。他强烈反对维特根斯坦的观点，即认为哲学是"一场战斗，反抗语言对我们的理性的迷惑"。[472] 波普尔驳斥了哲学的重大问题是在"语言休假"时产生的观点[473]。

　　正如波普尔在他的自传中指出的那样，在他还不到15岁时，他就把永远不争论词语及其"真正"含义作为一条个人原则。"我仍然相信，"他写道，"最可靠的毁灭之路就是为了争论而忽视真正的问题"。[474]

　　虽然有这么高的觉悟，波普尔却尤其擅长曲解对手的话，并让他们作茧自缚。无论是谜题还是问题，无论科学是关乎证伪还是验

证 —— 在面对争论时，语言实际上在波普尔的哲学风格中起着核心作用。

在他和维特根斯坦争论后的一个星期内，波普尔给罗素写信说，他很高兴发现自己和罗素站在同一边。然而，对于罗素没有在辩论中发挥更有力的作用，波普尔表示了一丝失望。罗素回答说，这没有必要。事实证明，波普尔完全能够捍卫自己的立场。

事实也的确如此。在这一点上，没有什么可以阻止波普尔的冉冉上升。

1947年，克拉夫特非正式地询问波普尔是否有兴趣继承石里克的讲席，波普尔毫不含糊地回答说，他无意离开英格兰，他已经找到了自己的位置。他的确没有离开。20年后，他成了卡尔·波普尔爵士；在罗素勋爵快满百岁去世时，可以说卡尔爵士已取而代之成了当时最知名的哲学家。

维特根斯坦在1947年辞去了他在剑桥大学的教职，他的目标是全身心投入他那遥遥无期的手稿中。此后他大部分时间待在爱尔兰，其间访问了美国，偶尔也回到维也纳。对于电影爱好者来说，这一时期的维也纳历史就像《第三人》中的悲惨时代。

费耶阿本德试图邀请维特根斯坦访问克拉夫特小组。在他的自传《消磨时间》中，他描述了自己的尝试："我去了维特根斯坦家的住宅（维特根斯坦宫，当时仍然矗立在那里）。门厅又大又黑，有许多黑色雕像。'您有什么事？'一个空洞的声音问道。我解释说我是来见维特根斯坦先生并邀请他参加我们小组的会议。沉默了很长时间。然后那个声音——管家从大厅高处一扇几乎看不见的小窗子里说话——回来了：'维特根斯坦先生听说过你，但他帮不了你。'"

然而，几天后，维特根斯坦先生改变了主意，他憔悴的身影出现在克拉夫特小组的会议上，尽管迟到了一个小时。他坐下来，听了一两分钟费耶阿本德的陈述，就打断他说："马上停下来！这是行不通的。"然后，他接替了他的前中尉战友，总的来说，他似乎挺开心。

但其实维特根斯坦已患有很严重的癌症，就像他父亲一样。他不想进医院。回到剑桥后，他住到了位于斯陶瑞路的医生家中。有一次，在一封信中，他拼错了地址，写成了"斯陶瑞尽头"。事实上那里的确是他最后的住所。

维特根斯坦让女主人告诉第二天要来看他的朋友们，他度过了美好的一生；就在那一天，1951年4月29日，他停止了呼吸。

两年后，他的《哲学研究》出版，这是一部关于语言哲学的重要著作。终于，维特根斯坦找到了正确的结构：这本书的构思就像一本风景素描画册，一遍又一遍展示同样的地方，但是从不同的角度，所有这些都由既没有开始也没有结束的致密网格连接起来。

"词语的意义就是它在语言中的用法"，这句话同《逻辑哲学论》中其他经受了时间考验的著名论断一样，已经成为偈语。作者说，他的《哲学研究》倾向于反对这一论断，就像一个流浪者逆风而行。他希望新的《哲学研究》与《逻辑哲学论》结合在一起，"把它们放在正确的光线下"。维特根斯坦为《哲学研究》选择的题献引自著名奥地利剧作家约翰·内斯特罗："关于进步的主要问题是，它总是看起来比实际要大。"这个观点呼应了《逻辑哲学论》序言的最后一句话：这本书的价值，就在于它表明当问题解决时，所做的事情是多么少。

尽管看似谦虚，但《逻辑哲学论》的作者实际上认为，在这部作品中，他把哲学思想推到了极限。而《哲学研究》的作者则认识到，这些问题不会有令人满意的结果。

在维特根斯坦去世后，他的遗稿被大量出版，其中包括大约3万页笔记。在大学图书馆，解释维特根斯坦思想的著作汗牛充栋——这项工作就像解释笑话一样吃力不讨好。

维特根斯坦写道："思想的平静是哲学家们希望达到的目标。"[475] 至少在这个观点上，玻尔兹曼会由衷地赞同维特根斯坦。

在维特根斯坦去世前不久，年轻的英格博格·巴赫曼在不知道《哲学研究》的情况下，写了一篇关于现代哲学的文章："今天应该把杠杆放在哪里？也许是维特根斯坦，他仍然需要被发现，他是我们这个时代最伟大的哲学家，同时也是最不被理解的哲学家。"诗人把他描述为"所有哲学中最奇怪和最传奇的人物之一"。[476]

"在他还活着的时候，他的人生就已经成为传奇，自我放逐、圣徒般的传奇……像帕斯卡一样，维特根斯坦总是很享受他的深渊——并且沉浸其中。"

英格博格·巴赫曼的同学，富有进取心的费耶阿本德，曾计划利用资助访问维特根斯坦，并跟随他学习。维特根斯坦死后，他迅速转向波普尔。费耶阿本德顺滑地融入了波普尔的批判理性主义，就像他融入他的博士导师克拉夫特的逻辑经验主义一样。

不过很快，他开始在科学如何运作的理论中开辟自己的道路。当时在这个领域，除了波普尔之外，最重要的人物是美国人托马斯·库恩（1922—1996）。库恩的名著《科学革命的结构》在纽拉特的《科学统一论百科全书》中作为一卷出版。

在库恩看来，波普尔的科学进步观念过于狭隘和理性。毕竟，渴望证明自己理论错误的科学家并不多见。在库恩的观点中，"常规科学"包括按照先前被接受和信任的理论路线积累知识的辛苦工作。收集到的事实与预期相矛盾的情况很少见——一旦出现这种情况，新的事实起初通常会被视为错误。只有当这些异常现象出现得足够多了之后，库恩式的"危机"才能最终被感觉到。当危机到来时，新的"范式"就会脱颖而出，展开竞争。最终，其中的一个将逐渐取代以前的思维模式，为那些从事"常规科学"的人提供可以遵循的新的理论路线。每次成功的"范式转换"都改变了世界，"常规科学家"则在这个世界中干起收集事实的苦差事。

简而言之，库恩的观点不是证实或证伪。科学界的各种派系会相互竞争一段时间，最终一方胜出。尽管其他派别最终失去了民意支持，但这并不意味着他们就不是科学家。

因此，对于库恩来说，科学的进步与其说是源自对理论的反驳，不如说是源自捍卫者的变化：粗略地说，老家伙们只是消失在夕阳中，而年轻人则试图在拳击场上抛出新的范式来赢得名望。因此，与其说理论被证伪，不如说它的支持者已经灭绝。就像俗话说的，科学通过葬礼进步。

然而，对于费耶阿本德来说，库恩的观点虽然愤世嫉俗，但还愤世嫉俗得不够。很快，这位前中尉开始抨击波普尔和库恩。他的主要著作的标题是《反对方法》，他的口号（借用了伟大的词曲作家科尔波特）是"怎么都行！"这成为科学无政府主义者反对强制性的"俱乐部规则"的战斗口号。费耶阿本德博士像宫廷弄臣一样，嘲笑任何带有学术炫耀气息的东西。《自然》杂志1987年的一篇文章将他描述为"科学最糟糕的敌人"。这有点过头了，但它清楚表明了维也纳小组的树上掉落的这颗苹果滚了多远。

哥德尔的观点"很不受欢迎"

并非所有维也纳小组的流亡成员在美国都顺风顺水。埃德加·齐尔塞尔在新大陆找不到立足之地，于1944年自杀。不走运的罗丝·兰德在英国度过了多年悲惨岁月后移居美国，她徒劳地试图改善自己的境遇。她设法通过翻译波兰逻辑学家的作品来维持生活，现在是翻译成英语而不是德语，赫伯特·费格尔和他的妻子玛丽亚·卡斯帕·费格尔不时给她寄钱，"作为我们旧日友谊的象征"。这是为数不多的慰藉，但罗丝·兰德还是孤独老去，最后死于胰腺癌。

另一方面，古斯塔夫·伯格曼和赫伯特·费格尔则作为科学哲学家拥有杰出的职业生涯，理查德·冯·米塞斯离开土耳其，成为哈佛大学空气动力学教授。他的《飞行理论》，最初是作为哈布斯堡帝国空军的指导手册，一直在不断修订，并经历了多次改版，一直延续到超音速飞机时代。当然，马赫的姓氏也变得家喻户晓。1947年，美国试飞员查克·耶格尔驾驶贝尔X-1达到了1.06马赫；1953年，他的飞行速度达到了2.44马赫。同年，理查德·冯·米塞斯去世。他的老朋友、合著者菲利普·弗兰克为《科学》写了一篇讣告。弗兰克教授也去了哈佛大学。在那里，他完成了爱因斯坦的第一部严肃传记，作为老朋友，他曾在布拉格继承他的事业。这段插曲可以追溯到哈布斯堡帝国的最后时期。

"从维也纳小组到哈佛广场"，这句话可以概括20世纪科学哲学史，事实上，这是杰出的物理史学家杰拉尔德·霍尔顿的一篇论文标题。霍尔顿很清楚自己在说什么：他在维也纳长大，16岁时逃离了德奥合并，最终在哈佛教书。

毫无疑问，维也纳小组最成功的成员是卡尔纳普。在美国，他为自己的哲学思想找到了理想的土壤。不久他就成为逻辑经验主义的代言人。卡尔纳普先是在芝加哥大学任教，后来又在洛杉矶任教，并先后在普林斯顿大学和哈佛大学当客座教授。在哈佛，他与逻辑学家塔斯基和奎因密切合作。两人都曾在 20 世纪 30 年代早期访问过维也纳小组，从不同的方向会合到一起，而且都与卡尔纳普很有共鸣。两人都迫使他一次又一次从维也纳小组成员信心十足坚持的极端立场上后退。

尤其是，奎因的文章"经验主义的两个教条"对两个基本假设提出了怀疑。首先是备受尊崇的对分析和综合的区分，最初由康德阐述。所谓的**分析**命题是否为真，在理论上完全衍生自其术语的意义（"单身汉未婚"）。相比之下，所谓的综合命题是否为真，则取决于一些另外的知识（"单身汉令人羡慕"）。奎因有力地证明了，这种区分还远远不够明确。

奎因批评的第二个教条是，有意义的命题可以简化为直接给予，也就是说，感知数据。奎因的论证说服了许多哲学家，卡尔纳普也全力以赴进行防守。但与此同时，他继续扩展他的科学语言的形式逻辑，并继续他的语法和语义研究。这是理所当然的，因为在许多方面，他最初的维也纳梦想终于实现了：新一代的哲学家——或者至少是那些自称为"分析哲学家"的人——几乎再也无法与顽固的科学家区分开来。

不久，卡尔纳普获得了哲学家所能期望的最高荣誉之一：享有盛誉的《在世哲学家书库》专门为他编写一卷。该丛书的编辑、美国教授保罗·希尔普（1897—1993）曾在伯克利担任石里克的助手，他常常遗憾，再也不能问柏拉图或康德他们说的话到底是什么意思。希尔普想让后人不再遗憾。

他提出了一个三步法：首先请我们这个时代最伟大的哲学家介绍自己的工作，然后请他们的同行写评论文章，最后让伟大的哲学家回答。

哥德尔是受希尔普邀请写关于卡尔纳普的评论文章的人之一。

战后，哥德尔被任命为高等研究院的终身成员。从那一刻起，他的未来有了保障。不久后，他成了美国公民。这是他的第四个公民身份，之前是捷克、奥地利和德国。

哥德尔用他一贯的认真为美国移民归化局特伦顿办公室的面试做准备[477]。他的两个证人——爱因斯坦和摩根斯特恩——也是归化的美国公民，他们需要尽力阻止他们的朋友向面试官解释美国宪法中蕴涵不一致性。这个故事已成为传奇。实际上，面试官听说哥德尔是奥地利人后，亲切地问他那里的政府是什么体制。"共和国"，哥德尔回答说，"由于宪法的缺陷，变成了独裁国家。""太糟糕了，"面试官说。"幸运的是，这样的事情在美国永远不可能发生。""哦，不，它可能，"哥德尔大声说，"我可以证明它！"这时，明智而有经验的面试官注意到两位证人的尴尬，仁慈地中断了面试。

哥德尔或许说得有道理——他知道汉斯·凯尔森的奥地利宪法在1933年这个决定命运的年份是多么容易被推翻。凯尔森是法律实证主义的倡导者，现在是哈佛大学教授，同冯·米塞斯和弗兰克一样。20世纪30年代，他在科隆、日内瓦和布拉格生活，顺便说一句，去科隆是受精明强干的市长康拉德·阿登纳邀请。现在，阿登纳已经成为德国总理。

20世纪50年代初，哥德尔从研究院的终身成员晋升为教授。早就该这样了。"如果哥德尔都不是教授，我们怎么能当教授？"冯·诺依曼问道[478]。学术荣誉纷至沓来，比如耶鲁大学和哈佛大学的荣誉博士学位（"因为发现了本世纪最重要的数学真理"）、爱因斯坦奖以及入选美国科学院。

1951年，当哥德尔应邀为美国数学学会享有盛誉的吉布斯讲座发表演讲时，他决定宣扬一下自己长期信奉的柏拉图理念："我认为，数学描述的是一种非感官性的实在，它独立于人类的行为和心智偏好，只能被人类心智所感知，而且可能感知得很不完全。"哥德尔承认，"这种观点在数学家中很不受欢迎"。[479]

不仅在数学家中不受欢迎，在哲学家中也是如此，他补充道。但是哥德尔对于哲学家的吹毛求疵并不是很在意。正如他跟他的朋友摩根斯特恩说的，在他看来，当代哲学最多达到了数学在巴比伦时期所达到的水平。

这个现状很可悲，哥德尔希望从根本上改变这一局面。然而，偏偏在他担任高等研究院教授的这一时期，从任命到退休，他既没有讲课，也没有举办研讨班，只发表了一篇论文——他很久以前写的论文。但是当为《在世哲学家书库》的卡尔纳普卷写文章时，他的工作热情高涨。

在被任命为教授之前，哥德尔已经为希尔普的前两卷写过文章：这两卷是献给罗素和爱因斯坦的。罗素和爱因斯坦对他的文章都没有什么话可说。哥德尔知道如何堵住论证中的每一个漏洞。

到1953年，轮到卡尔纳普了。哥德尔在给希尔普的信中说，他的文章将为"数学是语言的语法吗？"这个问题提供答案。他的答案是否定的，因此与卡尔纳普和维也纳小组的观点截然相反。数学**不能**简化为对无意义符号进行机械的语法操作的约定。数学是某种柏拉图式的思想世界中的真实对象。然而，哥德尔的稿子延期了。

1954年，卡尔纳普接替了加州大学赖欣巴哈去世后空出的讲席。此后不久，哥德尔在给编辑的信中说他的文章差不多完成了 —— 只需要再增加几段。

1955年，他在信中说这项工作即将完成。

1956年：再过两个星期，就彻底完成了。

1957年，哥德尔宣布他决定将论文缩短三分之二 —— 这很快就能完成。

1958年，他根本没有回应希尔普越来越担心的问询。

一年后，这位绝望的编辑宣布，不管有没有哥德尔的文章，都将在来年出版卡尔纳普卷（毕竟，书名说的是在世哲学家，时间在流逝！），哥德尔则坦承他不会再提交文章了，因为卡尔纳普已经来不及对文章进行回应了。

对于他令人叹为观止的拖延，哥德尔给出的理由是："鉴于广泛存在的偏见，出版半成品的作品弊大于利。"[480] 这听起来像是蹩脚的借口，但其实不是。哥德尔真的很努力在实现这个目标。他去世后，在他的遗稿中发现了至少6份不同版本的卡尔纳普论文。

如果说曾经有一个战斗号角，能将马赫、玻尔兹曼和维也纳小组的所有哲学家都联合起来，那就是："打倒形而上学！"形而上学是难以理解的胡言乱语，它最终导致了哲学中所有的伪问题，拖了全人类的后腿。

但是哥德尔从来没有加入过这个合唱。相反，他并没有妖魔化形而上学，而是希望为形而上学做"牛顿为物理学所做的事情"。[481] 这听起来像是处于狂躁状态的人的胡言乱语，但是之前哥德尔曾成功做到过不可能的事情，他用自己的不完备性定理提供了一个哲学命题的数学证明："存在不能从公理中形式化推导出来的数学真理。"

然而，成功没有延续：哥德尔没能为他的柏拉图式信念找到确凿的论据。

哥德尔变得很受欢迎

1955年爱因斯坦去世，一年半后冯·诺依曼去世。他们是哥德尔在普林斯顿最亲密的同事。他们离去后，这位来自遥远维也纳的难民越来越封闭在自己的世界里。他对许多信件写了仔细的答复，但没有寄出去。他与外界的交流几乎完全通过电话，在通往另一个世界的路上，他是一个虚无的存在。

从他写给住在维也纳的母亲的信中，我们难得地窥见了哥德尔在这个人生阶段的思想。他每隔一个星期就给她写信，这些信他还是寄出去了。他一次又一次宣布他即将回去探亲，一次又一次找理由推迟。最后，他承认梦到自己再次受困于维也纳。

最终，哥德尔的母亲明白了，只有自己去普林斯顿，才能再见到她的儿子。她这样做了，尽管她当时已80多岁；她的探访很成功，后来老太太又去了3次。

在哥德尔寄给母亲的信中，他可以袒露心扉。至少他是这么认为的。事实上，美国军方的审查人员读了他所有的信件。他们甚至将这些奇特的信件呈报给了埃德加·胡佛，令人敬畏的联邦调查局局长。幸运的是，哥德尔对这些邪恶行径一无所知。他本身就已经有了太多的妄想症。

哥德尔坦率地向母亲透露了他的哲学信念，在一系列信件中，他描述了他所谓的"神学世界观"。1961年，他在给她的信中说："当然，神学世界观的科学基础依然很遥远，但我认为，（不必以任何宗教信仰为基础）今天应该已经可以理性地理解神学世界观与所有已知事实（包括我们地球上盛行的环境）完全相容……这个世界和其中的一切都是有原因和意义的，而且是有着美好和不容置疑的意义。这立即意味着我们在地球上的存在，即然其本身充其量只有非常令人怀疑的意义，就是通往另一种存在的途径。"[482]

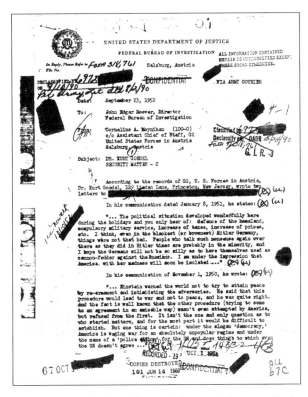

图13.4　胡佛收到的档案：哥德尔写给他母亲的信引起了联邦调查局的注意

难怪哥德尔在维也纳小组的讨论中保持沉默！他的观点与逻辑经验主义者的科学世界观截然相反。从哲学的角度来说，哥德尔与莱布尼茨的关系要比与希尔伯特、罗素和爱因斯坦的关系近得多。正如他所写的："认为在另一个世界我们不可能记得我们在这个世界的经历的意见是完全没有道理的。事实上，我们可能会带着这些潜在的记忆出生在另一个世界。此外，我们当然必须假设我们的推理能力要比现在好得多，这样我们才能像确信 $2 \times 2 = 4$ 那样，以绝对的确定性知道所有重要的事情，错误从客观上是不可能发生的。"[483]

　　当他的母亲写道，在一个无望的世界里不可能有美丽时，他表示同意。他用充满不确定性的诗句鼓励她振作起来："因为我们既不明白这个世界为什么存在，也不明白它为什么是这个样子，也不明白我们为什么生在这个世界而不是其他世界中。那么，为什么我们要幻想自己确信没有另一个世界？我们从来没有也永远不会在另一个世界？"[484]

　　从在他去世多年后发现的大量笔记可以看出，自学生时代起，哥德尔就对神学产生了浓厚兴趣。后来，他用数理逻辑的方法，将上帝存在的经院证明形式化。莱布尼茨也研究过这种论证："将所有好的品质最高程度地统一起来的完美存在是可以想象的。这意味着它是存在的，因为存在是一种好的品质。"哥德尔被莱布尼茨迷住了，他深信有一个存在了多个世纪的阴谋压制了莱布尼茨最重要作品的出版。"但是谁会对销毁莱布尼茨的作品感兴趣呢？"门格尔怀疑地问道。"当然是那些不希望人类变得更聪明的人"，哥德尔回答说。[485]

　　哥德尔每天量3次体温，还要吃一大堆药。在他去世前不久，他仅存的朋友摩根斯特恩写道："哥德尔依赖我——他没有别人，这一点很清楚——因此他增加了我不得不承担的负担。"[486]

　　1978年，阿黛尔在医院住了很长一段时间后被送回家，她发现丈夫的情况非常危急，她的救护车立刻把他送到了医院。但是已经太晚了。哥德尔死于饥饿。他的体重不到30千克。

图13.5　同火烈鸟在一起的夏日时光：哥德尔在他的花园里

在哥德尔去世后的第二年，侯世达的《哥德尔、埃舍尔、巴赫》一书在畅销书榜上名列前茅，并获得了普利策奖。这本书让哥德尔成了计算机时代的图腾。但事实上，哥德尔并不属于这个时代：他像从另一个时代来的游客，一个来自莱布尼茨和牛顿的巴洛克世界的闯入者。对于他所处的20世纪的先锋派知识分子来说，哥德尔像是一个陌生人，在高等研究院是这样，在维也纳小组也同样如此。

直到最后，他的生活都被他与维也纳小组的隐秘斗争所支配。他的遗稿证明了这一点。他填写了一份调查问卷，但同样没有发出去，其中一些加了强调的语句证明，他根本不属于20世纪的思想氛围，尤其不属于维也纳小组。这一切都是一个天大的误会。还有一张哥德尔匆忙写下的手写便条，坚称维特根斯坦的观点对他所有的作品都"没有影响"。

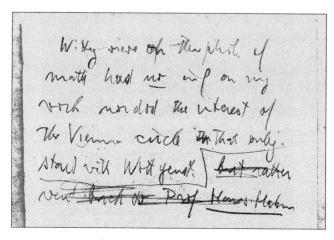

图13.6 "没有影响"：哥德尔没有留下任何怀疑的余地

波普尔的坦白

1974年，轮到波普尔了：哲学名人堂，《在世哲学家书库》的一卷，现在要献给他。讲述波普尔与维也纳小组的章节委托给了已经94岁的维克多·克拉夫特。这是一个合适的选择。波普尔在大学旁边的人民公园长时间散步时，克拉夫特是陪他散步的第一个维也纳小组成员。

克拉夫特写道："波普尔从来不是维也纳小组的成员，从来没有参加过维也纳小组的会议，但也不能被认为是维也纳小组外的人。"[487]波普尔与小组的发展有密不可分的关系，小组对他自身的发展也有重要意义。

　　波普尔在对克拉夫特的回应中用了很多页来讨论他称之为"波普尔的传说"的东西，他将其与苏格拉底的传说进行比较。(他谦虚地补充说，并不是说他想把自己比作苏格拉底：的确，"没有什么能超越我的想法"。)在波普尔的传说中，卡尔爵士是一个实证主义者，甚至可能是维也纳小组的成员；他一直在寻找意义的标准，并最终在可证伪性中发现了它。

　　这些都不是真的！他，波普尔，用可证伪性来区分科学和非科学的命题。他没有把它作为衡量意义的标准。他对这种标准不感兴趣。至于实证主义，它已经死了。彻底死了。被杀死了。波普尔欣然承认就是自己干的，至少是参与了。但他不是故意的。因此，他并没有犯下谋杀罪 —— 至多是过失杀人罪。

图13.7　卡尔·波普尔翻书

关于实证主义被卡尔爵士扼杀的说法其实是过分夸大了。但是能够以坦白结束一个惊心动魄的故事总是令人高兴的。现在我们也到了结束的时候。

波普尔写道，这应当被视为一种尊重的姿态，因为他的第一本书大部分都是在批评维也纳小组。"维也纳小组，"他以讣告的形式补充说，"是一个令人钦佩的团体。事实上，这是独一无二的哲学家与一流的数学家和科学家密切合作的研讨会。它的解散是极其严重的损失。"[488]这不仅是对哲学，可以说也是对维也纳的沉重打击。

第二次世界大战结束后不久，克拉夫特宣布："维也纳小组的工作还没有完成，它被中断了。"[489]

图13.8　靠近维也纳环城大道交会处的神奇的斯特鲁德霍夫阶梯

　　用维也纳艺术史学家、卡巴莱演奏家埃贡·弗里德尔的话来说，
"维也纳人在消灭他们的老师方面才华横溢"。[490]弗里德尔在德奥合
并当天从窗户跳了出去，结束了自己的生命。

后记

　　我一直想写一些关于维也纳小组的东西；我的背景让我责无旁贷。当我还在读小学的时候，我就喜欢维特根斯坦的《逻辑哲学论》，并且熟记于心（当然，我一点也没读懂）。在维也纳大学求学时，我听了贝拉·尤霍斯的讲座，他是维也纳小组中唯一一位仍在哲学学院任教的成员。他的同事们使出浑身解数让这位老先生的生活变得一团糟。

　　后来，在成为数学教授后，我的办公室和石里克小组开会的教室在同一条走廊上，我也是他们曾热烈讨论的咖啡馆的常客。（这个教室现在已成为量子物理实验室，以前的大多数咖啡馆则已经关门了。）几乎每天，我都会走过伯格斯街或者斯特鲁德霍夫阶梯，这些地方与弗洛伊德和多德勒尔的古老维也纳有着密切的联系。当我研究统计力学时，我的窗外就是玻尔兹曼街。当我后来转向博弈论时，我的办公室在摩根斯特恩广场。我的一些资深同事向我讲述了他们与维也纳小组成员交往的经历。（他们的故事随着时间的推移而充实。）我花了很多时间听保罗·纽拉特的讲述，他是奥图的儿子。波普尔爵士则亲自为我编辑的汉斯·哈恩文集写了一篇文章——这是他的最后一篇文章。我还与人合著了一本哥德尔的图片传记。简而言之，维也纳小组已经伴随我半个世纪了。

　　写这本书的直接动力来自我与他人共同策划的维也纳小组展览，该展览是由维也纳大学在其成立650周年之际组织的。我非常感谢我的同事Friedrich Stadler、Christoph Limbeck-Lilienau、Hermann Czech、Bea Laufersweiler和Peter Weibel，以及Dieter Schweizer、Falk Pastner和校长Heinz Engl。我从Elisabeth Nemeth、Wolfgang Reiter、Josef Hofbauer、Mitchell Ash、Matthias Baaz、Jakob Kellner、Vincent Jansen和Helmut Veith的专业知识中获益匪浅。我很感激Klaus Taschwer，以及我以前的学生Bernhard Beham。Christian Palmers、Christian Ehalt和Michael Stampfer都以不可或缺的方式做出了自己的贡献。Christos Papadimitriou、Simon Bang、Dirk van Dalen、Helmut Widder，特别是Bea Laufersweiler帮助准备了插图。Springer Spektrum的Ulrike Schmickler-hirzebrauch为德文版做了优秀的编辑工作。

　　我还得到了许多人士的支持，包括：奥地利国家图书馆的Alfred Schmidt、Andreas Fingernagel和Julia Kamenicek；维也纳大学档案馆的Thomas Maisel和Kurt Mühlberger；维也纳大学图书馆的Andrea Neidhardt、Peter Graf、Alexander Zartl和Günter Müller；维也纳图书馆的Julia Danielczyk和Silvia Mattl-Wurm；奥地利科学院的Stefan Sienell；社会和经济事务博物馆的Hans Hartweger；普林斯顿的Don Skemer和Marcia Tucker；杜克大学的Elisabeth Dunn；剑桥的Michael Nedo。我很高兴向我的雇主——维也纳大学和拉克森堡应用系统分析研究所——表示感谢，感谢他们的慷慨支持。当然，还要特别感谢我的妻子Anna Maria Sigmund，感谢她的帮助、专业知识和鼓励。她碰巧是历史学家。

这本书的德文版最初只是作为展览的目录，后来发展成为观展指南。让我非常惊讶的是，这个故事就像是自己流淌出来一样。这本书很受欢迎，甚至还获得了奥地利2016年度科学书籍的荣誉。但是我的野心不限于此。我希望能让英语读者读到这本书。毕竟，关于维也纳的最好的书都是用英语写的。因此，我开始冒险用英语重写我的书，增加了很多额外的素材，并且大胆地希望我的维也纳口音不会在纸上显露太多。Camilla Nielsen和Steve MacManus帮了大忙。

感谢John Brockman（EDGE的创始人）、他的儿子Max和Russell Weinberger，我的出书计划被Basic Books接受了。借助T. J. Kelleher和Helene Barthelemy提供的有用而准确的建议，手稿终于完成了。我对他们的工作深表感激。

然后，就在交稿前几个星期，一件意想不到的事情发生了。我收到了来自侯世达的消息。作为《哥德尔、埃舍尔、巴赫》的作者，侯世达的品味无可挑剔，他很喜欢德文版，甚至主动提出为英文版写序言，并且帮我润色英文书稿。我很高兴，所以在接下来的几个星期，他逐字逐句地修改，甚至逐个字母地改（毫不夸张！）当他把修改过的章节发给我时，我感觉就像看到了米达斯国王的点石成金魔法。但是侯世达不仅仅是润色：很多页内容完全归功于他（当然我会在这些章节的注释中指出来）。这是非常慷慨的行为。我不知道该说什么表达我的感激之情——现在我觉得我比以前更明白维特根斯坦说的"不可言说"是什么意思了。

图书在版编目（CIP）数据

疯狂年代的精确思考 / （奥）卡尔·西格蒙德著；唐璐译 . —长沙：湖南科学技术出版社，2022.11
（第一推动丛书 . 综合系列）
书名原文：Exact Thinking in Demented Times
ISBN 978-7-5710-1849-8

Ⅰ . ①疯… Ⅱ . ①卡… ②唐… Ⅲ . ①名人—生平事迹—世界—现代 Ⅳ . ① K811

中国版本图书馆 CIP 数据核字（2022）第 193310 号

Exact Thinking in Demented Times
Copyrigh © 2017 by Karl Sigmund
All Rights Reserved

湖南科学技术出版社独家获得本书简体中文版出版发行权
著作权合同登记号：18-2016-199

FENGKUANG NIANDAI DE JINGQUE SIKAO
疯狂年代的精确思考

著者
[奥] 卡尔·西格蒙德

译者
唐璐

出版人
潘晓山

策划编辑
吴炜　李蓓　孙桂均

责任编辑
吴炜　李蓓

出版发行
湖南科学技术出版社

社址
长沙市芙蓉中路一段416号
泊富国际金融中心

网址
http://www.hnstp.com
湖南科学技术出版社
天猫旗舰店网址
http://hnkjcbs.tmall.com

印刷
长沙鸿和印务有限公司

厂址
长沙市望城区普瑞西路858号

邮编
410200

版次
2022 年 11 月第 1 版

印次
2022 年 11 月第 1 次印刷

开本
880mm×1230mm　1/32

印张
14.75

字数
417 千字

书号
ISBN 978-7-5710-1849-8

定价
89.00 元